김병훈 목사님은 합동신학대학원대학교의 조직신학 교수인 동시에 한 교회를 섬기는 목회자이자 설교자이기도 합니다. 그의 로마서 설교에는 신학자의 전문성과 설교자의 현장성이 빚어내는 부요함이 담겨 있습니다. 너무 귀한 성경인 로마서를 사랑하는 사람이라면 누구나 잊지 못할 구절들과 설교들을 마음속에 간직하고 있을 것입니다. 마치 보석상에 진열된 보석처럼 로마서 구절구절에 담긴 진리와 생명과 은혜가 이 책에도 넘쳐납니다. 이 책은 로마서의 각 구절을 전문적으로 해석하면서 이해시켜주며 우리가 직면하는 현실의 신앙생활에서 어떻게 적용할 수 있을지 꼼꼼히 파헤칩니다. 기독교 신앙의 기대와 자랑이 어디서 오는지, 신앙생활의 자신감이 무엇인지를 질문하는 독자들은 이 책을 읽고 충분한 만족을 누릴 수 있을 것입니다.

박영선_남포교회 원로 목사

다이아몬드 반지의 빛나는 부분에 해당하는 성경이라는 별명이 있을 정도로 복음의 정수를 가장 핵심적으로 담고 있습니다. 하지만 로마서 8장을 제대로 해석하려면 성경 전체에 대한 깊은 이해, 로마서 본문의 문맥과 용어의 의미를 파악하는 능력, 교리적 정통성과 일관성 등을 갖춰야 합니다. 이 책은 그 모든 요소를 갖춘 탁월한 설교들로 가득합니다. 첫째, 이 설교들은 성경신학적으로 매우 깊이가 있습니다. 로마서를 구약 및 신약의 다른 본문들과 연결하여 성경을 성경으로 해석하며, 성경의 숲과 나무를 다 보게 해줍니다. 둘째, 이 설교들은 교의학적으로 아주 탄탄합니다. 율법주의와 반율법주의를 모두 배격하고 칭의와 성화의 이중은혜를 잘 강조하고 있습니다. 때때로 나오는 삼위일체론에 대한 설명들도 백미입니다. 셋째, 이 설교들에는 목회적 따뜻함과 간절함이 깊이 배어 있습니다. 성도들을 향한 사랑이 물씬 풍겨나고 영적인 교훈과 비밀들이 가득 차 있습니다. 내가 왜 이 신앙의 길을 포기할 수 없고 다시 힘을 낼 수밖에 없는지 분명히 말해줍니다. 이 책에 실린 설교들은 복잡한 재료를 아주 먹기 좋게 요리하고 거기에 풍미와 멋을 더한 탁월한 셰프의 요리와 같습니다. 로마서를 사랑하는 사람이라면 그냥 지나칠 수 없는 책입니다. 저는 거의 매 페이지마다 줄을 쳐 가면서 열독했습니다. 여러분도 그렇게 하시기를 진심으로 권합니다.

우병훈_고신대학교 신학과 교수, 교의학

김병훈 목사님의 로마서 8장 설교는 우리에게 귀한 선물입니다. 성경을 다이아몬드 반지에 비유하면서 그 보석에 해당하는 부분이 로마서 8장이라고 누군가 말했는데, 바로 이 책이 가장 빛나는 로마서 8장에 대한 설교입니다. 주님께서 세우셨고 이제는 든든히 서 있는 나그네교회 공동체 덕분에 우리가 이 선물을 받게 되었습니다. 김병훈 목사님은 목회와 설교에 많은 관심을 쏟고 계신 분이며 가장 실천적인 조직신학자입니다. 이 책은 신뢰할 수 있는 책이며, 모든 목회자와 설교자가 이를 모범으로 삼으시기 바랍니다. 또한 이 땅의 그리스도인들도 이 귀한 책을 읽고 그리스도 예수 안에서만 정죄함이 없으며 정죄할 존재가 이 세상에 아무도 없다는 성경적 신앙 및 사상을 참으로 믿게 되기를 바랍니다.

이승구_합동신학대학원대학교 조직신학 교수

김병훈 목사님은 기독교 교리를 연구하는 조직신학자입니다. 동시에 여느 목회자 못지않게 교회 현장에 대한 관심과 애정과 헌신의 열정을 품고 목회하는 현장의 설교자입니다. 눈앞의 성도들에게 조직신학자로서의 확신과 목회자의 가슴으로 풀어내는 그의 설교는 본문 말씀에 대한 확신에서 오는 힘이 있고, 그것과 현장의 삶을 잇대는 생명력을 지니고 있습니다.

한국 교회는 목사와 신자와 교회가 각자의 성경적인 정체성을 회복하는 것이 급선무입니다. 이는 성경 말씀으로 돌아가야만 가능한 일입니다. 김병훈 목사님의 설교는 본문을 풀어내는 본문 설교로서 그 가운데 우리의 정체성을 분명히 밝혀주는 교리가 자리하고 있습니다. 그의 설교는 딱딱하고 지루한 교리 강의가 아닙니다. 교리 설교의 모범을 그에게서 보게 됩니다. 성도들에게는 물론 설교자들에게도 이 책을 추천합니다.

정창균_합동신학대학원대학교 총장, 설교학 교수

로마서 8장은 로마서 전체의 핵심을 보여줄 뿐 아니라 성경 전체의 핵심을 담고 있습니다. 몇 가지만 추려보자면, 로마서 8장에는 삼위일체 하나님에 대한 진술, 인간의 구원과 삶에 관한 교훈, 종말에 대한 시각 등 놀라운 진리가 들어 있습니다. 로마서 8장은 영혼을 깨우고 심장을 뛰게 합니다. 하지만 안타깝게도 이런 각성과 흥분을 일으키는 로마서 8장을 누워서 떡 먹듯이 이해하기란 좋은 설교자가 풀어주기 전까지는 쉽지 않은 것이 현실입니다.

그런데 고맙게도 김병훈 목사님이 로마서 8장의 이해를 돕는 설교를 해주셨습니다. 그는 무엇보다도 본문에 치밀하게 집중하여 설교합니다. 본문을 읽고 번쩍 떠오른 인상을 말하지 않고 본문에 자기의 생각을 주입하지도 않습니다. 그저 본문 자체를 해설합니다. 그래서 그의 설교는 결국 끝에 본문만이 남아 있습니다. 설교자가 본문을 분석하는 데 시간을 쏟다보면 자칫 교리에서 벗어나기 일쑤인데, 그의 설교는 교리라는 탄탄한 신학적 배경 위에 본문으로 교리를 확증하고 신학으로 본문을 보호하는 모양새를 하고 있습니다. 그뿐 아니라 목회 선상에서 교회와 성도에게 격려를 아끼지 않습니다. 설교자가 본문 해석과 신학 전달에 온 힘을 기울이다 보면 실생활을 건드리는 적용이 부족한데, 그의 설교는 교회에 뜨거운 믿음을 북돋아주고 성도를 감동의 삶으로 이끌어갑니다. 우리 시대에 이와 같은 설교자가 있어서, 성도들이 이런 설교를 들을 수 있어서 반갑고 감사합니다.

조병수_합동신학대학원대학교 신약신학 교수

로마서 연속 설교

결코 정죄함이 없나니

결코 정죄함이 없나니

로마서 8장

로마서 연속 설교

김병훈

좋은씨앗

로마서 연속 설교
결코 정죄함이 없나니

초판 1쇄 인쇄 | 2020년 3월 20일
초판 1쇄 발행 | 2020년 3월 30일

지은이 | 김병훈
펴낸이 | 신은철
펴낸곳 | 좋은씨앗
출판등록 제4-385호(1999. 12. 21)
주소 | (06753) 서울시 서초구 바우뫼로 156(양재동, MJ빌딩) 402호
영업부 | (02) 2057-3041 팩스 | (02) 2057-3042
이메일 | good-seed21@hanmail.net
페이스북 | www.facebook.com/goodseedbook

ISBN 978-89-5874-333-0 04230
ISBN 978-89-5874-332-3 (세트)

ⓒ 김병훈 2020

이 책의 저작권은 저자 및 저자와 독점계약한 도서출판 좋은씨앗에 있습니다.
신저작권법에 의하여 보호받는 저작물이므로 무단 전재와 무단 복제를 금합니다.

결코 정죄함이 없나니

차례

로마서 연속 설교 서문 ················· 12

『로마서 8장』 서문 ··················· 16

38. 결코 정죄함이 없나니 ··············· 19

39. 육신과 영 ····················· 41

40. 육신으로는 죽으나 영으로는 살리니 ······· 63

41. 아빠, 아버지 ···················· 81

42. 그리스도와 함께 받는 영광과 고난 ········ 103

43. 피조물의 탄식 ··················· 129

44. 우리의 탄식 : 잠음으로 기다릴지니라 ······· 151

45. 성령 하나님의 말할 수 없는 탄식 ········· 169

46. 모든 것이 합력하여 선을 이루느니라 ······· 189

47. 그 아들의 형상을 본받게 하기 위하여 ······· 217

48. 누가 우리를 대적하며 고발하며 정죄하리요 ···· 241

49. 누가 우리를 그리스도의 사랑에서 끊으리요 ···· 267

로마서 1-2장
1. 로마서 개관 (1:1-2)
2. 하나님의 부르심 (1:1-7)
3. 바울의 소원과 기도 (1:8-15)
4. 구원을 주시는 하나님의 능력 (1:16-17)
5. 하나님의 진노 : 핑계하지 못할지니라 (1:18-23)
6. 하나님의 심판 : 죄 가운데 내버려 두심 (1:24-32)
7. 네가 너를 정죄함이니 (2:1-5)
8. 행한 대로 심판하시는 하나님의 공의 (2:6-11)
9. 심판의 근거 : 율법과 양심 (2:11-16)
10. 유대인 : 신앙으로 하나님을 욕되게 함 (2:17-24)
11. 마음의 할례 (2:25-29)

로마서 3-4장
12. 유대인의 나음 (3:1-2)
13. 하나님은 참되시다 (3:3-4)
14. 진노를 내리시는 하나님이 불의하시냐 (3:5-8)
15. 다 죄 아래 있도다 (3:9-18)
16. 죄를 깨닫게 하는 율법 (3:19-20)
17. 이신칭의 (3:21-26)
18. 율법을 세우는 이신칭의 (3:27-31)
19. 오직 은혜 오직 믿음 (4:1-8)
20. 믿음의 의와 할례 (4:9-12)
21. 믿음의 의와 율법 (4:13-17)
22. 믿음의 조상 아브라함 (4:18-25)

로마서 5-7장
23. 이신칭의와 그 은택들 (5:1-2)
24. 환난 중에서도 즐거워하나니 (5:3-4)
25. 확증하신 사랑 (5:5-8)
26. 의, 진노, 화목, 즐거움 (5:9-11)
27. 아담의 죄, 인류의 사망 (5:12-14)
28. 아담과 그리스도 (5:15-19)
29. 율법과 은혜 (5:20-21)
30. 죄에 대하여 죽었도다 (6:1-4)
31. 죽은 자와 살아 있는 자 (6:5-11)
32. 죄가 지배하지 못하도록 (6:12-14)
33. 의에게 종이 되었느니라 (6:15-18)
34. 하나님의 은사 : 그리스도 안에 있는 영생 (6:19-23)
35. 우리가 율법에서 벗어났으니 (7:1-6)
36. 그러면 율법이 죄인가 (7:7-13)
37. 오호라, 나는 곤고한 사람이로다 (7:14-25)

로마서 8장
38. 결코 정죄함이 없나니 (8:1-4)
39. 육신과 영 (8:5-8)
40. 육신으로는 죽으나 영으로는 살리니 (8:9-14)
41. 아빠, 아버지 (8:14-16)
42. 그리스도와 함께 받는 영광과 고난 (8:15-18)
43. 피조물의 탄식 (8:18-22)
44. 우리의 탄식 : 참음으로 기다릴지니라 (8:23-25)
45. 성령 하나님의 말할 수 없는 탄식 (8:26-27)
46. 모든 것이 합력하여 선을 이루느니라 (8:28)
47. 그 아들의 형상을 본받게 하기 위하여 (8:28-30)
48. 누가 우리를 대적하며, 고발하며, 정죄하리요 (8:31-34)
49. 누가 우리를 그리스도의 사랑에서 끊으리요 (8:35-39)

로마서 연속 설교
Romans Sermons Series

로마서 9-11장
50. 골육의 친척을 위한 근심과 고통 (9:1-5)
51. 오직 약속의 자녀가 씨로 여기심을 받느니라 (9:6-9)
52. 야곱은 사랑하고 에서는 미워하였다 (9:10-13)
53. 하나님께 불의가 있느뇨? 그럴 수 없느니라 (9:14-18)
54. 네가 누구이기에 감히 하나님께 반문하느냐 (9:19-23)
55. 남은 자만 구원을 받으리니 (9:19-29)
56. 하나님의 의와 자기 의 (9:30-10:3)
57. 마음에 믿으면 구원을 얻으리라 (10:4-10)
58. 차별이 없는 복음의 전파 (10:11-15)
59. 핑계할 수 없는 이스라엘의 불순종 (10:16-21)
60. 이스라엘의 남은 자 (11:1-6)
61. 하나님께서 혼미한 심령을 주셨다 함이니라 (11:8-10)
62. 그들이 넘어지기까지 실족하였느냐 그럴 수 없느니라 (11:11-12)
63. 접붙임 받은 돌감람나무, 이방인 (11:13-24)
64. 그리하여 온 이스라엘이 구원을 받으리라 (11:25-32)
65. 주님에게 영광이 세세에 있을지어다 (11:33-36)

로마서 12장
66. 영적 예배 (12:1-2)
67. 마음을 새롭게 함으로 변화를 받아 (12:1-2)
68. 믿음의 분량대로 지혜롭게 (12:1-3)
69. 그리스도 안에서 한 몸이 되어 (12:3-5)
70. 은혜대로 받은 은사가 각각 다르니 (12:6-8)
71. 거짓 없는 사랑 : 악을 미워하고 선에 속하라 (12:9)
72. 서로 우애하고 서로 먼저하라 (12:10)
73. 열심을 품고 주를 섬기라 (12:10-11)
74. 항상 힘쓰라 (12:12-13)
75. 서로 마음을 같이하라 (12:14-16)
76. 친히 원수를 갚지 말라 (12:17-21)

로마서 13-16장
77. 모든 권세는 다 하나님께 정하신 바라 (13:1-7)
78. 남을 사랑하는 자는 율법을 다 이루었느니라 (13:8-10)
79. 자다가 깰 때가 벌써 되었으니 (13:11-14)
80. 살아도 주를 위하여 죽어도 주를 위하여 (14:1-12)
81. 자기 일을 하나님께 직고하리라 (14:10-12)
82. 하나님의 나라는 의와 평강과 희락이라 (14:13-23)
83. 한 마음으로 한 입으로 (15:1-12)
84. 그리스도의 복음을 편만하게 전하였노라 (15:13-21)
85. 저희는 그들에게 빚진 자니 (15:22-33)
86. 서로 문안하라 (16:1-16)
87. 선한 데 지혜롭고 악한 데 미련하기를 (16:17-20)
88. 영광이 세세무궁 하도록 있을지어다 (16:21-27)

로마서 연속 설교 서문

그리스도의 교회에서 지극히 아름답고 영광스러운 하나님의 계시의 말씀인 로마서를 성도들과 함께 읽으며 강설한다는 것은 참으로 영광스러운 일입니다. 아마 강단에서 설교 사역을 맡은 사람이라면 누구나 로마서 강해 설교를 꿈꾸어 보았으리라 생각합니다.

로마서는 신구약 성경 전체를 조망하는 책입니다. 구속사의 관점에서 구원론, 기독론, 계시론, 인간론, 신론(예정론 포함) 등을 포괄하는 광대한 신학이 로마서에 담겨 있습니다. 지극히 실천적인 교회론을 제시하는 로마서는 또한 목회서신의 성격을 아름답게 드러냅니다. 아울러 성경신학의 관점에서 구약을 어떻게 읽어야 하는지, 신약이 말하는 해석 원리와 방향을 일러주면서 성경해석학의 타당한 기준을 제시합니다. 예를 들면, 로마서는 믿음으로 죄인이 의인의 신분을 얻는다는 "이신칭의"의 교리가 구약성경에 따른 것임을 알려줍니다. 로마서에 드러난 성경해석의 지침은 성경에 드러난 그리스도의 복음의 정수가 무엇인지에 대한 신학적인 토론을 매듭짓는 최종적인 권위라 할 수 있습니다. 로마서는 교회에서 충분히 강설되어야 본문임이 분명합니다.

로마서는 복음을 규명하는 영광스러운 하나님의 계시입니다. 이러한 로마서의 객관적 권위에도 불구하고 교회에서 로마서를 강설하는 일은 참으로 어렵습니다. 로마서의 학습뿐만 아니라 설교하는 일에 많은 노력과 전달 기술이 필요합니다. 또한 설교자가 강설의 방식으로 로마서의 깊은 신학과 교훈을 회중에게 전달할 때, 설교를 듣는 회중도 집중력과 인내심을 필요로 합니다. 이러한 어려움과 준비의 지난함 때문에 저는 로마서 강설의 영광스러움을 꿈꾸며 로마서를 강설하기로 결심했다가도 다시 망설이기를 수차례 반복했습니다.

하지만 선하신 하나님의 은혜로 나그네교회가 설립되면서 모든 설교를 가급적 "성경을 강설한다"는 기본 원칙을 세웠고, 이에 따라 성경 본문을 선택하는 가운데 감히 로마서를 살피기로 결심했습니다. 앞서 말한 로마서 강설의 어려움을 잘 알고 있었지만 그럼에도 로마서를 택한 이유는 오직 한 가지 바람, 즉 그것은 나그네교회가 소중한 로마서의 교훈을 듣고 복음이 무엇인지 균형 있게 깨달아 복음적 진리와 사랑 가운데 바로 서는 교회가 되었으면 하는 바람 때문이었습니다. 강설의 책임을 맡은 설교자 또한 로마서를 학습하면서 복음 앞에 바르게 서려고 노력했으며, 나그네교회 회중들도 강설을 들으면서 복음 앞에 바로 서는 복된 은혜를 구했습니다. 그러면서 우리 모두가 하나님의 인도하심에 따라 설립된 나그네교회를 함께 세워나가길 소망했습니다.

나그네교회의 로마서 1-11장 강설은 2016년 1월 6일부터 2018년 1월 31일까지 수요기도회에서 65회에 걸쳐 진행되었습니다. 이후 로마서 12-16장 강설은 2018년 3월 11일부터 2018년 9월 2일까지 주일 오전 예배에서 23회에 걸쳐 진행되었습니다. 정한 순서에 따라 로마서의 강설을 마치고 나서 필요에 의해 어쩌다 다시 간추린 형태로 된 설교 노트를 볼 때가 있었는데, 부족한 부분이 제 눈에 훤히 들어와 아쉬운 마음이 들었습니다. 그럼에도 로마서 강설의 예를 보여드림으로써 설교를 준비하시는 분들께 조금이나마 도움이 되고자 이 책을 출판하게 되었습니다.

 이 책은 로마서를 주석한 책이 아닙니다. 그런 만큼 저의 노력은 신약학자의 노력에 비할 바가 못 됩니다. 또한 이 책은 설교집이지만 감동적으로 복음을 풀어내는 설교와도 비할 바가 못 됩니다. 이 책에 실린 글은 모두 실제 교회에서 설교한 것이지만, 이 설교들이 마치 강의와 비슷하다는 반응을 보이신 분도 있었습니다. 설교학자의 평가는 어떨지 모르겠으나, 부족한 것은 두말할 필요가 없더라도, 이 책이 나그네교회 회중들에게 전했던 강설을 담고 있으므로 설교집인 것은 분명합니다. 아무쪼록 로마서 강설을 하려는 분에게 이 책이 하나의 사례가 되기를 바랄 뿐입니다. 미약하게나마 개인적으로 조직신학을 공부하는 사람으로서 로마서 강설을 진행하는 동안 개혁신학의 교리와 성경 주해의 교차 지점에서 복음에 대한 이해가 확장되었고 진리를 맛보는 큰 기쁨을 누릴 수 있었습니다. 이러한 기쁨이 이 책을 읽는 분들에게도 잘 전달될 수 있기를 바랍니다.

 이 책을 출판하면서 감사드릴 분들이 많습니다. 먼저 출판을 격려해주신 존경하며 사랑하는 나그네교회 교우 여러분께 큰 감사를 드립니다. 그리고 출판에 관련한 사무를 실행하도록 출판위원회를 구성하고 진행을 도와주신 당회와 제직회원들, 나그네교회 출판위원

장으로 수고가 컸던 김종진 집사님, 설교를 출판하면서 설교 노트와 비교할 수 있도록 녹취와 윤문 작업에 관련하여 수고한 나그네교회 청년들과 관계자 분들께 감사드립니다. 특별히 지금까지 말씀 사역을 지지하며 기도로 나그네교회 설립에 힘을 모으신 조기홍 장로님, 황영희, 배진영 권사님, 박명규 집사님, 정은, 고명수, 신지수, 전강미 교우께 감사드립니다. 아울러 목회의 수고를 돕는 사모 서미영에게 감사합니다. 마지막으로 이러한 강설집의 판매가 어려운 시기에 이 책을 출판해주신 도서출판 좋은씨앗에게 감사드립니다.

오직 하나님께만 영광이 있기를 바라며, 하나님의 크신 긍휼과 도우심의 은혜를 찬송합니다.

『로마서 8장』 서문

로마서 8장은 로마서에서 특별히 "황금장"이라고 불리는 중요한 본문입니다. 로마서의 시작부터 전개된 주제들이 8장에서 매듭지어진다는 점에서 그렇습니다. 이를테면 인간의 부패성과 죄의 문제(1장), 율법의 심판(2장), 율법의 의의와 그리스도의 의(3장), 믿음으로 받는 하나님의 의(4장), 이신칭의와 은택들, 그리고 아담과 그리스도의 언약적 대표성(5장), 죄에 대하여 산 자와 죄의 지배력의 관계(6장), 그리스도 안에 있는 자의 영적 실상(7장) 등의 주제들이 8장 앞에서 다루어집니다. 8장에서는 이러한 신학적 원리가 그리스도 안에 있는 신자에게 실제적으로 어떻게 작용하는지, 이로 인해 신자는 영적으로 어떤 경험을 겪는지를 제시하며, 더 나아가 신자가 겪을 신앙적 긴장과 의심을 풀어주면서 구원의 위로와 확신을 부어줍니다.

오늘날 일부 교회에서는 종말론적 심판에 있어 신자의 행함과 순종이 구원의 근거가 된다는, 즉 은혜로 말미암아 하나님의 자녀의 지위를 얻는다 할지라도 마지막 심판 때에 하나님께 인정을 받을 만한 믿음의 순종이 있어야 신자가 궁극적으로 구원 받는다는 주장이 설파되고 있습니다. 이는 가히 로마 가톨릭의 세미-펠라기우스적인 구원론과 궤를 같이 하는 것으로 잘못된 주장입니다.

구원 받기에 합당한 믿음을 지닌 참 신자는 필연적으로 거룩한 순종의 삶을 살아갑니다. 그렇기에 믿음으로 그리스도의 의를 덧입은 신자는 거룩한 순종의 삶을 살아가게 되며 이러한 삶의 변화를 반드시 경험하게 됩니다. 신학적으로 말하자면, 칭의와 성화는 분리되지 않는다는 교리가 바로 이 사실을 가르치고 있습니다. 그렇다면 칭의와 성화의 관계는 어떻게 설명해야 할까요? 즉 믿는 자를 의롭게 하시는 하나님의 은혜를 받아 그리스도의 의를 덧입은 일은 거룩한 삶의 순종을 바라며 그것을 이루어가는 일과 어떻게 필연적인 관계를 맺게 되는 것일까요?

로마서 8장이 바로 이 질문에 대한 명확한 답을 줍니다. 이 답의 핵심은 바로 "성령 하나님"입니다. 믿음을 주시는 분도 성령 하나님이시며, 믿음에 따라 의의 순종을 하게 하시는 분도 성령 하나님이십니다. 개혁신학이 말하는 성령 하나님의 이중은총 교리는 로마서 8장에 근거한 가르침입니다. 성령 하나님을 중심으로 칭의와 성화의 필연성을 드러내는 로마서 8장은 구원의 확신을 교훈하면서 또한 성령 하나님의 간구하심을 언급합니다. 그리고 이를 종합하면서 이 모든 것이 "그리스도의 사랑의 나타남"이라고 매듭짓습니다.

로마서 8장을 강설하면서 이렇게 중요한 신학 원리 및 신앙 실제에 대한 성경의 가르침을 드러내고자 했으나 얼마나 잘 전달되었을지는 모르겠습니다. 아무쪼록 이 책이 하나님의 말씀의 진리를 가리는 일이 없기만을 바라면서, 영광스럽고 복된 복음의 진리가 귀한 시간을 내어 읽으실 독자 여러분에게 조금이나마 잘 전달될 수 있기를 바랍니다.

38. 결코 정죄함이 없나니

Romans Sermon Series

그러므로 이제 그리스도 예수 안에 있는 자에게는 결코 정죄함이 없나니, 이는 그리스도 예수 안에 있는 생명의 성령의 법이 죄와 사망의 법에서 너를 해방하였음이라. 율법이 육신으로 말미암아 연약하여 할 수 없는 그것을 하나님은 하시나니, 곧 죄로 말미암아 자기 아들을 죄 있는 육신의 모양으로 보내어 육신에 죄를 정하사 육신을 따르지 않고 그 영을 따라 행하는 우리에게 율법의 요구가 이루어지게 하려 하심이니라. 로마서 8:1-4

로마서 8장의 중요성

로마서 8장에는 로마서의 전체 교리가 요약되어 있습니다. 8장 이전에는 인간의 전적 무능력, 그리고 예수 그리스도 외에는 우리를 의롭게 할 것이 없다는 믿음의 의 등을 다룹니다. 특히 7장에서는 현재를 살아가는 성도의 영적 실상이 어떠한지 말합니다. 8장에 이르러서는 로마서에서 말하는 의롭다 함과 성도가 구원 받은 자로서 거룩함을 이루어가는 구원의 복음이 드러납니다. 로마서를 사랑하는 사람들은 특히 이 8장을 가리켜 로마서 전체 중에서도 황금장 또는 가장 중요한 장이라고 말합니다. 특히 8장 1-4절은 8장 5절 이하를 해석할 때 토대가 되는 본문이므로 이 부분에 대한 주해는 매우 신중하고 정확해야 합니다.

8장 1절과 7장 25절의 관계

그러므로 이제 그리스도 예수 안에 있는 자에게는 결코 정죄함이 없나니 (롬 8:1).

일반적으로 예배 시간에 참회의 시간 이후, 그리스도께서 우리를 어떻게 사랑하셨는지 선포할 때 종종 8장 1절을 읽곤 합니다. 이 구절은 우리가 하나님 앞에 담대히 나아갈 수 있게 하는 매우 중요한 약속의 말씀입니다. 우선, "그러므로"라는 말은 7장 전체 또는 바로 앞에 있는 7장 25절을 가리킵니다. 또는 1장부터 7장까지의 전체 내용을 가리킨다는 주석자들의 견해도 있습니다. 어떤 의견이든지 "그러므로"가 가리키는 내용은 사실상 동일합니다. 7장 25절은 로마서 1장부터 7장까지의 내용을 담고 있기 때문입니다.

우리 주 예수 그리스도로 말미암아 하나님께 감사하리로다. 그런즉 내 자신이 마음으로는 하나님의 법을, 육신으로는 죄의 법을 섬기노라(롬 7:25).

우리는 마음으로는 하나님의 법을 섬기지만 육신으로는 죄의 법을 섬깁니다. 그것이 우리의 영적 실상입니다. 신자는 중생자로서 하나님을 사랑하는 마음을 가지고 있지만 육신의 정욕에 따라 살려는 성품의 흔적도 여전히 남아 있습니다. 신자는 육체의 욕심을 이루지 않기 위하여 성령을 따라 행해야 하지만 신자의 성화는 불완전합니다. 신자라 해도 오직 예수 그리스도를 바라보는 것 외에는 소망이 없습니다. 이것이 7장까지의 요약입니다.

흥미롭게도 7장 25절을 뒤에서부터 읽으면 8장 1절의 뜻이 더 잘 드러납니다. 7장 25절을 뒤에서부터 읽어보면 "그런즉 내 자신이 마음으로는 하나님의 법을, 육신으로는 죄의 법을 섬기노라", 그다음에 "우리 주 예수 그리스도로 말미암아 하나님께 감사하리로다"입니다. 이 순서에 주목해서 읽을 때, 8장 1절은 7장 25절의 앞뒤 문장을 이어주는 중간 단계의 논리를 제공합니다. 마음으로는 하나님의 법을, 육신으로는 죄의 법을 섬기는 실상을 겪어야 하는(7:25 하반절) 성도에게 "이제 그리스도 예수 안에 있는 자에게는 결코 정죄함이 없다"는 8장 1절의 말씀은 유일한 위로가 됩니다. 8장 1절의 말씀으로 위로를 받은 성도는 주 예수 그리스도로 말미암아 하나님께 감사하다고 고백할 수밖에 없습니다(7:25 상반절).

이를 정리하자면, 8장 1절은 7장 25절 하반절과 7장 25절 상반절을 매개하는 역할을 합니다. "신자이지만 마음으로는 하나님의 법을, 육신으로는 죄의 법을 섬기는 이 영적 실상 속에서 내가 소망을 가질 수 있는가? 여전히 내게는 소망이 없다. 그러나 그리스도 예수 안에 있는 자에게 결코 정죄함이 없으니 내가 오직 그리스도로 말미암아 하나님께 감사한다"라고 8장 1절과 7장 25절을 정리할 수 있습니다. 이 두 구절은 성도의 신앙생활 전체를 설명합니다.

결코 정죄함이 없다

우리는 "결코 정죄함이 없다"는 말씀을 믿어야 합니다. 우선, "정죄함이 없다"라는 의미는, 여전히 내 안에 부패한 마음이 옛사람의 흔적으로 남아 있고 그것이 나를 죄 가운데로 이끌어가는 힘으로 작용하고 있지만 하나님은 옛사람의 흔적 때문에 내가 죄를 범하더라도, 부패성으로부터 나온 나의 죄 때문에 내가 죄를 범하더라도 나를 결코 단죄하거나 심판하지 않으신다는 말입니다. 즉 성도의 행복과 자랑과 위로가 "결코 정죄함이 없다"라는 말에 담겨 있습니다. 예수 안에 있는 사람은 죄를 범해도 그 죄로 인한 심판을 받지 않습니다. 이는 예수 믿는 사람의 어마어마한 특권입니다. 하지만 예수 믿는 사람이 죄를 범하면 징계를 받습니다. 하나님은 우리의 죄를 고치려 하시지만, 악인이 심판 받는 경우처럼 우리를 단죄하시고 벌로 내리치시지는 않습니다.

즉 예수 안에 있는 사람에게 구원과 관련된 의미의 정죄와 형벌은 전혀 없습니다. 어떤 죄든 잘못이든 상관없습니다. 하나님의 이름을 망령되게 일컫는 죄도 돌이켜 회개하면 삽니다. 평생 우상 숭배를 했던 사람도 그리스도의 이름을 믿고 나오면 삽니다. 신자답지 못했던 모든 경제활동과 정치활동, 그 밖의 모든 죄를 돌이키고 주님 앞에 나아오면 삽니다. 하나님은 회개하는 자를 절대로 외면하지 않으시기 때문입니다. 하나님은 성령의 은혜로 말미암은 회개의 심령을 주셨습니다. 주님은 회개하는 자의 눈물을 외면하지 않습니다. 회개하면 우리는 삽니다.

그러나 신자가 신자답게 살지 못하는 경우가 많습니다. 유아세례를 받고 믿음의 가정에서 성장한 사람이라도 신자답게 살아가리라 장담하지 못합니다. 유아세례를 베풀 때는 부모뿐만 아니라 온 교우가 신자답게 아이를 키우겠다고 헌신을 약속합니다. 물론 아이의 신앙에 대한 일차적 책임은 부모에게 있지만, 유아세례는 교회가 그 아이를 유아세례 교인으로 인정하는 것으로서 세례를 베풂과 동시에 이 아이의 성장을 지켜보며 그 아이를 위해 기도하고 말씀을 가르치겠다고 교회의 모든 회원이 약속하는 것입니다. 부모와 교회의 신앙교육이 아이에게 영향을 끼치지 못하고 아이가 신앙에서 이탈하게 된다면 그 부모의 속이 얼마나 쓰라리겠습니까? 훗날 자신이 속했던 믿음의 환경을 저버린 사람이 모든 잘못을 깨닫고 후회한다면, 그러고 나서 면목이 없어 "하나님 앞에 내가 어떻게 가겠나" 싶을 때 예수를 믿으면 그럼에도 그 사람은 하나님께 용서를 받습니다.

하나님은 우리의 신앙생활의 성과를 조건으로 구원의 문을 열거나 닫으시는 분이 아니십니다. 예수 안에 있는 자에게 구원의 문이 열려 있습니다. 이것이 "결코 정죄함이 없다"는 말속에 담긴 내용입니다. 예를 들면, 결혼 생활에 실패해서 큰 상처와 어려움을 겪을 수 있습니다. 하지만 예수 믿는 사람은 그것 때문에 어떤 정죄도 받지 않고 다 용서 받습니다. 예수 안에 있는 사람은 이 세상에 사는 동안에 범했던 죄 때문에 정죄 받지 않습니다. "결코 정죄함이 없다"는 것은 정죄하지 않는다는 사실을 강조할 뿐만 아니라 정죄할 대상과 내용 자체가 없다는 뜻이기도 합니다. 예수 안에 있는 사람은 전적으로 구원을 받습니다.

생명의 성령의 법에 의한 해방

예수 그리스도 안에 있는 자에게 결코 정죄함이 없는 은혜가 주어지는 두 가지 이유를 살펴봅시다.

> 이는 그리스도 예수 안에 있는 생명의 성령의 법이 죄와 사망의 법에서 너를 해방하였음이라(롬 8:2).

첫 번째 이유는 2절에서 드러납니다. 그리스도 예수 안에 있는 "생명의 성령의 법"으로 말미암아 우리는 또 다른 법인 "죄와 사망의 법"에서 해방되었습니다. "죄와 사망의 법"은 죄로 인하여 사망에 이르게 되는 원리, 힘, 세력을 의미합니다. 죄를 지으면 영원한 사망에 이르도록 이끌림을 당하는 것이 하나님이 정하신 법도요, 이에 따라 자꾸 죄를 짓는 세력은 나를 사망으로 끌어갑니다. 우리는 그것으로부터 해방되었습니다.

예수 그리스도 안에 있는 자는 특별한 은혜를 누립니다. 그것은 바로 성령의 은혜이며, 생명의 성령의 법이 우리에게 주어집니다. "생명의 성령의 법"이란 생명을 주시는 성령의 힘과 능력, 혹은 성령이 있으면 생명이 주어진다고 정하신 하나님의 법을 의미합니다. 성령 하나님은 그리스도 예수 안에 있는 자에 속한 죄책을 면케 하시고, 영원한 생명을 우리에게 부어주시며, 죄로 인해 부패한 나의 마음을 정결하게 바꾸십니다. 그리고 여전히 옛사람의 성품 때문에 죄를 짓게 되는 우리의 모든 것을 다 덮으시고, 죄를 지어 사망에 이르는 어떤 원리나 세력이 결코 우리 가운데 지배력을 행사하지 못하도록 도와주십니다. 이것이 "생명의 성령의 법"의 능력입니다.

그래서 마귀는 어떻게 해서든지 우리를 죄의 세력으로 끌어가 사망에 집어넣으려 우리의 남아 있는 옛사람의 성품을 자극합니다. 그리고 죄의 세력 아래서 살게 하려고 계속 우리를 몰아갑니다. "생명의 성령의 법"을 받은 사람은 어떤 순간에는 죄의 지배력에 충동적으로 휩싸여 전혀 믿는 자가 아닌 것처럼 보일 수 있지만 시간이 지나면 반드시 복원됩니다. 그것이 "생명의 성령의 법"의 약속입니다. 하나님은 죄와 사망의 법의 지배 아래 있는 우리를 복원시키셔서 생명 안에 있는 자의 모습으로 드러내게 하십니다. 그 모습은 회개요, 회개에 따라 회개의 열매가 나타납니다.

그리스도 예수 안에 있는 사람에게 결코 정죄함이 없는 첫 번째 이유는 "성령의 역사" 때문임을 밝혔습니다. 이것은 신비로운 하나님의 은혜입니다. 그러므로 우리는 어떤 죄에 대해서도 더는 벌을 받지 않고, 또한 죄를 짓게 하는 세력에게 지배당하지 않습니다. 교리적으로 말하자면, 죄 사함을 받고 죄의 형벌을 받지 않는다는 것은 의롭다 함을 받는 것이므로 칭의요, 또 하나 죄의 세력에 완전히 지배당하지 않고 끝내는 이길 수 있도록 우리를 복원시키신다는 것은 성화입니다. 즉 생명의 성령의 법으로 인해 우리 가운데 의롭다 함의 은혜와 거룩케 하시는 은혜의 역사가 이미 시작되었으므로 그리스도 예수 안에 있는 자에게는 결코 정죄함이 없다고 말하는 것입니다.

율법이 할 수 없는 것을 하나님이 하신다

우리에게 왜 결코 정죄함이 없는지에 대한 두 번째 이유는 3절에 나옵니다.

> 율법이 육신으로 말미암아 연약하여 할 수 없는 그것을 하나님은 하시나니 곧 죄로 말미암아 자기 아들을 죄 있는 육신의 모양으로 보내어 육신에 죄를 정하사(롬 8:3).

3절은 "결코 정죄함이 없다"(8:1)의 이유이면서 동시에 "율법의 요구가 이루어지게 하려 함이라"(8:4)의 원인입니다. 1절은 죄 사함을 말하고 4절은 의롭게 됨을 말합니다. 1절의 내용대로 우리에게 정죄함이 없는 이유는 무엇 때문입니까? 답은 3절에 나오듯이 하나님이 자기 아들을 죄 있는 육신의 모양으로 보내셨기 때문입니다. 그러면 4절의 내용대로 우리에게 율법의 요구가 이루어져 의롭게 되는 일이 주어지는 까닭은 무엇입니까? 이에 대한 대답도 3절 때문입니다. 죄 사함은 부정적인 것을 지우는 것이고, 의롭다 함은 그리스도의 의를 덧입어 정말로 완전한 의를 가진 자가 되는 것이기 때문입니다. 즉 그 것은 죄가 있으나 죄가 없고 의가 없으나 의가 있다고 간주하면서 죄를 가리시고 의를 덧입히시는 것입니다. 하나님은 우리에게 죄가 있지만 죄가 없다고 보시고 의가 없지만 의가 있다고 보십니다.

3절에 "율법은 육신으로 말미암아 할 수 없는 그것을"이라고 나옵니다. 이것을 풀면 "율법은 육신으로 말미암아 연약하다"는 의미입니다. 연약한 것은 육신입니까, 율법입니까? 헬라어 원문은 육신이 아니라 율법이 연약하다고 말합니다. 결국 율법이 연약해서 할 수 없다는 뜻으로, 그로 인해 율법이 할 수 없는 것이 있습니다. 그것은 바로 우리를 죄가 없게 만드는 것, 그리고 우리를 의로운 자로 만드는 것입니다.

율법은 연약해서 우리의 죄를 사하고 우리를 의로운 자로 만들 수 없습니다. "그런데 왜 율법이 연약합니까? 육신이 연약한 거 아닙니까"라고 물어볼 수 있습니다. 맞습니다. 육신이 연약합니다. 따져 보면 율법 자체가 아니라 율법을 대하는 육신이 연약하기 때문에 율법이 무능력한 것입니다. 인간은 죄로 인한 부패로 인해 육신이 연약해서 율법을 받아도 율법을 행하는 의로운 자로 살 수 없습니다. 율법 자체가 우리를 바꾸지 못합니다.

> 너희는 내 규례와 법도를 지키라. 사람이 이를 행하면 그로 말미암아 살리라. 나는 여호와이니라(레 18:5).

이 구절은 굉장히 유명한 말씀이지만 우리에게는 전혀 소용없습니다. 실제로는 우리가 연약하여 죄 가운데 있기 때문입니다.

> 그러므로 내가 그들을 애굽 땅에서 나와서 광야에 이르게 하고, 사람이 준행하면 그로 말미암아 삶을 얻을 내 율례를 주며 내 규례를 알게 하였고, 또 내가 그들을 거룩하게 하는 여호와인 줄 알게 하려고 내 안식일을 주어 그들과 나 사이에 표징을 삼았노라(겔 20:10-12).

하나님은 우리를 거룩한 자로 만들고자 율법을 주십니다. 그런데 사람은 본성상 부패하고 율법을 다 따르지 못하며 불순종하여 오히려 율법에 따른 정죄의 대상이 될 뿐입니다. 결국 율법은 부패한 사람을 의롭게 하지 못하며 생명을 얻게 하지도 못합니다. 즉 율법은 거룩한 삶을 살게 해줄 수 없습니다. 율법은 거룩한 삶이 무엇인지 알려줄 뿐 거룩하게 살아가게 하는 능력을 주지는 못합니다. 그래서 사람은 여전히 죄인으로 남아 있고 의인의 신분을 얻지 못합니다. 게다가 율법은 그 사람의 죄의 정욕을 거룩한 성령의 소욕으로 바꿔낼 힘도 없습니다. 그러므로 율법은 연약합니다. 이것은 인간의 부패성 때문입니다.

그러나 하나님은 율법도 바꾸지 못한 인간의 부패한 본성에 의한 죄의 책임과 오염을 바꿀 수 있다고 말씀하십니다. 3절에는 하나님이 하신 일이 기록되어 있습니다. 하나님은 아들을 죄 있는 육신의 모양으로 보내셔서 인간의 육신의 죄를 정결케 하셨습니다. 그 이후에는 4

절에 나오는 대로 율법의 요구가 이루어지고, 육신을 따르지 않고 그 영을 따라 행하는 우리에게 그 일이 이루어집니다.

3절에는 "죄로 말미암아 자기 아들을 죄 있는 육신의 모양으로 보내어 육신에 죄를 정하사"라고 나옵니다. 먼저 "육신의 모양"은 무엇인지 빌립보서 2장 6-7절을 통해 살펴보겠습니다.

> 그는 근본 하나님의 본체시나 하나님과 동등됨을 취할 것으로 여기지 아니하시고, 오히려 자기를 비워 종의 형체를 가지사 사람들과 같이 되셨고 (빌 2:6-7).

"자기를 비워 사람들과 같이 되셨다"라는 말은 예수님이 "육신의 모양"으로 되셨다는 말입니다. 로마서 1장 3절에 나오는 "다윗의 혈통에서 나셨다"라는 말도 바로 "육신의 모양"으로 오셨다는 말과 같은 뜻입니다. 즉 이 말은 예수님이 육신을 가지고 이 땅에 오셨다는 말입니다.

그런데 3절에는 "육신의 모양으로"라는 말 앞에 "죄 있는"이라는 말이 붙어 있습니다. 주의할 것은, 예수님이 육신으로 계실 때 부패하고 죄가 있었다고 해석해서는 안 됩니다. 이 말은 예수님이 육신으로 이 땅에 오셨다는 사실에 초점을 두어야 합니다. 그리고 예수님은 우리가 범죄하기 이전에 지녔던 본래의 인성을 가지셨다는 뜻이지, 주님의 인성 자체가 죄로 오염되어 있다는 뜻이 아닙니다.

부패성은 본래의 인성에 덧붙여진 것이지, 인성 자체가 하나님이 창조하신 때부터 이미 부패해 있었던 것은 아닙니다. 부패성은 역사적인 한 계기로 말미암아 덧붙여진 것이므로 본질적인 것이 아니며 우연적인 것입니다. 즉 사람이 부패성을 가지고 있어야 하지는 않습니다. 따라서 예수님이 우리와 참으로 동일한 인성을 가지셨으나 부패성이 없으셨다는 사실을 꼭 기억하고 본문을 이해해야 합니다. 하나님은 그 예수의 육신에 죄를 정하셨습니다. "육신에 죄를 정했다"라는 말은 우리와 똑같은 인성을 가지고 사람이 되신 예수 그리스도를 죄인으로 정하시고 죄의 벌을 내리셨다는 것입니다. 그 의미를 가장 잘 설명하는 구절이 바로 이사야서 53장 4-6절입니다.

> 그는 실로 우리의 질고를 지고 우리의 슬픔을 당하였거늘 우리는 생각하기를 그는 징벌을 받아 하나님께 맞으며 고난을 당한다 하였노라. 그가 찔림은 우리의 허물 때문이요 그가 상함은 우리의 죄악 때문이라. 그가 징계를 받으므로 우리는 평화를 누리고 그가 채찍에 맞으므로 우리는 나음을 받았도다. 우리는 다 양 같아서 그릇 행하여 각기 제 길로 갔거늘 여호와께서는 우리 모두의 죄악을 그에게 담당시키셨도다(사 53:4-6).

이 내용은 로마서 8장 3절과 연결됩니다. 로마서 8장 3절은 이사야서 53장 4-6절의 요약입니다. 본문 3절에 나오는 "죄로 말미암아"라는 말은 무슨 뜻입니까? 이는 "죄 때문에"라는 뜻으로, 헬라어로 풀어보면 "죄 때문에"라는 부사구이며 관용적 표현으로는 "속죄제"라는 의미와 연결됩니다. 그러므로 본문은 "우리가 지은 죄 때문에 육신에 죄의 형벌을 받으셨다"라는 뜻이 됩니다. 그런데 "죄로 말미암아"는 "육신에 죄를 정하사"에 붙어 있습니다. 이에 따라 3절의 뜻을 더 자세히 풀어보면 "하나님께서는 하시나니 자기 아들을 죄 있는 육신의 모양으로 보내어 죄 때문에 받아야 할 죗값을 그 육신에 정하셨다"라고 할 수 있습니다. 그리고 "속죄제"라는 명사적 의미를 덧붙이면 다음과 같습니다. "하나님은 하시나니 자기 아들을 죄 있는 육신의 모양으로 보내어 "속죄제물로서" 그 육신에 죗값을 치르게 하셨다." 결국 3절에서의 "죄로 말미암아"는 "속죄제물로서"라는 뜻입니다. 골로새서 2장 14절에는 율법으로 우리를 판단하는 단죄의 법조문이 나옵니다.

> 우리를 거스르고 불리하게 하는 법조문으로 쓴 증서를 지우시고 제하여 버리사 십자가에 못 박으시고(골 2:14).

하나님의 아들이신 예수 그리스도께서 우리의 죄를 단죄하시고 속죄제물이 되셨기 때문에 우리는 정죄 받지 않습니다. 이것이 8장 1절에서 우리가 결코 정죄함을 받지 않는 이유입니다. 동시에 그로 인해 율법의 의가 우리에게 이루어집니다.

율법의 요구를 이루시는 그리스도

육신을 따르지 않고 그 영을 따라 행하는 우리에게 율법의 요구가 이루어지게 하려 하심이니라(롬 8:4).

"율법의 요구"에서 요구는 "그의 의"를 의미합니다. "요구"라는 말은 헬라어로 "의"라는 뜻을 포함하고 있습니다. 즉 "율법의 요구가 이루어지게 하려 하심이니라"를 "율법의 의가 이루어지게 하려 하심이라"로 풀어쓸 수 있습니다. 율법은 우리를 거룩하게 하시고 우리가 하나님과 함께 살 수 있도록 하나님이 우리에게 주신 것이었습니다. 그런데 우리가 부패하여 율법을 지키지 못해서 율법이 우리를 정죄하는 근거가 되었고 우리는 본래 하나님이 우리에게 율법을 주신 목적을 이루지 못하게 되었습니다.

그러나 율법의 의가 이루어지는 놀라운 성취가 새로운 길을 통해 이루어졌습니다. 그 길은 바로 예수 그리스도입니다. 예수 그리스도가 속죄제물이 되셔서 우리의 죗값을 전부 치르심과 동시에 그리스도의 의가 우리에게 덧입혀집니다. 이로써 우리에게 율법의 의가 성취되었습니다.

그런데 어떤 이들은 4절을 간혹 오해하기도 합니다. 왜냐하면 "육신을 따르지 않고 그 영을 따라 행하는 우리에게"라는 표현 때문입니다. "율법의 의를 우리가 행하여 이룬다"라고 해석하는 것을 우리는 조심해야 합니다. "육신을 따르지 않고 그 영을 따라 행한다"라는 말은 우리의 그 영에 순종하여 이루어지는 성화의 길을 의미합니다. 이는 우리 안에 변화가 일어나는 것을 의미합니다.

이 변화의 역사는 첫째는 예수 그리스도가 속죄제물이 되셨기 때문이요(3절), 둘째는 생명의 성령의 법 때문입니다(2절). 그리고 우리 안에 성령이 주어져서 4절에 나타난 변화가 일어납니다. 바로 육신을 따르지 않고 영을 따라 행하는 놀라운 변화가 일어나면서 우리의 상태가 바뀝니다. 예수 믿는 사람은 옛사람의 흔적 때문에 시달리지만 그 안에는 새사람이 있습니다. 따라서 "우리는 육신을 따르지 않고 그 영을 따르는 사람이라"라고 말할 수 있습니다.

그러나 사실 우리는 육신을 따르기도 합니다. 그래서 7장 25절에서 바울은 "내 자신이 마음으로는 하나님의 법을 육신으로는 죄의 법을 섬기노라"라고 하지 않습니까? 이러다 보니 절로 "오호라 나는 곤고한 사람이로다"라는 탄식이 나옵니다. 여기서 우리는 "이런 탄식을 하는데 어떻게 육신을 따르지 않고 그 영을 따르는 사람이라고 우리의 정체성을 결정하는가, 모순 아닌가"라는 의문이 들 수 있습니다. 하지만 이것은 모순이 아닙니다. "육신을 따르지 않고 그 영을 따라 행하는 우리"라는 말은 완전하다는 뜻이 아닙니다. 이 말은 "우리는 육신의 지배에 완전히 종속되어 죄의 정욕에 종노릇하는 자들이 아니기 때문에 우리에게는 육신을 따르지 않는 가능성과 능력이 있고 영을 따르는 일들이 우리에게 나타나기 시작했다"라는 말입니다.

"신자의 됨됨이는 열매를 보고 안다"는 말은, 신자가 육신을 따를 때도 있지만 육신을 따라 사는 것의 지배를 받으며 종노릇하는 자가 아니기 때문에 영을 따라 살게 되어 열매를 맺는다는 말입니다. 즉 신자의 삶의 열매를 보고 그가 신자인지를 안다는 것입니다.

"육신을 따르지 않고 그 영을 따라 행하는 우리에게"라는 말의 정확한 의미를 파악하려면 7장 24-25절을 살펴봐야 합니다. 두 구절을 요약하면 이렇습니다. "곤고한 사람이로되 내 마음 속에 하나님의 법을 사랑하는 마음이 있기 때문에 내가 육신을 따르지 않고 영을 따라 행하는 일들에 대해 가능성과 시작이 이루어졌다." 즉 하나님은 육신을 따르지 않고 성화를 이루어가는 우리에게 율법의 요구가 이루어지게 하십니다.

율법의 요구가 이루어지는 대상은 "성화의 삶을 살고 있는 우리"입니다. 율법의 요구는 "의"이며, 오직 예수 그리스도로 말미암아 율법의 의가 이루어집니다. 예수 그리스도의 속죄의 제물로 인해 율법의 의가 성취되는 그 은혜를 입은 대상은 바로 육신이 아니라 영을 따르는 사람, 성화의 길을 걷는 사람입니다. 그 성화의 길을 걷는 것이 율법의 요구, 또는 율법의 의를 우리 안에서 성취하게 하는 원인이나 공로로 작용하는 것은 아닙니다. 반대로 그리스도로 인해 율법의 의를 받은 사람은 반드시 성화의 증거가 함께 나타납니다. 예수 그리스도의 보혈로 의롭게 된 자, 믿음으로 의롭다 함을 받은 자에게 성화의 열매는 필연적으로 드러납니다.

결국 본문에서 1절이 없으면 4절이 없습니다. 1절에서는 "그리스도 예수 안에 있는 자에게는 결코 정죄함이 없다"라고 했습니다. 그 정죄함의 은혜 때문에 율법의 요구, 곧 율법의 의가 이루어지는 일이 있게 됩니다. 그런 은혜를 받은 사람은 육신을 따르지 않고 영을 따라 살아가는 신앙적 성질을 지닌, 심령의 상태에 속한 사람이며 열매를 맺어가는 사람입니다. 그러므로 4절을 "육신을 따르지 않고 그 영을 따라 행하는 것"을 원인으로 보면서 "율법의 요구가 이루어진다는 것"을 공로에 따라 구원을 얻는다는 근거로 해석해서는 안 됩니다.

본문 4절을 로마서 6장 1-2절, 15절, "그런즉 우리가 무슨 말을 하리요, 은혜를 더하게 하려고 죄에 거하겠느냐, 그럴 수 없느니라… 그런즉 어찌하리요, 우리가 법 아래에 있지 아니하고 은혜 아래에 있으니 죄를 지으리요, 그럴 수 없느니라"와 연결해서 보겠습니다. 15절에 나오는 "그럴 수 없다"는 하나님의 은혜는 절대로 그렇지 않다는 말입니다. 그 내용이 본문 4절입니다. 의롭다 함을 받은 자는 율법의 요구를 이루어갑니다.

곤고함 너머에 계신 그리스도

율법의 요구, 율법의 의가 이루어진 사람이라도 상태적으로는 곤고할 수 있고, 그러하더라도 영을 따라 살아갈 수 있습니다. 우리가 때로 성령을 좇아 살아가는 열매의 모습이 있음에도 연약한 죄의 흔적 때문에 곤고합니다. 의롭다 함을 받은 신자가 성령의 열매와 인도하심에 전혀 관심이 없으며 불법과 육신의 정욕에 끌려 다녔음에도 "내가 의인인데 어찌 이렇게 곤고한가"라고 말하는 것이 아닙니다. "곤고함"은 성령을 따라 살아가는 삶의 열매를 잘 맺으며 살아가게 하지만 자신에게 남아 있는 죄의 연약성 때문에 탄식하는 것을 말합니다. 즉 성도에게는 계속적인 갈망과 열망, 그리스도의 형상을 닮아가고 하나님을 영화롭게 하려는 소망이 있습니다. 그것을 온전히 이루지 못하는 자기의 모습에 절망하는 것이 곤고함입니다.

그러나 곤고함은 성령의 도우심으로 이루어지는 새사람의 삶의 가능성 자체를 부정하지 않습니다. 자신에 대한 절망을 넘어서서 성령과 그리스도를 바라보면 우리에게 소망이 생깁니다. 말씀은 "너희가 육신의 정욕을 따라 살지 말고 성령을 좇아 살아라. 육신의 소욕을 따라 살면 죽을 것이요, 성령의 소욕을 따라 살면 살 것이다"라고 계속 우리에게 권면합니다.

결국 의롭다 함을 받기 위해서는 자기가 행한 의가 아닌 오직 그리스도만 바라보아야 합니다. 마찬가지로 성화를 위해서도 우리는 나 자신을 보며 낙심만 하는 것이 아니라 나를 위하여 모든 것을 해 주신 그리스도를 바라보아야 합니다. 자기를 바라보면 성화되지 않는 것 같은 나 자신에게 절망하게 되지만 그리스도를 바라보면 성화의 길이 열립니다. 의를 위하여 자기 의를 바라보면 절망하게 되지만 그리스도의 의를 바라보면 살 수 있습니다. 우리는 그리스도를 바라보면서 성화를 이루어갈 힘을 얻게 됩니다.

본문에는 칭의와 성화, 성도 안에 이루어지는 하나님의 은혜의 절묘함이 설명되어 있습니다. 예수 그리스도의 속죄로 의롭다 함을 받고 율법의 의가 완전히 이루어진 자는 육신을 따르지 않고 영을 따라 살아가는 삶의 믿음의 증거를 지니고 살아갑니다. 그러나 그 영을 따라 살아가는 것이 율법의 요구나 의를 완전하게 하는 이유나 공로가 되지 않습니다. 그 모든 것이 오직 그리스도로 말미암아 주어진 것이기 때문입니다. 여러분 안에 이 내용이 잘 정리되어서 오직 그리스도만 자랑하고 살아가기를 주의 이름으로 축복합니다.

39. 육신과 영

Romans Sermon Series

육신을 따르는 자는 육신의 일을, 영을 따르는 자는 영의 일을 생각하나니, 육신의 생각은 사망이요 영의 생각은 생명과 평안이니라. 육신의 생각은 하나님과 원수가 되나니 이는 하나님의 법에 굴복하지 아니할 뿐 아니라 할 수도 없음이라. 육신에 있는 자들은 하나님을 기쁘시게 할 수 없느니라. 로마서 8:5-8

그리스도 예수 안에 있는 자

오늘 본문은 8장 1-4절의 흐름을 정확하게 보아야 바르게 이해할 수 있습니다. 오늘 본문은 예수 그리스도의 공로로 인하여 우리가 믿음으로 의롭다 함을 받는 "칭의"의 사건과, 그리스도로 인하여 우리가 거룩한 주의 백성이 되어 살아가는 "성화"의 삶의 관계에 대한 아주 중요한 이치를 밝혀줍니다. 즉 로마서 전체가 가리키고 있는 "믿음으로 의롭다 함"에 대한 복음의 소식과, 하나님께서 우리를 그리스도의 형상을 닮을 때까지 바꾸어 나가시는 그 은혜의 역사의 관계를 보여주는 대목입니다. 따라서 8장은 1-7장까지 말씀의 요약이고, 9장 이하로 이어지는 전개에 대한 출발점입니다. 그러므로 8장은 로마서에서 가장 핵심적인 말씀이라 할 수 있습니다. 우선 8장 1절을 살펴보겠습니다.

이제 그리스도 예수 안에 있는 자에게는 결코 정죄함이 없나니(롬 8:1).

"그리스도 예수 안에 있다"는 것은 곧 예수 그리스도를 믿는 것을 의미합니다. 하나님은 예수 그리스도를 믿는 자는 그리스도에 참여하게 된다고 약속하셨습니다. 우리는 그리스도에게 접붙임을 받아 그리스도와 한 몸이 되며, 이를 통해 "믿음으로 말미암아 예수 그리스도 안에 있게 된 자"가 됩니다.

하나님의 약속의 말씀에는 우리의 죄인 된 모습, 그 죄의 문제를 해결하시기 위해 그리스도께서 행하시는 모든 방편, 그것들을 실행하기 위하여 영원 전에 주께서 계획하신 모든 일 등이 들어 있습니다. 이 약속의 말씀을 "은혜 언약"이라고 부릅니다. 하나님께서는 이 모든 사실을 믿고 하나님의 도우심을 바라며 그 앞에 믿음으로 나오는 자에게 그리스도와 하나가 되게 하는 큰 은혜를 베푸십니다.

예수 그리스도를 믿는다는 것이 무엇이기에 결코 율법의 정죄함이 없게 되는 것일까요? 이것은 놀랍고도 신비로운 영적인 사실이므로 일반적인 사람들의 생각으로는 납득하기 어렵습니다. 그래서인지 신자라 할지라도 율법의 정죄에서 자유하게 된다는 사실을 이해하고 마음에 그 은혜를 흡족히 누리는 데까지는 오랜 시간이 걸리기도 합니다. 더 나아가 예수님을 믿을 때 그 은혜가 우리에게 주어진다는 사실을 이해하고 믿는 데도 그러합니다. 그 사실을 마음에 받아들인다는 것은 힘들고 어려운 일이지만 매우 놀라운 일이기도 합니다.

죄와 사망의 법에서 해방되었다

오늘 본문은 "왜 결코 정죄함이 없는가"를 두 가지 이유로 설명합니다. 하나는 2절에 직접적으로 나타나 있고, 또 하나는 3절에 나오며 3절은 2절의 근거가 됩니다. 우선 2절을 살펴보겠습니다.

> 이는 그리스도 예수 안에 있는 생명의 성령의 법이 죄와 사망의 법에서 너를 해방하였음이라(롬 8:2).

"생명의 성령의 법"은 성령 하나님께서 생명을 주시는 원리나 힘 또는 법도를 의미합니다. 원리, 힘, 법도 등은 다 같은 의미로, 그리스도 예수 안에 있는 자에게는 성령 하나님께서 생명을 주시는 원리가 작용된다는 뜻입니다. 그리고 2절에는 또 하나의 법인 "죄와 사망의 법"이 나옵니다. 이것은 율법의 정죄로 인해 사망이라는 필연적 결과를 피할 수 없게 된 힘의 작용을 말합니다.

죄를 짓는 자에게 정죄의 결과로 발생된 영원한 사망은 또 다른 힘인 "생명을 주시는 그 법"에 의하여 무력해집니다. 이로 인해 우리는 죄와 사망의 법에서 완전히 해방된 자가 됩니다. 죄와 사망의 법은 우리에게 미치지 않습니다. 해방되었기 때문에, 끊어졌기 때문에, 율법이 우리의 흠을 들어 정죄해도 우리를 사망으로 끌어갈 수 없습니다. 우리를 사망으로 끌어갈 수 없는 이유는 우리에게 흠이 없기 때문이 아닙니다. 죄와 사망의 법에서 해방되었다는 사실은 신비로운 일이기 때문입니다. 우리는 이제 다른 법에 따라, 죄를 짓는 자를 율법이 정죄하며 사망에 이르게 된다는 법의 원리에서 완전히 벗어난 사람이 되었습니다. 이것은 우리가 마치 치외법권 아래 놓인 것과 같습니다.

그럼에도 현실을 살아가는 성도는 이 사실을 반신반의합니다. 왜냐하면 우리 안에 여전히 죄의 흔적이 있기 때문입니다. 또한 그 죄의 흔적 때문에 우리가 하나님 앞에서 회개해야 할 것 같은 정죄감이 듭니다.

그러나 말씀은 놀랍게도 우리에게 결코 정죄함이 없다고 선언합니다. 이것이 복음의 약속이요, 지금 예수를 믿는 사람에게 주시는 하나님의 선언적인 복이요, 하나님의 신실함에 기초한 확정적인 복이요, 또 우리 안에 주어지는 영원한 생명에 대한 기쁨과 즐거움이 샘솟도록 만드는 하나님의 약속입니다. 우리는 이것을 굳건히 믿어야 합니다.

왜 그리스도 예수여야만 하는가

그렇다면 왜 사망의 법에서 해방되는 일, 곧 생명의 성령의 법이 작용되는 일이 "그리스도 예수 안에서" 이루어지는 것일까요?

율법이 육신으로 말미암아 연약하여 할 수 없는 그것을 하나님은 하시나니 곧 죄로 말미암아 자기 아들을 죄 있는 육신의 모양으로 보내어 육신에 죄를 정하사(롬 8:3).

3절을 살펴보면, 육신이 연약하기 때문에 율법 자체가 연약해졌습니다. 여기서 말하는 육신이란 죄의 정욕으로 인해 죄의 지배 아래 사는 모습을 뜻합니다. 죄의 지배 아래 살아가는 인간의 죄 된 성품, 그것으로 인해 드리워지는 인격성 등이 여기서 말하는 육신입니다. 이러한 이유로 율법은 우리를 위해 아무런 일을 할 수 없습니다. 율법이 하려는데 하지 못하는 일은 무엇일까요? 이것을 살피기에 앞서 여기서 잠시 주의할 점은, 죄 된 성품에 지배당하고 있는 우리는 신자가 아니고 일반 보편인류, 즉 "자연인"이라는 사실입니다. 율법은 우리에게 거룩함을 유지하라고 명령합니다. 즉 "내가 거룩하니 너희도 거룩하라"라고 하셨습니다. 율법의 규정된 내용을 낱낱이, 모두, 온전하게, 그리고 그것을 항상 지킴으로써 율법이 요구하는 의의 모든 성취를 이루도록 하는 것이 바로 율법이 우리에게 바라는 일이었습니다. 그런데 그것이 우리에게 이루어지지 않습니다. 우리가 죄의 지배 아래 있기 때문에 율법은 우리가 그 의의 모든 성취를 이루도록 해줄 능력이 없습니다.

그런데 3절에는 "그것을 하나님은 하신다"라고 말씀합니다. 이제 우리에게 새로운 가능성이 열리게 되었습니다. 하나님께서는 어떻게 그것을 하십니까? 이에 대한 답은 3절 하반절에 나와 있습니다. "죄로 말미암아 자기 아들을 죄 있는 육신의 모양으로 보내어 육신에 죄를 정"하셔서 그 일을 이루십니다. "죄로 말미암아"는 자기 아들을 죄 있는 육신의 모양으로 보낸다는 말씀과 연결됩니다. "죄 있는 육신"은 죄 된 성품에 따라 살아가는 우리를 가리키는 말입니다. 하나님께서는 죄의 성품의 지배 아래 있는 인간과 동일하시나 죄는 없으신, 우리와 똑같은 인성을 지닌 참 인간의 모습으로 자기 아들을 보내시는 놀라운 성육신의 사건을 행하셨습니다. 그러고는 아들의 그 무죄한 인성에 정죄하시고, 죄 된 값을 그에게 죄를 묻습니다. 이 "죄로 말미암아"라는 말은 결국 "화목제물로 그에게 죗값을 물으셨다"라는 뜻입니다. 하나님은 성자 하나님께서 이 땅에 사람으로 오신 아주 중요한 사건 때문에 율법이 하지 못하는 것을 하게 되었습니다.

율법의 요구

> 육신을 따르지 않고 그 영을 따라 행하는 우리에게 율법의 요구가 이루어지게 하려 하심이니라(롬 8:4).

이제 4절 말씀을 구체적으로 살펴봅시다. 우리말은 순서상 "육신을 따르지 않고 그의 영을 따라 행하는 우리에게"가 앞에 있지만, 헬라어 원문은 "우리에게 율법의 요구가 이루어지게 하려" 부분이 앞에 나옵니다. 3절에서부터 이어 읽으면, "하나님은 하시나니 곧 죄로 말미암아 자기 아들을 죄 있는 육신의 모양으로 보내어 육신의 죄를 정하신" 목적은 "우리에게 율법의 요구가 이루어지게" 하기 위함이며, 그것을 위해 하나님은 "그리 하셨"습니다. 그런데 여기서 우리는 누구를 뜻합니까? 우리는 "육신을 따르지 않고 그의 영을 따라 행하는 그런 자들"입니다.

"율법의 요구가 이루어지게 하려 하심이니라"라는 이 목적절은, 1절부터 이어지는 흐름에 따를 때, 예수 그리스도가 죄 가운데서 정죄의 모든 것을 담당하시고 그의 의로 말미암아 우리에게 의를 전가시켜 율법이 요구한 모든 의의 성취를 우리가 한 것으로 간주되게 하셨다는 뜻입니다. 이는 칼빈이 말한 바와 같습니다. 즉 "우리에게 율법의 요구가 이루어지게 하려 하심이라"는 예수 그리스도의 속죄 사역, 의의 사역을 의미하며, 의롭다 하시는 칭의를 가리킵니다.

그렇다면 율법의 요구는 무엇일까요? 로마서에서는 8장 이외에 네 곳에서 이 말씀이 언급됩니다. 첫 번째는 1장 32절입니다.

> 그들이 이 같은 일을 행하는 자는 사형에 해당한다고 하나님께서 정하심을 알고도 자기들만 행할 뿐 아니라 또한 그런 일을 행하는 자들을 옳다 하느니라(롬 1:32).

1장 32절에서 "하나님께서 정하심"이라고 표현된 그것이 바로 율법의 요구이며 헬라어로는 "디카이오마"입니다. 즉 8장 4절에 나온 "율법의 요구"의 그 "요구"라는 단어가 1장 32절에서는 "하나님께서 정하심"으로 쓰였습니다. 두 부분 모두 "디카이오마"라는 단어가 동일하게 쓰였으며, "하나님께서 정하심"은 하나님께서 율법에 의해 의롭게 정하신 규정을 의미합니다. 이때 "정하심"은 모든 죄를 낱낱이 분별하여 판단하는 율법을 가리킵니다. 이것이 율법의 의가 되고 그 기준이 됩니다. 즉 "이 같이 행하는 것은 죄다"라고 알려주는 율법의 의의 규정입니다.

두 번째는 2장 26절입니다.

> 그런즉 무할례자가 율법의 규례를 지키면 그 무할례를 할례와 같이 여길 것이 아니냐(롬 2:26).

여기서의 "율법의 규례" 또한 율법이 요구하고 있는 의로운 규정을 뜻하며, "디카이오마"입니다. 그리고 5장 16절과 18절에도 "디카이오마"가 나옵니다. 먼저 5장 16절을 읽어보겠습니다.

> 또 이 선물은 범죄한 한 사람으로 말미암은 것과 같지 아니하니 심판은 한 사람으로 말미암아 정죄에 이르렀으나 은사는 많은 범죄로 말미암아 의롭다 하심에 이름이니라(롬 5:16).

"의롭다 하심"도 오늘 본문에 나온 "디카이오마"입니다. 8장 4절의 "율법의 요구"에서의 "요구"로 번역한 "디카이오마"를 여기서는 "의롭다 하심"으로 번역했습니다. 그러므로 16절의 "의롭다 하심에 이름이니라"는 "율법의 요구, 곧 율법의 의를 이룬 것에 이름이니라"를 의미합니다. 이러한 사실은 18절에서도 잘 드러납니다.

> 그런즉 한 범죄로 많은 사람이 정죄에 이른 것같이 한 의로운 행위로 말미암아 많은 사람이 의롭다 하심을 받아 생명에 이르렀느니라(롬 5:18).

여기서 "의로운 행위"는 16절의 "의롭다 하심"과 같은 "디카이오마"입니다. 그러므로 여기서 말하는 "의로운 행위"란 율법의 의로운 규정을 순종하는 행위를 뜻합니다.

정리하자면, 8장 4절의 "율법의 요구가 이루어지게 하려 하심이라"라는 말의 뜻은 5장에서 쓰인 용례와 같은 의미로 풀어가는 것이 뒤에 이어지는 흐름상 정확히 들어맞습니다. 1장의 용례는 죄인을 판단하는 정죄의 "율법적 규정"이고, 2장의 용례는 그 율법에 따라 의를 이룬다고 했을 때의 "의의 규정"입니다. 그리고 5장에서는 예수 그리스도로 말미암아 의의 성취가 이루어진 사실을 전제로 "율법의 의"에 대해 말합니다.

이러한 이해에 비추어 볼 때, 오늘 본문의 "율법의 요구"는 5장 16절과 18절에서 설명한 그 뜻에 따라 "율법이 요구하는 의"라고 간단히 번역할 수 있습니다. 조금 길게 번역하면 "율법이 정한 의로운 요구"입니다. 그렇다면 어떻게 이 일이 이루어지는 것일까요? 3절과 4절을 연결해서 우리말 어순에 따라 번역하면 다음과 같습니다. "율법이 육신으로 말미암아 연약하여 할 수 없는 그것을 하나님은 하시나니 곧 우리에게 율법의 요구가 이루어지게 하려고 죄로 말미암아 자기 아들을 죄 있는 육신의 모양으로 보내어 육신의 죄를 정하신 것이니라." 여기서 율법의 불가능성과 하나님의 능력에 관한 대조가 나타납니다. 그 대조는 율법이 요구하는 거룩한 의를 이루는 것을 목표로 합니다. 율법이 스스로 이 일을 할 수는 없습니다. 그러나 하나님께서는 예수 그리스도로 말미암아 이 일을 하십니다. 8장 4절에 나타난 율법이 요구하는 의의 성취는 예수 그리스도로 인해 우리에게 전가되는 의를 말합니다. 이런 의는 오직 믿음으로 그리스도 안에 있는 자에게 주어지는 것입니다.

8장 4절을 해석할 때 문제점

이 말을 이렇게 계속해서 설명하는 이유는 자칫 상당수의 성경 주석가들처럼 오류에 빠지지 않기 위함입니다. "우리에게 율법의 요구가 이루어지게 하려 함이라"에서 '우리'를 어떻게 이해해야 합니까? 몇몇 사람들은 "곧 육신을 따르지 않고 그 영을 따르는 자"들이라고 말하는 것과 연결해서 4절을 "그 영을 따라 행하는 우리로 말미암아 이루어지는 율법의 요구"라고 해석하는 오류를 범하기도 합니다. 이와 같이 해석하면, 4절에서의 율법의 요구란 우리가 성취하는 율법의 요구가 되고 맙니다. 율법의 요구를 신자가 성취하는 신자의 의라고 보게 되면, 율법의 요구가 이루어지게 함은 성화의 "내용"이라고 볼 수 있게 됩니다. 즉 4절만 단독으로 떼어 살피면, "우리가 이제는 그리스도 안에 있는 자요, 성령으로 중생한 자이기 때문에 육신을 따라 행치 않고 영을 따라 행한다. 그러므로 우리에게 율법의 요구가 이루어지는 일들이 나타난다. 그리고 이것이 바로 성화다"라고 설명할 수도 있습니다. 그러나 그렇게 되면 3절과 4절에 이어지는 문맥 속에서 "하나님께서 하신다, 율법은 못한다"는 대조점이 갑자기 사라져 버립니다. 그 대조점이 사라지게 되면 단순히 우리가 거룩하게 살지 못하게 된다는 말에 그치는 것이 아니라 생명의 성령의 법이 죄와 사망의 법에서 우리를 해방시키는 일을 하지 못한다는 말이 되어 버립니다. 즉 "율법은 신자를 정죄할 수 없다"는 선언을 하지 못한다는 말이 됩니다. "율법의 요구가 이루어지는 일"을 성화로 해석하게 되면 이러한 대조점을 놓치게 되므로 잘못된 해석이 됩니다.

그리고 또 다른 문제가 있습니다. "그리스도의 의로 말미암아 우리에게 의가 이루어지는 이 놀라운 사건이 우리에게 이루어지게 하심이라"에서 "우리가 누구인가"라고 묻게 됩니다. "육신을 따르지 않고 그 영을 따라 행하는 우리들이라고 되어 있으니 성화의 사람이 아닌가, 그러므로 '율법의 요구가 이루어지게 함이라'를 성화적으로 해석해야 맞지 않은가"라는 생각이 들 수 있습니다. 그런데 "이 칭의, 의롭다 함이 누구에게 주어지는가"라고 질문할 때, 육신을 따르지 않고 영을 따르는 사람 즉 성령의 은혜가 주입되어 성령의 은혜로 말미암아 순종하는 사람에게 그리스도의 의가 주어진다고 해석하면 로마 가톨릭의 해석이 되어 버립니다. 즉 그것은 "율법의 요구가 이루어지게 한다"는 것을 "실제로 의를 이루어가는 사람"이라는 말로 바꾸는 것입니다. 그래서 8장 4절은 복음이 무엇인가에 대한 교리적 이해의 구조와 맞물리는 핵심적인 구절이라고 할 수 있습니다.

율법의 요구가 이루어지는 것을 그리스도의 의가 우리에게 전가되는 것이라고 주장하는 해석이 주석상 옳습니다. 우리가 여기서 "육신을 따르지 않고 그의 영을 따르는 우리에게 주어진다"라는 표현의 의미를 주의 깊게 살펴야 합니다. 로마서 6장에서는 "예수 그리스도의 의가 너를 모든 율법의 정죄에서 완전히 구해냈으니, 은혜를 더하게 하려고 죄에 거하겠느냐"는 질문에 "그럴 수 없다"고 답합니다. 그리고는 오히려 "이제는 의의 종노릇을 하라"고 권면합니다. 이 교훈과 연결해서 "이는 그리스도 예수 안에 있는 생명의 성령의 법이 죄와 사망의 법에서 너를 해방하였음이라"라는 8장 2절을 보면 중요한 사실을 발견할 수 있습니다. 우선 "생명의 성령의 법이 너를 해방했다"라는 말은 우리에게 생명을 주셨다는 중생의 사건인 동시에 성령께서 우리를 이 생명에 따라 살아가며 또한 하나님 앞에서 살아있는 자로 이끌어가시는 은혜의 작용을 포괄합니다.

그렇다면 우리의 구원은 다음과 같이 이루어집니다. 성령 하나님께서는 우리에게 주관적으로 적용해서 주께서 행하신 일을 믿고 나올 수 있도록 죽은 우리를 살려내시는 중생의 일을 하십니다. 그리고 우리에게 생명을 주시고 복음의 소식을 들은 우리로 하여금 그리스도를 믿는 믿음을 고백하게 하십니다. 동시에 회개의 역사가 일어나고, 죄인 된 우리들은 그리스도의 의를 입어 하나님의 자녀가 되는 영광스런 신분을 지녔다는 사실에 감격하게 됩니다. 그리고 주님은 그 약속의 확실함을 믿게 하시고 동시에 반드시 떨어지지 않게 해주시면서 우리를 바꾸어 가십니다.

그러므로 예수 그리스도의 의로 말미암아 율법의 요구가 이루어지는 사람이란, 육신을 따르지 않고 영을 따라 행하는 영적 자태, 성질, 상태를 나타내 보이는 사람들입니다. 육신을 따르지 않고 그의 영을 따라 행하는 것은 의롭게 된 자의 결론입니다. 누가 참 신자인가, 누가 진정으로 그리스도의 은혜를 믿고 그 앞에 나오는 사람인가를 물을 때, 그 사람의 상태와 성질을 보고 알 수 있습니다.

8장 4절에는 칭의와 성화의 이 놀라운 복음적 사건을 일으키시는 성령의 두 가지 은총이 하나로 모입니다. "성령 하나님의 구원에서의 이중적 은총이라"고 말할 때, 하나는 칭의의 사건, 하나는 성화입니다. 그리스도의 은혜의 용서의 사건이 성화를 이루는 자들에게 주어집니다. 이 성화는 어떤 의미에서도 의롭다 함에 대한 근거로 작용하지 못하며 공로의 결과도 아닙니다. 의롭다 함은 우리가 보았듯이 철저히 예수 그리스도로 말미암아 이루어지는 것이기 때문입니다. 그리스도의 공로로 인한 의롭다 함은 믿음과 은혜로 받는 것이며 다른 수단은 없습니다. 믿음이 시작된 이는 이 사실을 고백하게 되며 육신을 따르지 않고 영을 따라가게 됩니다.

육신을 따르는 자, 영을 따르는 자

> 육신을 따르는 자는 육신의 일을, 영을 따르는 자는 영의 일을 생각하나니(롬 8:5).

이러한 맥락에 따라 5절 이하부터는 육신을 따르지 않고 영을 따르는 자에 대한 부연 설명이 이어집니다. 여기서 "생각한다"는 것은 단순히 머리로 생각한다는 말이 아닙니다. "생각한다"라는 헬라어 원문의 뜻은 "골몰한다"입니다. 즉 마음에 소망이 있어 그것을 향하여 온 지력과 감성과 소망을 다 쏟아 붓고, 기회를 보며 의지적으로 실행하고자 전념하고 있다는 뜻입니다. 아예 생각의 틀 자체가 그것에 갇혀 있다는 말입니다. 항상 자나 깨나 그것만 생각한다고도 말할 수 있는, 굉장히 강조적인 표현입니다.

그럼 육신을 따르는 자만 따로 생각해 볼까요? 육신을 따르는 자는 육신의 일에 골몰하는 사람입니다, 육신의 정욕에 따라 매사를 추구하는 사람입니다. 창세기 6장 5절을 보겠습니다.

> 여호와께서 사람의 죄악이 세상에 가득함과 그의 마음으로 생각하는 모든 계획이 항상 악할 뿐임을 보시고(창 6:5).

바로 이것입니다. 노아의 홍수 직전에 하나님이 보실 때 "다 쓸어 버려야겠다"고 생각하실 만큼 모든 사람의 마음은 부패했고, 그들이 생각하는 것은 모두 악한 것 안에 갇혀 있었습니다. 홍수 이후에 살아남았으나 중생하지 못한 모든 자들도 다 그와 같습니다. 이에 따라 오늘의 본문 6절에서는 육신의 일의 골몰하면 그 결국은 사망이라 말씀합니다. 왜 그럴까요?

> 육신의 생각은 사망이요, 영의 생각은 생명과 평안이니라. 육신의 생각은 하나님과 원수가 되나니, 이는 하나님의 법에 굴복하지 아니할 뿐 아니라 할 수도 없음이라. 육신에 있는 자들은 하나님을 기쁘시게 할 수 없느니라(롬 8:6-8).

7절에서는 "육신의 생각은 하나님과 원수가 된다"고 말씀합니다. 육신의 생각은 생명 되신 하나님과 원수가 되니 결국 사망을 낳게 될 따름입니다. 이들은 도무지 "하나님을 기쁘시게" 할 수 없습니다(8:8). 하나님께서는 육신에 있는 자를 도무지 기뻐하시지 않습니다. 그러나 "율법의 요구"가 이루어진 사람(8:4), 즉 믿음으로 그리스도 안에 있어 의롭다 함을 받은 하나님의 자녀인 우리는 육신을 따르지 않고 영을 따라 행하는 사람입니다. 하나님의 자녀는 "영"을 따르기 때문에 성령의 일을 생각합니다(8:5). 그러므로 "생명과 평안"이 하나님의 자녀에게 주어집니다(8:6). 7절에 따라 우리는 육신의 생각을 가진 사람처럼 하나님과 원수가 되지 않고 하나님이 기뻐하는 사람들이 되며, 하나님의 법에 굴복하고 순종할 수 있습니다. 이것이 신자가 겪게 되는 변화입니다.

중생자는 여전히 죄를 지을 수밖에 없는 무능력자가 아닙니다. 어거스틴이 말한 대로 우리는 죄를 짓지 않을 수 없는 전적 부패 상태에서 벗어나 죄를 짓지 않을 수도 있는 새로운 능력을 가진 자로 바뀌게 됩니다. 성령 하나님께서 도우시면 가능한 일입니다. 그분은 우리에게 그 능력을 주시는 분이기 때문에 우리는 율법에 순종할 수 있습니다. 그것은 우리에게 일어나는 매우 놀라운 변화입니다.

그렇다고 해서 그리스도 안에 있는 자들에게는 어떤 흠도 없고 또 육신의 정욕에서 완전히 자유하게 되어 천사처럼 무흠하고 순전하게 살아갈 수 있다고 이 말씀이 말하는 것은 아닙니다. 이렇게 말한다면 모든 신자는 절망할 수밖에 없습니다. 그것은 완전히 7장과 모순된 말을 하고 있는 것입니다. 성화는 불완전성을 전제합니다.

중생자가 성령의 일에 완전히 몰두하여 온전히 하늘의 천사처럼 순전한 삶을 이룬다는 식의 태도는 16세기 재침례파와 같습니다. 이런 태도를 갖게 되면 소수의 종파적 생각을 갖고 있는 사람들의 신학관과 같아집니다. 이 땅에서는 누구도, 중생자라 할지라도 성령의 일에만 온전히 붙들려 살지는 못합니다.

그렇다면 자연인과 중생자는 어떻게 대비될까요? 자연인에게는 결코 있을 수도 없고 원하지도 않는 이상한 일이 중생자에게 나타납니다. 그 이상한 일이란, 예를 들면 하나님의 말씀을 사랑하는 일입니다. 하나님께서는 우리가 예배하는 일을 기뻐하십니다. 우리는 복음의 말씀을 듣고 감격하기도 하며, 죄를 지으면 마음이 떨려서 하나님께 엎드려 기도합니다. 그때 옛사람을 벗고 새사람의 옷을 입는 변화된 모습, 즉 회개의 역사가 나타납니다. 이런 일은 육신의 일을 따르는 사람에게 나타나지 않습니다.

우리 안에 변화가 시작되었습니다. 그래서 율법을 범하지 않으려고 애를 쓰지만, 그럼에도 불구하고 연약함 때문에 일정한 한계 안에 있는 신자들이 낙망하지 않도록 주신 말씀이 오늘 본문입니다. 이것은 7장 25절이 말하는 바와 같습니다. "우리 주 예수 그리스도로 말미암아 하나님께 감사하리로다. 그런즉 내 자신의 마음으로는 하나님의 법을 육신으로는 죄의 법을 섬기노라." 누가 그러합니까? 바울 자신입니다. 누가 그러합니까? 우리 자신입니다.

오늘의 본문은 "성령을 따르는 모습이 있는 사람이라면 그 사람은 신자다"라는 사실을 드러냅니다. 믿는 자들은 인생을 마칠 때까지 여전히 육신에 매여 삽니다. 하지만 하나님께서는 징계의 방법을 통하든 강설을 통해 심령을 후벼 파서 끌어내든, 우리에게 은혜를 부어주셔서 절대로 완전히 무너지는 법이 없도록 이끄십니다. 이것이 성령의 인도하심입니다. 우리는 영을 따라 살아갑니다. 성령께서는 하나님을 사랑하는 우리에게 소원을 주시고 이끌어가십니다. 그러므로 하나님 앞에서 받은 은혜의 구원이 취소되거나 지워지지 않는다는 사실을 믿고 "거룩한 삶을 용기 있게 살라, 더욱더 용기 있게 살라"고 말씀하시는 권면이 바로 본문의 초점입니다.

육신에 속한 사람은 하늘의 영광과 의의 소망을 도무지 가질 수 없습니다. 그러나 중생자는 비록 허물이 있다 할지라도 하늘의 영광과 의의 소망을 놓치지 않습니다. 성령을 따르는 삶의 증거를 가진 자들은 타락한 다른 인간들과 이 점에서 구분됩니다. 때로 육신에 매여 있어도, 또는 아주 연약한 자여서 저 사람이 구원 받은 자인가 궁금할 만큼 육신에 질질 끌려 다녀도, 하나님께서 십자가 은혜를 알도록 심령에 빛을 비추어주신 자 곧 그 생명을 살리신 자라면 생명과 평안을 얻게 됩니다.

생명과 평안에 대해 주의할 점

오늘 말씀은 우리 곧 중생자에게 큰 위로가 됩니다. 우리는 오늘 말씀을 통해 "우리가 참으로 주 앞에 살아 있는 자구나"라고 확인할 수 있습니다. 이제 생명과 평안이라고 말씀한 이 모든 열매와 관련하여 기억하여야 할 세 가지 내용을 말씀드리려고 합니다.

첫째, "내가 육신을 따르지 않고 영을 따르니 6절에서 말한 생명과 평안을 얻게 되었구나"라고 생각하는 것은 잘못입니다. 성화를 위한 노력의 결과나 공로의 대가로 생명과 평안을 얻는 것이 아닙니다. 생명과 평안은 하나님께서 우리를 새롭게 하심으로 주시는 구원의 열매이며, 또한 하나님의 선물입니다. 생명도 선물이고 평안도 선물입니다.

둘째, 생명과 평안을 누리며 살아가는 것 자체가 행복입니다. 이것이 진정한 의미의 자유의 삶입니다. 여러분은 다 알고 있습니다. "그리스도 안에서 성령을 쫓아 살아가고 있다"고 느끼는 영적 행복감, 그 영생의 맛을 아시지 않습니까? "영생이 있을지 없을지 지금은 모르지요. 지금은 육체가 썩어질 짧은 인생을 사는데 우리가 영생을 어떻게 압니까?"라고 말하는 사람도 있지만 우리는 이미 영생을 맛보고 있습니다. 예배 중에 하나님께 찬송 드리고 울컥 올라오는 행복감, 말씀이 동의되어 심령 안에서 우러나오는 행복감이 있습니다.

셋째, "영을 따라 살아가면서 성화를 이루고 그것에 기초해 율법의 요구를 만족시키고 의를 이루게 됨으로써 구원을 받는다"는 식으로 나가면 절대 안 됩니다. 이것과 연결해서 원죄를 부정하면 "펠라기우스"와 같이 기독교에서 배척당했던 이단과 같아지는 것이고, 원죄를 인정하면서 이와 같은 이야기를 하면 로마 가톨릭적인 관점과 같아지기 때문입니다. 더 나아가게 되면 "바울의 새 관점"이라 하는, 즉 이 땅에 사는 동안에는 믿음으로 의롭다 함을 받은 자로 간주되지만 훗날에는 여러분이 어떻게 살았는지에 관한 삶의 내용에 따라 의로운 자인지 판단받게 된다고 말하는 매우 잘못된 관점으로 귀결됩니다. 이 견해는 고전적 의미의 아르미니우스적인 견해보다 더 위험합니다.

오직 주의 은혜로 사는 인생

우리는 오직 주의 은혜로 삽니다. 그런데 한편으로 오늘 본문은 율법 폐기론자나 무율법주의자처럼, "예수 그리스도로 말미암아 의를 받아 이제는 어떠한 정죄도 없다고 말했으니 "할렐루야, 나는 이제 아무렇게나 살아도 된다"라고 생각하는 사람에게 엄중히 경고합니다. 그리스도의 의롭게 함의 모든 일들은 성령의 결코 포기하지 아니하시고 멈추지 아니하시고 분리하지 않는, 한 성령께서 하시는 두 가지 사역이며, 그것은 곧 영을 따라 살아가는 일이기 때문입니다.

이것이 우리의 상태를 바꾸어 가시는 복음의 은혜요, 동시에 그리스도로 말미암아 우리를 하나님의 자녀 삼으시는 신분적 변화의 은혜입니다. 신자는 열매를 보고 안다는 말을 그래서 하시는 것입니다. 이것이 참 복음입니다. 이 말씀이 현재 여러분의 심령 안에 잘 이해되어 신앙생활의 토대가 될 수 있기를 주의 이름으로 축복합니다.

40. 육신으로는 죽으나 영으로는 살리니

Romans Sermon Series

만일 너희 속에 하나님의 영이 거하시면 너희가 육신에 있지 아니하고 영에 있나니 누구든지 그리스도의 영이 없으면 그리스도의 사람이 아니라. 또 그리스도께서 너희 안에 계시면 몸은 죄로 말미암아 죽은 것이나 영은 의로 말미암아 살아 있는 것이니라. 예수를 죽은 자 가운데서 살리신 이의 영이 너희 안에 거하시면 그리스도 예수를 죽은 자 가운데서 살리신 이가 너희 안에 거하시는 그의 영으로 말미암아 너희 죽을 몸도 살리시리라. 그러므로 형제들아 우리가 빚진 자로되 육신에게 져서 육신대로 살 것이 아니니라. 너희가 육신대로 살면 반드시 죽을 것이로되 영으로써 몸의 행실을 죽이면 살리니 무릇 하나님의 영으로 인도함을 받은 사람은 곧 하나님의 아들이라. 로마서 8:9-14

우리 안에 변화의 역사를 이끌어가는 하나님의 영

하나님의 은혜로 중생하지 못한 사람들 곧 예수 그리스도를 주로 고백하고 그리스도의 영이 거하는 은혜 가운데 살지 못하는 사람들과 그리스도인은 근본적으로 다릅니다. 오늘 본문은 "그리스도인들에게는 무엇인가가 있다"고 이야기합니다. 하나님께서는 영원 전에 선택한 자들을 자녀로 삼으시고, 그 일의 성취를 위해 그리스도를 보내셨습니다. 성령으로 말미암아 그리스도께서 행하신 모든 구속 사역을 우리에게 적용하셔서, 죄인이었던 우리는 영원한 생명을 얻게 되었습니다. 이 일이 이루어지는 과정에서 이 땅에 사는 우리들에게 분명한 변화가 일어납니다. 그것은 우리를 향한 구원의 약속이 실현되는 과정에서 나타나는 상태적인 변화입니다. 우리는 이 상태적인 변화를 아는 것뿐만 아니라 이것을 이끌어내는 무엇인가가 우리 안에 있다는 사실을 아는 것도 매우 중요합니다.

만일 너희 속에 하나님의 영이 거하시면 너희가 육신에 있지 아니하고 영에 있나니 누구든지 그리스도의 영이 없으면 그리스도의 사람이 아니라 (롬 8:9).

9절의 말씀은 예수 안에 있는 자와 그렇지 않은 자의 중요한 한 가지 차이를 알려줍니다. 이 차이는 우리가 나중에 부활 생명을 얻게 되는 이유가 되기도 합니다. 이 모든 것들을 이끌어주는 힘과 능력의 근본 원인이 이미 우리에게 주어졌습니다. 이 변화의 역사를 이끄는 그 원인은 바로 "하나님의 영"입니다.

우리는 자신이 하나님의 자녀인지 살펴볼 때 자신의 경건과 믿음 자체를 들여다보게 되는 경우가 많습니다. 그렇게 자기 자신을 면밀히 살피다가 "아, 그렇구나, 나에게 뭔가 새로움이 생겼는데 그 새로움은 거룩함과 순전함이다"라는 깨달음이 올 때가 있습니다. 신자에게 나타나는 변화의 열매는 본래부터 신자에게 있는 자연적인 영이나 힘이 아니라 "하나님의 영"으로 말미암은 것입니다. "하나님의 영이 너희 속에 거하시면 육신에 있지 않다"라는 말씀에서 우리는 이러한 해석을 확인할 수 있습니다. "육신에 있지 않다"는 말은 "더는 죄의 정욕에 따라 살아가며 죄의 지배 아래 있는 자가 아니다"라는 뜻입니다.

로마서를 읽다보면 "육신", "몸"이라 번역된 단어를 만나게 됩니다. "육신"으로 번역된 단어는 "죄의 정욕 아래 살아가는 인생살이 또는 죄의 지배 아래 있는 무능성, 무력성, 부패성, 그렇게 죄의 종노릇함"

등으로 이해하면 됩니다. "그렇게 살아가는 죄의 정욕 자체"를 가리킨다고 볼 수도 있습니다. 종합하면, "육신"은 "죄의 정욕에 이끌린 사람의 인격적 삶의 전체"를 가리킵니다. 한편 "몸"이라고 번역된 단어는 "실제 우리 몸"을 가리키는 "살"을 지닌 몸을 뜻합니다. 동시에 "영혼과 육신을 갖고 살아가는 사람의 인성"을 가리키기도 합니다. 즉 "몸"과 "육신"은 헬라어 원문에서 각각 다른 단어로 표현되었으며, 그런 만큼 의미도 분명히 구별됩니다.

"만일 너희 속에 하나님의 영이 거하시면 너희가 육신에 있지 아니하고 영에 있나니"에서의 '하나님의 영'은 "그리스도의 영" 또는 "성령"을 뜻합니다. 성부, 성자, 성령 삼위일체 하나님께서는 위격이 성부, 성자, 성령으로 구별되십니다. 삼위일체 하나님은 위격으로는 서로 다른 분이시지만, 본질로서는 무한한 한 영이십니다. 성부께서도 하나님이시니 영이시며, 성자께서도 하나님이시니 영이시고, 성령께서도 하나님이시니 영이십니다. 그러나 삼위일체 하나님은 세 영들이 아니시며, 단지 무한한 한 영이십니다. 그러므로 "성부의 영"과 "성자의 영"과 "성령의 영"은 서로 다른 영이 아닙니다. 영은 한 분이시기 때문에 우리 안에서 일하시는 사역과 관련해서 하나님의 영의 사역 또는 그리스도의 영의 사역, 성령의 영의 사역으로 각각 표현되지만 실제로는 동일한 한 영의 역사라 할 수 있습니다. 이러한 진리의 사실은 9절에서 바로 확인이 가능합니다. 9절 상반절에서 나오는 "하나님의 영"이 하반절에서는 "그리스도의 영"으로 나옵니다. 그리고 중반절 "육신에 있지 않고 영에 있다"라는 말씀의 뜻은 "성령을 따라 사는 삶"을 의미합니다. 곧 이 말씀은 "너희 속에 하나님의 영이 유하시면 너희가 육신의 지배 아래 있는 자가 아니고, 성령을 따라 사는 자들이라"는 것을 가르칩니다.

궁극적인 승리가 보장된 그리스도인의 싸움

이에 따르면, 하나님의 자녀인 그리스도인들은 죄의 정욕의 지배를 받고 사는 자들이 아닙니다. 그리스도인들은 육신의 정욕을 부인하며 그것과 맞서 싸우는 자이고 그것 때문에 괴로워하는 자들이면서 동시에 그것을 이기기 위해 애쓰는 자들입니다. 그리스도인들에게는 육신의 잔재가 있습니다. 그리스도인은 곤고합니다. 죄의 법, 곧 죄의 세력과 힘이 그리스도인 안에 작용하고 있습니다. 이런 이유로 육신의 정욕 때문에 때로 넘어지기도 합니다. 그러나 하나님의 자녀라는 근본적 정체성에는 흔들림이 없습니다. 그리스도인에게는 그리스도의 영, 하나님의 영이 내주하기 때문입니다. 하나님께서는 우리를 보시면서, 우리 안에 있는 그리스도의 영에 따라 우리가 하나님의 자녀가 되었다는 정체성을 조금도 부인하지 않습니다.

하나님은 우리가 죄의 정욕에 따라 넘어지는 일이 있다 할지라도 그것 때문에 "마귀에 속한 자"라고 하지 않으십니다. 오히려 우리에게 그리스도의 영, 즉 성령을 주시고 "하나님의 자녀"라는 신분을 확정하십니다. 따라서 그 성령으로 말미암아 결단코 우리가 죄의 지배 아래 끌려가도록 그냥 두지 않으십니다. 하나님은 우리를 총체적으로 바꾸어 나가십니다. 그것이 성령의 역사입니다.

이 역사는 궁극적으로 승리가 보장된 싸움입니다. 하나님께서는 전투에서 때로 패배할지라도 결국 승리를 맛보게 하십니다. 그러나 부분적 전투의 승리 없이 전체 전쟁의 승리는 있을 수 없습니다. 그래서 우리가 이 땅에 사는 동안 하나님의 영, 그리스도의 영, 성령이 내주하셔서 우리로 하여금 육신의 잔재와 싸워가는 부분적 전투를 계속해서 싸워가도록 명하시고 권면하시고 때로는 징계하십니다. 그리고 우리로 하여금 끝끝내 그 싸움을 해나가도록 도우십니다. "그가 그리스도인인가"를 물을 때의 핵심은 "그럼에도 불구하고 싸워서 이기고 있고, 싸우고자 하는가? 또 싸움이 진행되고 있는가"에 대한 질문에 긍정의 답을 내놓는 것입니다. 구원의 확신은 "육신의 잔재와 싸우는 성령의 역사가 있는가"를 확인하는 것입니다. 육신의 잔재와의 싸움은 하나님께서 우리 안에 하나님의 영, 그리스도의 영, 성령을 주지 않으시면 그 누구도 이기기 불가능합니다. 그래서 우리는 말씀과 내주하시는 성령의 인도하심에 따라 하나님께 순종하고자 주의 도우심을 구하고 의지적으로 죄의 정욕과 싸우려는 노력을 해야 합니다. 또한 죄의 정욕을 미워하는 마음을 품고 주께 소망을 두는 것과 같은 경건성이 내 안에 작동하고 있는지 살펴야 합니다. 시험에 넘어질 때는 그 경건성이 사라진 듯 보일 수 있지만, 그것은 죽지 않고 신자의 내면에 남아 있습니다. 겨울에 바짝 말라버린 나무는 생명이 그 안에 있기 때문에 봄이 오면 다시 살아납니다. 겨울 내내 바짝 말라서 그 나무에 아무 생명이 없는 것처럼 보일 수 있지만, 하나님께서 반드시 꽃을 피우시고 잎이 나게 하시고 생명이 있음을 드러내십니다. 우리를 끝까지 붙드는 하나님의 손길, 믿음 안에서 성도를 견인하시는 하나님의 사랑이 그와 같습니다. 이 모든 일은 우리 안에 하나님의 영, 그리스도의 영이 있기 때문에 가능합니다.

영을 따라 살아가는 삶

예수 그리스도로 말미암아 믿음으로 구원 받은 것을 자랑하는 어떤 사람이 있다고 가정해봅시다. 그런데 그런 사람이 "그리스도의 은혜로 죄 사함을 받은 자들이 반드시 그리스도의 영을 따라 살지 않아도 된다. 그리스도의 영을 따라 산다는 것, 즉 거룩하게 산다는 것은 부가적인 문제요, 우연적인 것이요, 필수적인 것은 아니다. 우리가 천국 백성이 되는 데 있어서 필수적인 것은 아니다"라고 이야기하며 성화의 필수적 또는 필연적 의미 자체를 부정한다면 우리는 그 사람을 어떻게 평가해야 할까요?

그것은 그리스도를 둘로 나누어 버리는 것과 같습니다. 영으로는 그리스도의 영이 곧 성령이시므로, 그리스도께서 자신의 영으로 일하시는 것과 성령을 보내어 일하시는 것은 동일합니다. 곧 성령께서 우리 안에서 행하시는 일은 승천하신 그리스도께서 자신의 영을 보내어 일하시는 것이며, 또한 그것은 승천하신 그리스도의 제사장적 사역이기도 합니다. 승천하신 그리스도의 제사장 사역은 매순간 우리에게 이루어지고 있습니다. 그리스도는 우리 죄를 정결케 하시며 왕으로서 우리를 다스리십니다. 그러므로 만일 우리가 은혜로 죄 사함 받은 것을 자랑하면서 그로 인한 거룩한 삶의 책임을 부인한다면, 그리스도의 영의 사역을 지상에서의 속죄 사역과 천상에서의 거룩하게 하시는 사역으로 분리시키는 오류를 범하는 것입니다.

그리스도께서는 그리스도 안에 있는 자에게 어떠한 율법의 정죄도 미치지 못하도록 모든 일을 다 행하셨습니다. 주님은 십자가의 공로로 전적인 구원의 은혜를 받는 사람이 그리스도 안에 있게 하는 역사를 이루어가시기 때문에, "그리스도의 영이 없으면 그리스도의 사람이 아니다"라는 9절의 말씀이 언급되면서 4절 말씀이 한번 더 풀어집니다.

> 육신을 따르지 않고 그의 영으로 행하는 우리에게 율법의 요구가 이루어지게 하려 하심이라(롬 8:4).

율법의 요구가 이루어진다는 말씀은 율법의 의가 완전히 우리에게 주어진다는 의미입니다. 이는 예수 그리스도로 말미암아 이루어집니다. 육신을 따르지 않고 그의 영을 따라간다는 것은 율법의 요구가 이루어지는 것에 대한 원인이나 공로가 아닙니다.

이 모든 일은 비분리적입니다. 그리스도의 영이 없으면 그리스도의 사람이 아니고, 따라서 그리스도의 영이 있는 사람은 육신에 있지 않고 영에 있으므로 반드시 성화의 과정을 이루어가게 되어 있습니다. 그 성화의 과정은 부담과 경건을 위한 노력과 애씀과 고행, 이런 것들이 아닙니다. 성화의 과정 중에는 죄와의 충돌과 그에 따른 스트레스가 존재합니다. 그럼에도 결코 정죄함이 없는 은혜 때문에 우리는 구원 받은 자로서 행복의 노래를 부를 수 있습니다. 이 성화는 신자 안에 영적 생명이 있고 그 사람이 구원 받은 자라는 사실을 보여주는 아주 향기로운 증거들입니다.

물론 각 사람마다 성화의 정도와 성숙에는 차이가 있을 수 있습니다. 신앙의 은혜를 깨닫는 정도가 미숙하고 어린아이 같은 사람은 옛 성품에 따라 사는 것이 자연스럽고 새로운 습관을 얻는 일은 어렵습니다. 그래서 "경건생활을 해나가는 것은 쉽지 않아"라고 말하기도 합니다. 용수철을 잠시라도 놓으면 원래대로 돌아가는데 그것을 계속 잡아당기고 있는 것과 마찬가지라서 그것에 대한 스트레스가 생깁니다. 우리 안에 죄의 습성이 여전히 남아 있기 때문입니다. 그러나 신자에게는 "내가 하나님의 자녀로서 이와 같은 복을 누리고 있다"는 인식과 "그 일은 내 힘으로 하는 것이 아니고 성령께서 도우시고 있다"는 사실에 대한 감사가 있습니다. 또한 하나님께서 이 일을 위해 기도하는 나의 간구를 들으시며, 또 나에게 이루어지고 있는 경건생활에 대한 확인과 열매가 나타납니다. 이러한 그리스도인은 구원에 대한 감사와 확신이 절대로 흔들리거나 사라지지 않습니다. 이것이 없으면 우리가 힘쓰는 모든 경건의 노력은 전부 율법주의 또는 공로주의의 멍에가 됩니다.

따라서 우리는 항상 마음속에 "내가 하나님의 자녀가 되었다"는 엄청난 사실과 "그리스도의 전적인 십자가의 용서로 내가 구원을 받았구나"라는 은혜에 대한 감격을 놓치지 않아야 됩니다. 그리고 이 감격 안에서 자신의 삶이 성령에 따라 사는 삶인지를 점검해야 합니다. 그러한 감격과 점검이 성도의 삶을 끌어가는 힘이 됩니다. 몸은 피곤하나 심령은 기쁩니다. 예배에 나오는 몸은 피곤하지만 말씀과 기도와 찬양 속에서 내 영이 새로운 힘을 얻게 됩니다. 영적인 신선함과 달콤함이 있습니다. 다윗은 "주의 말씀이 꿀보다 다니 송이 꿀보다 달다"라고 표현합니다. 성도는 이러한 달콤함을 알게 됩니다.

성도라 할지라도 육신의 잔재 때문에 죄를 범합니다. 회개는 고통스럽지만 성도는 회개의 행복감을 압니다. 회개를 주신 하나님의 은혜가 감사하고 그래서 말씀에 순종하여 거룩한 열매를 맺을 때, 그 행복감을 알게 됩니다. 그것이 성도의 경건을 긍정적 의미에서 끌어주는 힘입니다.

하지만 현실적으로 성도라 하더라도 너무 연약하지 않습니까? 약속의 말씀을 확인하고 있음에도 불구하고 우리를 늘 괴롭고 불안하게 하는 현실적인 힘, 그것은 정욕의 뿌리입니다. 번개처럼 죄의 생각들과 유혹들이 왔다갔다 하니까, 슬며시 "과연 내가 그리스도인으로써 구원을 확신할 수 있을까"라는 의문이 밀려올 수 있습니다. 이때 사도 바울이 우리에게 10절 말씀을 건넵니다.

또 그리스도께서 너희 안에 계시면 몸은 죄로 말미암아 죽은 것이나 영은 의로 말미암아 살아 있는 것이니라(롬 8:10).

이 말씀은 대조절이므로 잘 해석해야 합니다. 몸과 영, 죄와 의, 죽은 것과 살아 있는 것이 대조됩니다. "몸"은 아까 말씀드린 대로 육신의 살을 가리킵니다. 헬라어로는 "소마"라는 단어입니다. 앞에 보았던 "육신"은 "사르크스"라는 단어로 죄의 정욕을 의미하고, 여기서 말하는 "몸"은 "소마"입니다. 우리가 죄를 범함으로 말미암아 우리 몸은 영원한 죽음을 맞습니다. 이 땅에서 맞는 육체의 죽음이며, 또 궁극적으로는 영원한 죽음이 됩니다. 우리는 죄로 말미암아 영적으로 죽은 자입니다.

"영은 의로 말미암아 살아 있는 것이니라"에서 "살아있는 것"의 헬라어 원문은 "생명"이라는 명사 한 단어입니다. "영은 의로 말미암아 생명이니라." 그 뜻은 11절에서 풀어집니다.

예수를 죽은 자 가운데서 살리신 이의 영이 너희 안에 거하시면 그리스도 예수를 죽은 자 가운데서 살리신 이가 너희 안에 거하시는 그의 영으로 말미암아 너희 죽을 몸도 살리시리라(롬 8:11).

11절은 10절의 예수 그리스도의 사례를 들어 10절의 말씀이 진리라는 것을 확정합니다. 즉 11절은 "그리스도의 영과 하나님의 영과 성령이 없는 사람"은 죄로 말미암아 죽은 것이나 영은, 성령은, 예수 그리스도의 의로 말미암아 우리에게 생명을 주신다고 가르칩니다.

11절의 말씀은 10절 하반절과 관련한 이치를 설명합니다. 11절에서 나오는 "예수를 죽은 자 가운데서 살리신 이의 영"은 누구십니까? 여기서 세 분이 나옵니다. "예수", "죽은 자 가운데서 살리시는 분", 그의 "영". 이 짧은 구절 속에 성육하신 그리스도, 죽은 자를 살리시는 이 곧 성부 하나님, 그의 영인 성령, 즉 삼위일체 하나님이 함께 나오고 있습니다. 예수님은 스스로 부활하실 수 있지만 그와 동시에 성부 하나님께서 그를 부활시키십니다. 그리고 그 부활의 능력은 성령으로 말미암는 것입니다. 예수 그리스도의 부활은 한편으로는 성부의 뜻으로 성부께서 하시는 것이요, 스스로 하시는 것이니 본인이 하시는 것이요, 또한 성령의 능력으로 하시는 일이니 성령께서 하시는 것입니다. 예수 그리스도의 부활에 삼위 하나님이 함께 일하십니다.

"예수를 죽은 자 가운데서 살리시는 이의 영"인 성령께서 "너희 안에 거하시면"이라고 말씀합니다. 이 말씀은 우리에게 "그리스도 예수를 죽은 자 가운데서 살리신 이, 즉 하나님께서 그의 영으로 그리스도 예수를 살리시지 않았느냐. 그와 마찬가지로 너희 안에 이미 주신 바 된 그 영, 즉 성령으로 말미암아 너희 죽을 몸도 살리실 것이라. 그러니 너희가 부활을 믿겠느냐"라는 질문을 던집니다. 질문의 의도는 부활을 믿고 확신을 가져야 이유가 있음을 알리는 것입니다.

"너희 죽을 몸"은 10절에 나오는 "죄로 말미암아 죽은 것이나"와 같은 뜻입니다. 원문대로 보면 반드시 죽게 되어 있는 몸이라는 뜻입니다. 10절은 "그럼에도 예수 그리스도의 의로 말미암아 너희 안에는 성령이 계시므로, 성령이 생명이시니, 너에게는 살아나는 일이 있다"

라는 말을 간략하게 표현한 것입니다. 예수 그리스도의 의, 그 예수 그리스도를 믿음으로 의롭게 되는 자와 그에게 주어지는 성령의 거룩하게 하시는 역사, 그로 말미암아 마침내 부활 영생을 입게 될 것이라는 내용이 요약되어 있습니다. 그리고 이것이 바로 복음이라고, 이것이 바로 예수 그리스도의 사역이라고 말씀은 설명합니다.

빚진 자된 우리

그러므로 형제들아 우리가 빚진 자로되 육신에게 져서 육신대로 살 것이 아니니라(롬 8:12).

우리가 다 육신의 잔재에 시달리는 것을, 사도 바울이 모르고 하나님이 모르실 리가 있겠습니까? 그런다 할지라도, 그다음은 무엇입니까? "절대로 포기하지 마라. 낙심하지 마라. 싸워라"입니다. 하나님은 영적 싸움, 성도의 살아갈 길을 격려하십니다. 하나님께서 "너희가 육신의 잔재 때문에 힘들지? 그런데 내가 너희에게 내 영을 주었지 않느냐. 그러므로 너희는 나 하나님의 자녀요, 부활영생을 주기로 되어 있는 자들이라. 그러니 예수 그리스도를 바라보면서 너희 안에 있는 육신의 잔재와의 싸움을 절대로 포기하지 마라"고 말씀하십니다. "낙심하지 마라!"

"그러므로 형제들아 우리가 빚진 자 아니냐." 이 빚은 하나님의 복음적 사역, 즉 로마서 8장 1-11절에서 말씀하신 내용의 빚입니다. 우리는 아무 공로 없지만 그리스도의 공로로 죄 없다 하시고, 그리스도의 영을 주셔서 영을 좇아 사는 자가 영을 따르는 자가 되게 하시고, 그런 자에게는 마침내 그리스도가 사신 부활같이 영생을 주시는 은혜, 이 모든 은혜에 우리가 빚진 자입니다. 그러니 우리가 어떻게 육신에게 져서 육신대로 살겠습니까? 본문은 당위적인 명령을 우리에게 요구합니다. 즉 "빚진 자로서 육신의 소욕을 거부하고 마땅히 하나님에게 우리 자신을 드려서 헌신해야 한다. 결코 우리에게 주신 바 된 은혜를 멸시하거나 소홀히 해서는 안 된다"고 말씀합니다.

영으로써 몸의 행실을 죽이면 살리라

> 너희가 육신대로 살면 반드시 죽을 것이로되 영으로써 몸의 행실을 죽이면 살리니(롬 8:13).

13절은 일반적 원리입니다. "육신대로 곧 죄의 정욕대로 사는 사람이 있다면 그가 어떻게 되겠느냐"라고 주님이 물어보십니다. 그 사람은 반드시 죽습니다. 그런데 만일 그리스도인이라 자처하고 믿음으로 의롭게 됐다는 것을 자랑하면서 육신대로 사는 자가 있다면 그는 어떻게 되겠습니까? 그는 결코 그리스도인이 아니기 때문에 육신대로 살아가다가 언젠가는 반드시 죽게 될 것입니다.

의롭다 하시는 칭의는 거룩하게 하시는 성화와 분리되지 않습니다. "그러면 누가 살겠느냐"라고 하나님이 다시 물으시면, 답은 성령을 따라 사는 자, 13절에 나와 있는 대로 "영으로써 몸의 행위를 죽이는 자"입니다. 그리스도인들은 성령을 받은 자들이며 거룩한 삶을 살도록 부름 받고 있습니다. 그리고 성령은 이 부름이 실행되도록 우리 안에서 역사하십니다.

다시 말하자면 칭의의 사건과 성화의 사건은 그리스도 안에서 함께 이루어집니다. 만일 어느 한 쪽에만 치우쳐서 다른 한 쪽을 부인한다면 그건 복음이 아니고, 성령 하나님을 둘로 나눠 버리는 겁니다. 13절에 있는 "영으로서 몸의 행실을 죽이면 살리니"라는 말씀 때문에 몸의 행실을 죽이는 것이 조건이 되고 살아가는 생명을 얻는다는 것이 우리의 공로가 되면 안 됩니다. 몸의 행실을 죽이는 성화를 이루어 그 공로로 의롭다 칭함을 받고 구원에 이를 수 있는 자는 아무도 없습니다. 하나님의 자녀가 되기는 고사하고 우리는 스스로 영생을 얻을 수 있는 일을 이루지 못하기 때문입니다.

너희가 죄와 싸우되 피 흘리기까지 대항하지 아니하고(히 12:4).

우리가 이 땅에 사는 동안 육신의 잔재를 완전히 멸하지는 못할 것이지만 육신의 소욕을 복종시키기 위해 힘을 다해야 합니다. 그것을 주께서 원하시고 명령하십니다. 주님은 그 명령에 순종하는 자를 기뻐하시고 불순종하는 자를 징계하십니다.

의롭다 함을 자랑하는 사람에게 성화는 의무입니다. 동시에 하나님께서 우리에게 주시는 은택이며 하나님의 은혜를 받아 누림으로 나타나는 열매입니다. 하나님의 은혜이기 때문에 성화라는 신자의 의무는 반드시 열매를 맺게 됩니다. 주께서는 그 열매들을 낱낱이 기억하셔서 그 날에 우리를 칭찬하실 것입니다. 그 열매들은 훗날 주님이 우리를 불러 칭찬하실 때 그것들은 "보라, 나의 자녀들이다"라고 말씀하시는 증거가 됩니다.

주님은 우리에게 역사하시는 하나님의 영의 사역을 절대 잊지 않으십니다. 우리 같으면 가치 있는 것으로 여기지도 않겠지만, 우리가 하나님께 받은 은혜 덕분에 하나님의 영광을 기억하며 행한 일이 있다면 그것을 행하신 분은 우리가 아니라 바로 하나님이십니다. 그래서 주님은 그렇게 행한 작은 일이라도 잊지 않으십니다. 여러분은 예수님 때문에 착한 마음으로 순종하신 것이 있지 않습니까? 예를 들면, 예배당에서 그냥 가려다가 "어, 휴지가 떨어졌네? 주님께 예배하는데 성도들이 마음 편하고 행복할 수 있도록 주워야겠다"는 마음이 들었다면 참으로 고운 마음씨라 할 수 있겠습니다. 주님은 하나님 안에서 누리는 예배 터의 아름다움을 생각하는 그 마음을 기억하십니다. 주님은 우리 마음에 스쳐가는 죄도 아시고 우리 안에 주님을 향한 스쳐가는 생각과 자그마한 순종도 다 아십니다. 또한 마음에 죄된 것들을 다 잊어버리시고, 그와는 반대로 주의 이름으로 행한 모든 것들을 다 기억하십니다. 우리가 주와 만나게 될 때 주님은 "나의 영이 함께한 자니라"라고 말씀하시면서 우리가 의로운 자임을 드러내시고 합당한 열매라 칭찬하시며 상을 주실 것입니다.

그리스도인의 진짜 자랑

그러므로 그리스도인을 어떻게 정의할 수 있습니까? 오늘 말씀에 따라 생각해봅시다. 그리스도인은 하나님의 영으로 인도함을 받는 자입니다. 다시 말하자면 하나님의 자녀입니다. 이 말은 "그리스도의 의를 믿음으로 전가 받아 하나님의 자녀라는 신분을 얻은 자"라는 한 축과, "그래서 하나님의 영으로 인도함을 받는 자"라는 또 한 축을 담고 있습니다. 하나님의 자녀들은 하나님의 영원의 인도함을 받고, 그런 하나님의 아들들에게는 영생이 주어집니다. 이러한 일은 성령 하나님께서 택하신 자들에게 일일이 내주하시며 힘껏 역사하시는 바로 그 일입니다. 그것이 중생자의 삶이고 우리 성도됨의 행복, 기쁨, 자랑입니다. 나를 높이는 자랑이 아니고 하나님께서 내게 베푸신 사랑에 대한 자랑입니다.

사람들이 대개 기도 제목의 응답을 받아서 물질적인 것에 대한 성과를 얻거나 시험에 합격했을 때 "하나님이 우리를 사랑하십니다"라는 고백을 합니다. 그러나 이제부터는 성령이 이끄시는 삶에 대한 확인과 증거, 이런 것들로 인한 기쁨과 자랑이 우리 안에 많기를 바랍니다. 그것이 진정한 의미의 그리스도인의 자랑이기 때문입니다.

41. 아빠, 아버지

Romans Sermon Series

무릇 하나님의 영으로 인도함을 받는 사람은 곧 하나님의 아들이라. 너희는 다시 무서워하는 종의 영을 받지 아니하고 양자의 영을 받았으므로 우리가 아빠 아버지라고 부르짖느니라. 성령이 친히 우리의 영과 더불어 우리가 하나님의 자녀인 것을 증언하시나니. 로마서 8:14-16

하나님의 영으로 인도함을 받는 사람

어떤 사람이 그리스도인인가? 이 질문 앞에 오늘 본문의 14절은 한 가지 정의를 내려줍니다.

> 무릇 하나님의 영으로 인도함을 받는 사람은 곧 하나님의 아들이라(롬 8:14).

하나님의 영으로 인도함을 받는 사람은 누구든지 하나님 나라와 영생을 기업으로 받는 하나님의 아들이며, 그들이 참된 그리스도인입니다. 즉 다시 말하자면 하나님 나라와 영생을 기업으로 받는 하나님의 아들임을 알려주는 표지는 무엇입니까? 이에 대한 답은 "하나님의 영으로 인도함을 받는 것"입니다. 하나님의 영은 눈에 보이지 않습니다. 그럼에도 하나님의 영으로 인도함 받는다는 것을 어떻게 알 수 있습니까? 또한 그것이 뜻하는 바는 무엇입니까?

> 그러므로 형제들아 우리가 빚진 자로되 육신에게 져서 육신대로 살 것이 아니니라. 너희가 육신대로 살면 반드시 죽을 것이로되 영으로써 몸의 행실을 죽이면 살리니(롬 8:12-13).

하나님의 영으로 인도함을 받는 것이란 첫째는 육신대로 살지 않는 것을 뜻합니다. 육신대로 살지 않는다는 것은 하나님의 영으로 인도함을 받는다는 구체적인 증거가 됩니다. "육신"은 죄의 정욕을 뜻하므로, 죄의 정욕에 이끌려 살지 않는다는 것을 의미하기도 합니다.

둘째는 영으로써 몸의 행실을 죽이는 것을 말합니다. 그것은 성령의 능력으로 죄 된 육신의 정욕을 죽인다는 뜻입니다. 소극적으로는 에베소서 4장 30절의 말씀과 같습니다.

> 하나님의 성령을 근심하게 하지 말라. 그 안에서 너희가 구원의 날까지 인치심을 받았느니라(엡 4:30).

하나님께서 성령을 우리에게 주셔서 마치 "이것은 내 소유다"라고 도장을 찍음과 같이 자신의 소유를 확인하셨습니다. 하나님의 인침을 받은 자는 성령을 "근심하게 하지 말아야" 합니다. 이 말씀은 우리가 몸의 행실을 죽여야 할 성도로서의 부르심이 우리에게 있음을 잘 보여줍니다.

> 만일 우리가 성령으로 살면 또한 성령으로 행할지니(갈 5:25).

주께서 우리를 인치셔서 우리에게 성령을 주셨기 때문에, 우리는 성령을 따라 살아감으로써 "성령으로 사는 자"임을 드러내야 합니다. 성령으로 사는 자는 구체적인 열매를 통해 그 정체가 드러납니다.

육체의 일, 성령의 열매

이제 말씀에 적시되어 있는 좀 더 구체적이고 실제적인 설명을 살펴봅시다. 갈라디아서 5장 19-21절에는 육신의 정욕에 굴복하여 성령을 근심하게 하는 자들, 따라서 육신대로 사는 자들, 그런 자들에 대한 부인할 수 없는 구체적인 증거가 낱낱이 드러납니다.

> 육체의 일은 분명하니 곧 음행과 더러운 것과 호색과 우상 숭배와 주술과 원수 맺는 것과 분쟁과 시기와 분냄과 당 짓는 것과 분열함과 이단과 투기와 술 취함과 방탕함과 또 그와 같은 것들이라. 전에 너희에게 경계한 것 같이 경계하노니 이런 일을 하는 자들은 하나님의 나라를 유업으로 받지 못할 것이요(갈 5:19-21).

이것이 육체의 정욕, 육신의 지배 아래 사는 사람들의 구체적인 열매입니다. 사실 우리에게도 이런 일이 있을 수 있는데 한번이라도 이런 일을 행하면 하나님 나라의 유업을 전혀 받지 못하게 되는 것일까요? 그런 것은 아닙니다. 이 말씀은 죄가 무엇인가를 드러내서 우리 형편이 지금 하나님 앞에서 어디에 와 있는지를 분명하게 보여줍니다. 나의 투기, 술 취함, 방탕함, 분열, 분냄, 당 짓는 것, 시기, 분쟁 등의 동기가 주님 앞에서 정당하지 못하다면 육체의 일입니다. 종교개혁 당시 교회를 분리해나가면서 하나님의 교회를 바르게 섬기고자 하는 열심과 말씀에 입각한 신앙적인 고백들이 있었습니다. 이때 비록 로마 가톨릭은 우리를 이단이라 말했지만, 종교개혁은 주님 앞에 신앙의 양심상 정당했으며, 육체의 일이 아니라 성령을 따르는 일이었습니다. 또한 그것은 말씀을 따르는 마땅한 도리였고 어둠으로부터 분리되는 것이었으므로, 분리 자체가 죄라고 할 수는 없습니다.

이와 달리 본문에서 말하는 일들은 죄의 정욕으로부터 발단된 일들입니다. 이 모든 것들은 하나님에 대한 신관이 왜곡되어 우상을 숭배하고 주술을 행하며, 자신의 사욕을 이기지 못해서 하나님과 원수를 맺어가는 일 그 자체입니다. 분명히 전부 다 하나님에게서 먼, 육신의 지배 아래 있는 일입니다.

다시 말하자면, 이런 일을 한번이라도 행하는 사람이 구원을 못 받고 하나님 나라에서 끊어지는 것은 아닙니다. 거듭 말하지만 이는 본래 우리의 모습입니다. 우리에게 이런 모습이 없어진다고 볼 수 없지만 하나님을 깊이 알아갈수록 죄의 정욕이 드러나는 기회가 줄어들거나 곧 돌이키는 회개의 역사가 나타납니다. 우리의 새로운 자아로 인한 새로운 능력과 가능성, 놀라운 모습이 보이기 시작합니다.

하나님이 우리를 인치시고 도우지 않으셨다면 도무지 나타날 수 없는 열매입니다. 그것은 분명 성령의 열매입니다.

> 오직 성령의 열매는 사랑과 희락과 화평과 오래 참음과 자비와 양선과 충성과 온유와 절제니 이 같은 것을 금지할 법이 없느니라(갈 5:22-23).

예전 같으면 화평이 불가능한 상황, 참아낼 수 없는 상황, 신실함과 양선을 생각할 수 없는 상황인데, 그런 상황 속에서도 이제는 우리 안에서 전혀 다른 반응이 나타나기 시작합니다. 도대체 이것이 어떻게 가능해졌을까요? 하나님 말씀이 내 안에 적용되어 변화된 형태가 나타납니다. 그것이 바로 성령의 열매입니다. 말씀으로 새롭게 되는 자는 하나님 나라에 속한 자로 인정을 받습니다.

우리가 완전해야 하나님의 영을 따라 사는 자들이라는 말씀이 아니라, 하나님께서 우리에게 주신 은혜를 멸시하지 않아야 한다는 말입니다. 하나님께서 그리스도를 우리에게 주신 것은 두 가지를 위함입니다. 하나는 우리가 그리스도를 믿어 의롭다 하심을 얻어 하나님의 자녀라는 신분을 획득하는 일이요, 또 하나는 그리스도를 꼭 붙들어 우리를 거룩하게 만드시는 하나님의 은혜에 참여하는 일입니다. 이 두 가지를 동시에 붙들면서 그리스도 앞에 서 있지 못하면 우리는 그리스도를 반쪽만 믿는 사람들인 것입니다. 그런 믿음은 잘못된 믿음, 복음을 어긋나게 하는 믿음입니다.

누군가가 "하나님 자녀의 신분을 얻게 하는 일만을 말할 뿐, 그리스도를 붙들어 우리를 거룩하게 하시는 은혜의 역사는 외면해버리겠다"고 말한다면 그것은 균형을 잃은 이단적 사상이 됩니다. 반대로 우리가 그리스도의 공로로 인하여 하나님 자녀 된 신분을 망각한 채 거룩함을 자랑하는 자로만 설 때도 왜곡이 일어납니다. 거룩할 수 없는 자를 거룩하다고 인정해야 하기 때문입니다. 그럴 때에 우리 안에서는 스스로를 옳다 하는 "자기 의"로 자기를 포장할 수밖에 없게 되는 신앙적인 뒤틀림이 생기기 시작합니다.

우리의 싸움을 도우시는 하나님

우리가 하나님의 영으로 인도함을 받아 육신에 지지 않고 싸워서 이겨야 한다는 명령은 다음과 같은 질문을 하게 만듭니다.

> 우리가 연약하여 우리 힘으로 감당할 수 없는데 하나님은 어찌하여 그런 말씀을 주십니까? 우리가 어떻게 하나님의 아들로 일컬음을 받을 수 있으며 구원의 확신을 누릴 수 있습니까?

하지만 이 질문은 자신을 정당화하려는 것입니다. 왜냐하면 하나님께서 우리에게 주신 명령은 두 가지 측면을 전제하고 있기 때문입니다. 먼저, 하나님께서는 계명 앞에 완전할 것을 말씀하시는 것이 아니라 완전해야 할 것을 바라보면서 구원 역사를 이어가십니다. "내가 거룩한즉 너희도 거룩할 것이며 너는 내 앞에 행하여 완전하라"라고 아브라함에게 말씀하셨습니다. 이것은 우리에게 마땅히 성도로서 행할 바를 명하듯, 아브라함에게 명하신 것입니다.

하나님은 우리에게 죄의 정욕을 완전히 멸하여 스스로 의로운 자가 되어야 함을 명령하시는 것이 아닙니다. 주님의 말씀은 "내가 도울 테니 네 힘으로"가 아니라 "구하면 내가 도울 터이니 너는 네 안에 남아 있는 육신의 잔재, 죄의 소욕을 복종시킬 정직한 심령으로 힘을 다해야 한다"는 것입니다. 즉 "힘을 다하라"고 말씀합니다. "네가 정직하게 죄의 소욕을 복종시켜 힘을 다하는 노력을 하느냐? 그리고 내 앞에 그 은혜의 힘을 구하기 위하여 기도하였느냐? 그렇게 하여도 너에게 하나님의 영으로 인도함 받는 성령의 열매요, 증거를 도무지 찾을 길이 없더냐?"라고 주님이 되묻습니다. "무릎 꿇고 주의 도우심을 구하면 육신의 영을 따라가는 지배력을 이길 수 있구나"라는 사실을 경험으로 알고, 그것이 신앙의 덕목으로 내안에 세워질 수 있는 가능성이 열려 있습니다. 주님께서는 이렇게 말씀하십니다. "싸워라. 감당하라. 내가 너희를 도울 것이다."

더는 심판에 이르지 아니할 것이다

앞서 두 가지를 언급했습니다. 첫째, "너희의 완전함을 요구하는 것이 아니다." 둘째, "내가 도울 것이다." 여기에 주님께서 또 하나의 위로의 말씀을 더해 주십니다. "너희가 육신의 소욕에 무너질 때가 있다 할지라도 잊지 말라. 그것 때문에 정죄를 받아 심판에 이르지 아니할 것이다." 이런 전제가 없으면 죄 때문에 무너질 때마다 우리는 율법의 정죄 아래 들어가게 됩니다. 그러나 주님께서는 "결코 너에겐 정죄함이 없다. 그러니 싸우라"고 말씀하십니다. 주님은 15절 말씀을 통해 우리에게 확신을 주십니다.

> 너희는 다시 무서워하는 종의 영을 받지 아니하고 양자의 영을 받았으므로 우리가 아빠 아버지라고 부르짖느니라(롬 8:15).

그리스도 안에 있는 신자는 양자의 영, 곧 성령을 받습니다. 그렇지만 여전히 연약합니다. 마치 종의 영을 받은 자와 같은 모습을 나타내기도 합니다. 하나님께 영을 받은 자라도 연약하기 때문에 때로 육신의 소욕을 따라 사는 실패와 불순종이 나타납니다. 죄는 하나님의 준엄한 심판을 상기시키기 때문에 우리는 심판을 두려워하고 불안해합니다. 죄를 미워하시며 결코 용납하지 않으시는 하나님의 공의가 우리의 온 인격에 엄습하고 우리를 짓눌러버립니다. 아무리 신자라 할지라도 하나님의 심판은 두렵고 불안합니다.

그런 신자라면 오늘의 본문 말씀을 기억해야 합니다. "예수 그리스도를 믿는 자 곧 하나님의 영으로 인도함을 받는 자는 종이 아닌 양자다." 종의 영이란 종의 신분으로 인하여 겪는 모든 심리 및 마음을 지배하는 힘을 의미합니다. 즉 "내가 하나님의 자녀에서 끊어지는 것이지"라는 마음으로 우리를 잡아 끌어가는 영입니다. 하나님의 진노를 사서 망하게 될 것이라는 두려움 때문에 죄인이 벌벌 떠는 상태가 되는 것이 종의 영입니다. 하나님께서는 더는 걱정하지 말라고 우리를 격려하십니다.

믿는 자에게도 반복되는 수많은 죄들이 있습니다. 반복되는 죄를 범할 때마다 하나님 앞에 엎어지지만, 어느 때는 스스로 자기를 포기하는 단계에 이를 수도 있습니다. "내가 이 죄를 몇 년째 반복하고 있는가? 이것을 놓고 하나님께 회개한다고 엎드리기를 수십 년인데 아직도 고치지 못하고 있구나." 그러나 하나님께서는 나를 너무나 잘 알고 계십니다. 하나님은 자신에 속한 자녀들 안에 육신의 소욕과 죄악이 여전히 역사하고 있고, 스스로 도무지 그것을 이겨내지 못한다는 것도 잘 아십니다. 우리는 말씀을 보고 기도하고 성령의 은혜를 구해야 겨우 작은 싸움 하나를 이겨낼 수 있습니다. 그런데도 습관적으로 교회에 나오고, 말씀을 들어도 심령으로 받지 아니하고, 목소리로만 찬송할 따름이요, 마음에 울림이 없으니 그 영혼의 상태가 탁하지 그지없습니다. 하나님께서는 우리의 상황을 호전시키기 위해 우리를 경건의 훈련과 노력으로 이끄시고, 또 섭리의 손길을 통해 우리를 계속 일깨우십니다.

여호와여, 주께서 나를 살펴보셨으므로 나를 아시나이다. 주께서 내가 앉고 일어섬을 아시고 멀리서도 나의 생각을 밝히 아시오며 나의 모든 길과 내가 눕는 것을 살펴보셨으므로 나의 모든 행위를 익히 아시오니 여호와여, 내 혀의 말을 알지 못하시는 것이 하나도 없으시니이다(시 139:1-4).

여러분은 나를 잘 아시는 하나님 앞에서 심령이 평안합니까? 하나님께서는 내가 어디서 앉고 일어서는지를 아십니다. 그뿐만 아니라 내 마음의 생각이 어디에 눌러앉았는지, 무엇을 향해 일어서는지를 아십니다. 하나님이 만든 이 피조세계 안에서 우리가 몸과 마음을 숨길 수 있겠습니까? 어떤 악인도, 아니 어떤 사람이라도 하나님의 앞에서 자신의 죄악을 감출 수 없습니다. 이 사실은 사람의 마음에 심판에 대한 두려움과 멸망에 대한 불안감이라는 반응을 불러일으킵니다. 그런데 성도의 노래이며 기도인 시편은 불안감이 아닌 다른 고백을 담고 있습니다.

여호와는 긍휼이 많으시고 은혜로우시며 노하기를 더디 하시고 인자하심이 풍부하시도다. 자주 경책하지 아니하시며 노를 영원히 품지 아니하시리로다. 우리의 죄를 따라 우리를 처벌하지는 아니하시며 우리의 죄악을 따라 우리에게 그대로 갚지는 아니하셨으니 이는 하늘이 땅에서 높음 같이 그를 경외하는 자에게 그의 인자하심이 크심이로다. 동이 서에서 먼 것 같이 우리의 죄과를 우리에게서 멀리 옮기셨으며 아버지가 자식을 긍휼히 여김 같이 여호와께서는 자기를 경외하는 자를 긍휼히 여기시나니 이는 그가 우리의 체질을 아시며 우리가 단지 먼지뿐임을 기억하심이로다. 인생은 그 날이 풀과 같으며 그 영화가 들의 꽃과 같도다. 그것은 바람이 지나가면 없어지나니 그 있던 자리도 다시 알지 못하거니와 여호와의 인자하심은 자기를 경외하는 자에게 영원부터 영원까지 이르며 그의 의는 자손의 자손에게 이르리니 곧 그의 언약을 지키고 그의 법도를 기억하여 행하는 자에게로다(시 103:8-18).

하나님은 우리가 지었던 모든 허물과 죄, 그리고 앞으로 있을 모든 허물까지도 다 사하시는 분이십니다. 우리는 그 은혜를 입어서 하나님의 자녀가 되었습니다. 하나님은 우리가 먼지요, 티끌인 것을 아십니다. 우리 힘으로 나타내는 의에 대해 하나님은 처음부터 가치를 두지 않으십니다. 우리는 형벌 받을 것을 두려워하며 마치 종이 주인의 눈치를 보면서 마지못해 계명을 지키고자 애를 쓰는, 그런 자들이 아닙니다. 우리는 하나님을 믿는 사람들입니다. 하나님은 인자와 긍휼이 풍성하셔서 경책하지 아니하시고 분노를 영원히 품지 않는 분이심을 우리는 압니다.

하나님은 우리와 언약을 맺으셨습니다. 그리고 우리를 주의 자녀로 삼으셨습니다. 절대적이며 무조건적인 사랑으로 우리를 품으셨습니다. 그러나 주님께서 왜 우리를 품으셨는지 우리는 그 까닭을 알지 못합니다. 영원 전에 하나님께서 그냥 우리를 택하셨습니다. 그리고 하나님은 우리가 이 무한한 자비를 알도록 하셨습니다. 우리에게 계속 이 사실을 알려주시고 그리스도의 십자가를 지속적으로 바라보게 하시면서 우리를 바꿔가십니다. 우리 안에 시작한 착한 일을 계속 이루어가십니다.

믿기지 않는, 믿어야 할 하나님의 은혜

우리는 예수 그리스도의 복음 안에서 결코 정죄함이 없다는 사실로 인해 자유와 행복을 노래합니다. "하나님 이게 정말 정말인지요? 이 약속의 은혜가 얼마나 크고 감사한지요?"라고 말할 수 있습니다. 우리는 하나님의 도우심을 얼마든지 구할 수 있는 존재입니다. "하나님 도와주세요"라고 말하면서 몰염치한 자식이라 내치지 아니하시고 그대로 품어주시는 하나님을 "아빠 아버지"라고 부릅니다. 우리는 아주 특별한 위치에 있게 되었습니다.

하나님께서 만일 우리의 마음의 상태를 보는 그대로 다루어 가신다면, 어떻게 "하나님 나를 살피소서"라는 기도를 할 수 있겠습니까? 우리의 기도는 하나님 앞에서 근본적으로 뻔뻔할 수밖에 없습니다. 우리는 "내가 주 앞에서 조금 괜찮게 사는 것 같다"라고 할 때도 뻔뻔하고, "나 같은 자가 염치가 있지, 하나님을 아버지라고 부를 수 있을까" 싶을 때도 뻔뻔합니다. 우리는 우리의 공로로 주 앞에 나갈 수 없기 때문에 오직 빚진 자입니다. 또한 그리스도의 의에 의지해서만 하나님 앞에 나갈 수 있는 자들이므로 좀 나은 자나 그러하지 못한 자 모두 하나님 앞에서는 그저 하나님의 긍휼과 인자의 풍성함을 의지할 수밖에 없습니다.

하나님은 그리스도의 의로 말미암아 하나님의 자녀가 되었다는 신분의 특권을 우리에게 주셨습니다. 그러므로 주님은 절대로 우리를 모른다고 하실 수 없습니다. 우리가 그 특권을 확실히 믿는 만큼 하나님께 뻔뻔할 수 있습니다. 우리는 "하나님 저 같은 자를 구원하셔서 하나님 자녀 삼으신 것 맞잖아요"라고 하나님께 말할 수 있게 됩니다.

시편 139편을 계속 살펴보면, "하나님께서 나의 행위를 다 아시고 내 생각을 다 아신다"라고 말한 자가 23-24절에서는 다음과 같이 말합니다.

> 하나님이여 나를 살피사 내 마음을 아시며 나를 시험하사 내 뜻을 아옵소서. 내게 무슨 악한 행위가 있나 보시고 나를 영원한 길로 인도하소서 (시 139:23-24).

이 말씀을 풀어보면 다음과 같습니다. "하나님 저를 살피소서. 제 마음을 아시지 않습니까. 제가 무슨 악한 행위가 있습니까." 시편 139편의 다윗은 완전한 의를 이룬 사람입니까? 결코 그렇지 않습니다. 자기가 자기 죄를 압니다. 시편 51편의 다윗의 회개를 보십시오. "내게 무슨 악한 일이 있나 보시고"라는 말의 의미는 자신의 의나 순종에 대한 자랑이 아닙니다. 도무지 자기 본성으로는 있을 수 없는, 하나님의 은혜를 입어 행한 일들을 주께 내놓는 것입니다. 자신이 완전하다는 뜻이 아닙니다. "나의 생각과 앉음과 일어섬을 모두 다 아신다"고 말한 그 다윗이, 그럼에도 "하나님 나를 살피사 내 마음을 아시고 나를 시험하사 내 뜻을 아옵소서"라고 얘기할 정도로, 하나님과 다윗은 아주 특별한 관계로 바뀌었습니다.

아빠 아버지, 양자됨의 은혜

사랑하는 교우 여러분, 그리스도 예수 안에 있는 자에게는 결코 정죄함이 없습니다. 이것은 마음에 새기고 또 다시 새길 일입니다. 우리는 하나님의 자녀가 되었다는 사실을 확신하면서, 양자됨의 은혜를 각성하면서 근본적 평안을 누리며 나아갑니다. 그 가운데서 회개가 이루어집니다. 그래서 죄를 짓고 회개할 때도 "주인이여"가 아니라 "아버지"하며 회개합니다.

"아빠 아버지"라는 말은 신약성경에서 세 번 나옵니다. 이 본문 말고 두 군데서 더 나오는데, 하나는 마가복음 14장 36절로 예수님께서 겟세마네 동산에서 기도하시는 장면입니다.

> 아빠 아버지여, 아버지께서는 모든 것이 가능하오니 이 잔을 내게서 옮기시옵소서(막 14:36).

이 기도를 하실 때는 주님께서 모든 죄인을 대신해 하나님의 영원한 진노와 원수의 대상이 되기 직전이셨습니다. 예수님께서는 이 마지막 순간에 가장 친밀한 하나님께 "아빠 아버지"라고 부르셨습니다. "아빠"는 아버지의 사랑을 확신하는 자식이 아버지께 나아가는 가장 친밀한 호칭입니다. 그래서 이것은 애들뿐만 아니라 어른도 쓸 수 있습니다. 예수님은 어른이시지만 하나님의 사랑의 확신에 기초해 자녀로서 하나님께 내어드리는 친밀감과 경외심을 담아 하나님을

"아빠 아버지"라고 부르셨습니다.

> 너희가 아들이므로 하나님이 그 아들의 영을 우리 마음 가운데 보내사 아빠 아버지라 부르게 하셨느니라(갈 4:6).

그 거룩하고 크신 하나님을 예수님께서 친근히 불렀던 "아빠"라는 말 그대로 믿는 자들이 부를 수 있다니, 도대체 이것이 어떻게 가능한 것일까요? 예수님이야 제2위격이신 성자 하나님께서 사람으로 오신 분이시므로 하나님을 아빠라고 부르실 수 있겠지만, 우리가 감히 어떻게 하나님을 "아빠"라고 부를 수 있습니까? 그것은 단 한 가지 이유, 즉 예수 그리스도로 인하여 우리가 하나님의 양자됨의 은혜를 입었기 때문에 가능합니다.

이 양자됨의 은혜로 그리스도 안에서 얼마나 우리가 하나님과 가까워졌는가를 생각해봅시다. 예수 그리스도께서 하나님 아버지와 얼마나 친밀하신지는 요한복음 1장 1절이 말씀합니다.

> 태초에 말씀이 계시니라. 이 말씀이 하나님과 함께 계셨으니 이 말씀은 곧 하나님이시니라(요 1:1).

창세전에 그리스도와 성부 하나님께서는 서로 그 안에 계셨습니다. "함께"라는 말은 나란히 계셨다는 뜻일 뿐만 아니라 동적으로도 교통하고 계셨던, 영원한 교통을 의미합니다. 그 교통의 친밀함 속에서 하나님께서는 "아빠 아버지"라는 호칭을 부를 수 있도록 우리에게도 허락하셨습니다.

"오너라, 내 아들아 오너라." 주님은 영원 전에 우리를 선택하셨습니다. 그리고 지금도 우리를 부르십니다. 하나님의 지극한 사랑을 우리에게 나타내시면서 그 사랑을 믿고 의지하며 기도하라고 말씀하십니다. "두려움이 아니라 믿음으로 기도하라." 죄를 범할 때라도 "오라"고 하십니다. 일용할 양식이 없을 때도, 죄 용서를 구할 때도, 하나님 나라를 구할 때도 "오라"고 하십니다.

그래서 우리는 상황이 어떠하든지 담대하게 하늘을 향해 기도할 수 있습니다. 어떨 때는 하나님 베푸신 은혜에 너무 감사해서 "하나님 너무 좋으세요. 이 베푸신 사랑과 은혜를 도대체 뭘로 갚죠?"라고 감사의 찬미를 소리 높여 기도할 수도 있고, 어떨 때는 죄 때문에 고개를 못 들고 땅에 얼굴을 대면서 "하나님 용서해주세요"라고 기도할 수 있습니다. 그 기도는 멸망의 기도가 아니라 하나님께서 베푸신 은혜에 대한 부끄러움과 수치감에 기초한 기도입니다. 그 회개를 하나님은 기뻐 받으십니다. 그 기도는 우리에게 베푸신 사랑을 확신하며 주님 앞에 나오는 기도이기 때문에 내용이 어떠하든지 하나님은 그 기도 자체를 다 좋아하시고 받으십니다. 감사인지 회개인지 내용을 보시며 가려서 받는 분이 아니십니다. 감사 기도하니 "좋다", 회개 기도하니 "밉다"라고 하지 않습니다. 왜냐하면 감사 기도이든지 회개 기도이든지 이미 용서한 자녀가 사랑의 관계 아래서 하나님의 뜻에 따라 하는 기도이기 때문입니다. 죄 지은 자가 회개하는 것은 하나님 뜻입니다. 경건한 자가 범사로 인해서 기뻐하며 주 앞에 감사하는 것이 하나님 뜻입니다.

그러한 하나님의 뜻에 비추어 보면, 어떤 형편이든지 주 앞에 "아빠 아버지"라고 부르는 기도를 주님은 매우 기뻐하십니다. 그리고 우리는 그런 기도를 할 수 있는 자격이 있습니다. 우리로 말미암은 것이 아니요, 그것은 놀랍게도 하나님께서 우리에게 베푸신 선물인 그리스도로 말미암은 것입니다.

그리고 오늘 본문은 "이것을 제발 좀 믿으라"고 권면합니다. "너희는 다시는 무서워하는 종의 영을 받지 아니하였다. 양자의 영을 받았느니라. 우리가 그리하여 아빠 아버지라고 부르짖느니라. 이 일을 어찌 모르느냐." 이와 마찬가지로 사도 바울도 "너희가 성령으로 시작했다가 율법으로 끝나겠느냐"고 갈라디아 교회들에게 경고했습니다. 복음을 받아 하나님을 아버지라고 불렀던 그 은혜를 다 잊어버린 채, "율법의 계명을 지켰으니까 내가 하나님 앞에 나가서 칭찬받는 것 아니겠는가"하며 할례라는 의식을 붙드는데, 이렇게 되면 율법의 모든 것을 지켜야 할 의무를 받은 자가 되어버려서 영이 다 죽어버리게 됩니다. 종의 영으로 전락합니다.

교회에서 성화에 대한 촉구와 책임을 강조할 수 있지만, 이 모든 강조가 "그리스도 안에 있는 자는 결코 정죄함이 없는 양자의 영을 받았다"는 바탕을 흔들면 안 됩니다. 여러분 스스로 이 부분을 확신해야 합니다. 양자의 영, 곧 성령을 받은 사람은 절대로 죄 가운데 살지 못합니다. 그 사람은 성령의 인도하심을 받는 사람이기 때문입니다. 성령은 우리 마음의 소원을 이끌어가십니다.

> 성령이 친히 우리의 영과 더불어 우리가 하나님의 자녀인 것을 증언하시나니(롬 8:16).

이 말씀을 늘 기억하시기 바랍니다. 하나님께서는 우리에게 "아빠 아버지"라고 부를 수 있는 놀라운 지위를 주셨습니다. 여러분의 육신의 아버지가 어떤 분인지는 모르겠습니다. 또 여러분이 육신의 아버지를 어떤 분으로 기억하는지도 잘 모르겠습니다. 단 여기서는 우리가 지닌 육신의 아버지의 모습을 다 지우시기 바랍니다. 육신의 아버지는 훌륭하셔도 죄인입니다. 그렇기 때문에 우리에게 좋은 모습도 보이셨겠지만 그렇지 못한 모습도 많이 보이실 수 있습니다. 육신의 아버지의 모습을 지워버리고 그의 아들을 내어주시기까지 우리를 사랑하신 하나님 아버지를 마음에 담으십시오. 아버지되신 하나님의 사랑을 확신해야 합니다. 주님께서 우리에게 깨우치시는 그 "아빠 아버지"는 어떤 분이실까요?

> 보라, 아버지께서 어떠한 사랑을 우리에게 베푸사 하나님의 자녀라 일컬음을 받게 하셨는가, 우리가 그러하도다. 그러므로 세상이 우리를 알지 못함은 그를 알지 못함이라(요일 3:1).

하나님의 사랑 때문에 하나님의 영을 따라 살아가는 거룩한 삶이 우리 안에서 시작됩니다. 세상은 하나님의 사랑을 모르기 때문에 그것을 이해할 수 없습니다. 또한 우리가 왜 이렇게 살아가고 있는지 세상은 이해할 수 없습니다. 하지만 우리는 하나님의 사랑을 알기 때문에 "그 사랑을 아는 자"로서 살아갑니다. 하나님을 "아빠 아버지"라 부르며 사랑의 확신 가운데 삽니다. 죄를 범할 때가 있으나 무릎 꿇고 또 다시 일어나면서 신자로 살아가는 복된 신앙의 삶을 계속 이어갑니다.

모든 죄를 용서하시는 하나님

주님께서 우리를 부르시는 그 날까지, 여러분은 인생 가운데 혹 어떤 실족과 시험이 있다 할지라도 이 말씀을 확신하며 주님께 다시 나아가면 됩니다. 하나님께서 용서 못하는 사람은 그리스도 안에 있는 자 중에 아무도 없습니다. 주님은 우리 죄를 이미 다 잊으셨습니다. 다만 우리가 하나님께 죄를 고백하는 하나님께서 우리를 책망하시기 위함이 아니라, 우리가 죄를 알고 수치가 무엇인지 스스로 깨달아 다시는 그렇게 행치 않도록 하기 위함입니다. 하나님은 우리를 위하여 우리 죄를 고백하게 하십니다. 마음에 이 사실을 깊이 깨닫고 그리스도 안에 있는 자의 행복을 마음껏 확신하십시오. 하나님을 "아빠 아버지"라고 부르며, 거룩함으로 인도함을 받는 놀라운 은혜의 역사를 누리고, 열매들을 잘 맺어, 하나님께서 우리를 사랑하심을 영화롭고 감사함으로 나타내 보여드리는 우리 모두가 될 수 있기를 주의 이름으로 축복합니다.

42. 그리스도와 함께 받는 영광과 고난

Romans Sermon Series

너희는 다시 무서워하는 종의 영을 받지 아니하고 양자의 영을 받았으므로 우리가 아빠 아버지라고 부르짖느니라. 성령이 친히 우리의 영과 더불어 우리가 하나님의 자녀인 것을 증언하시나니 자녀이면 또한 상속자 곧 하나님의 상속자요 그리스도와 함께 한 상속자니 우리가 그와 함께 영광을 받기 위하여 고난도 함께 받아야 할 것이니라.

로마서 8:15-18

하나님의 자녀라는 특별한 지위

예수 그리스도 안에 있는 사람은 하나님의 자녀라는 특별한 지위를 얻습니다. 우리에게 이 신분은 전혀 걸맞지 않은 것 같습니다. 세상 사람들도 우리를 그렇게 보는 것 같지 않습니다. 우리의 됨됨이와 인격 안에서 하나님의 자녀가 되었다는 선한 모습을 찾아보기란 쉽지 않기 때문입니다.

세상 사람들이 보기에 하나님의 자녀는 마땅히 거룩할 것이라 기대합니다. 그들은 "하나님의 백성이면 하나님의 뜻이 너희 가운데 이루어질 터인데, 너희나 제발 좀 하나님을 잘 믿어라. 우리에게 하나님을 전하지 말고"라고 우리에게 손가락질하기도 합니다. 우리에게 기대하는 수준이 있기 때문에 그렇습니다. 즉 하나님의 자녀라면 죄에서 먼 자, 도덕성이 탁월한 자가 되어야 한다고 기대합니다. 그 이유는 세상 사람들도 하나님은 빛이시고 또 죄를 심판하신다는 사실을 인정할 수밖에 없는, 영혼 깊은 곳의 흔적을 가지고 있기 때문입니다. 이것은 결국 그들도 하나님을 모른다고 할 수 없는 자임을 스스로 인정하는 것입니다. 하나님께서는 그들에게 이런 흔적을 주셔서 하나님 앞으로 나오도록 요청하시지만, 세상 사람들은 오히려 그 흔적을 가지고 하나님의 자녀들을 손가락질하고 비판하며 정죄합니다. 그리고 "너희를 보건대 하나님은 계시지 않다"라는 식의 잘못된 적용으로 불신앙의 핑계를 대며 자신을 합리화합니다. 모든 진실은 마지막 날에 낱낱이 드러날 것입니다.

비록 우리가 하나님의 자녀로서 상태적인 측면에서는 됨됨이가 온전치 못하고 육신의 잔재 가운데 고달픔과 시달림을 당하고 있는 사람들이지만, 하나님은 우리에게 15절 말씀으로 위로하십니다. 어찌하든지 하나님의 영으로 인도함 받는 그 증거가 우리 안에 분명히 시작되었기 때문에, 이러한 사람은 더는 정죄의 영에 끌려 다니지 않습니다. 15절을 읽어보겠습니다.

> 너희는 다시 무서워하는 종의 영을 받지 아니하고 양자의 영을 받았으므로 우리가 아빠 아버지라고 부르짖느니라(롬 8:15).

우리는 하나님을 찾습니다. 그리고 하나님 앞에 엎드릴 줄 압니다. 우리 안에 신령한 일이 시작되었으므로, 우리 가운데 수많은 부족함을 들어 세상이 손가락질하고 증거로 삼는다 할지라도 두려워하지 않고 하나님께 엎드려 아빠 아버지라 부를 수 있습니다. 그것이 신자의 특권입니다. 우리가 하나님의 자녀 된 것은 우리의 공로나 선행이나 됨됨이가 훌륭해서 커트라인을 통과하거나 합격점에 도달했기 때문이 아닙니다. 처음부터 죄인 된 우리는 부르심을 받아 하나님의 자녀가 되었습니다.

"교회가 그럴 수 있느냐"라는 모든 손가락질은, 우리가 과거와 비해 얼마나 달라졌는가를 애써 부인하면서 우리의 연약성을 들어 조롱하기를 일삼는 자들의 죄 때문인 점도 있다는 사실을 기억해야 합니다. 너무 기죽을 필요는 없습니다. 우리는 주 앞에서 엎드릴 따름입니다. 회개의 영이 살아 있으면 하나님의 영으로 인도함 받는 뚜렷한 증거가 있습니다. 하나님은 그러한 우리를 향하여, 죄인 된 우리를 향하여 "아빠"로 서 계십니다. 그리고 성령이 친히 우리의 영과 더불어 우리가 하나님의 자녀인 것을 증언해주십니다.

> 성령이 친히 우리의 영과 더불어 우리가 하나님의 자녀인 것을 증언하시나니(롬 8:16).

그래서 찬송하고 말씀 읽고 기도하는 그때, 감사와 회개의 순간에 성령이 우리의 영과 더불어 "내가 하나님의 자녀다"라고 확신할 수 있습니다. 우리 모두는 이것을 경험합니다. 우리는 말씀 앞에 심령이 떨리기도 하며 감사한 마음이 들기도 합니다. 때로는 이성적 사고 과정 안에서 깨달음이라는 인식이 기쁨으로 다가오기도 합니다.

하나님의 자녀가 되면 무엇이 좋을까요? 이 세상에서 더 많은 것을 소유하고 더 편하게 사는 것일까요? 이 말은 신학적으로 "하나님의 자녀의 특권은 무엇인가"라는 질문으로 바꿔 말할 수 있습니다. 하나님의 자녀가 하나님에게서 받는 영적인 은택과 특권은 도대체 무엇일까요?

> 자녀이면 또한 상속자 곧 하나님의 상속자요, 그리스도와 함께 한 상속자니(롬 8:17 상반절).

하나님의 상속자가 된 것은 하나님의 자녀에게 부여된 특권입니다. 즉 예수 그리스도를 믿고 죄를 회개함으로써 하나님께서 약속하신 죄 사함과 의의 영생을 받습니다. 그렇다면 첫째, 하나님의 상속자가 무엇입니까? 둘째, 그리스도와 함께 한 상속자는 무엇을 의미합니까? 이 답을 아는 것이 17절의 상반절의 중요한 의미가 됩니다.

유업으로 받게 될 하나님 나라

하나님의 상속자에 대해서는 두 가지 의미를 생각할 수 있습니다. 하나는 하나님께서 우리에게 상속을 받으라고 주시는 것, 그것을 받는 자라는 뜻입니다. 하나님의 자녀는 하나님께서 우리에게 유업으로 주시는 것, 상속으로 주시는 것을 받을 수 있는 자입니다. 하나님이 우리의 아버지이시기 때문입니다. 다른 하나는 하나님 자신이 우리에게 주시는 상속의 유업이 된다는 의미도 있습니다. 즉 하나님을 상속 받는 사람이라는 뜻입니다. 하나님을 상속받는다는 것은 너무나 놀라운 말입니다.

즉 하나님의 자녀가 되면 하나님께서 주시는 것을 받을 뿐만 아니라 하나님 자신을 내어주시는 것을 받는 사람이 됩니다. 성령 하나님께서 우리 안에 계시니 하나님이 우리 안에 계신 겁니다. 우리는 하나님을 이미 받은 자들입니다. 하나님께서는 높은 곳에 계시고, 또 가장 낮은 곳에 계시고, 무한한 곳에 계시고, 한 틈, 한 점에도 계십니다. 공간에 내재하실 수 없을 것 같지만 어디에나 계심으로 초월성을 드러내십니다. 그리고 시간을 초월하시니 어느 시간대에나 계셨고 계시지 않았던 시간이 없으십니다. 시간의 내재성과 초월성은 아주 절묘하게 얽혀 있습니다. 시간 속에 살아가는 우리 인생을 만나지 못하실 것 같으나 언제든지 우리에게 다가오십니다. 하나님은 높으신 분이고 우리 가운데 있을 수가 없는 분이지만 언제나 우리 안에 같이 계십니다. 우리가 이런 하나님을 상속받는 자가 되었습니다. 이 사실은 창세기 15장 1절에서 이미 아브라함에게 약속하신 바, 내려주신 복입니다.

> 이 후에 여호와의 말씀이 환상 중에 아브람에게 임하여 이르시되, 아브람아 두려워하지 말라. 나는 네 방패요, 너의 지극히 큰 상급이니라(창 15:1).

"내가 너의 방패요 너의 상이라. 그러니 아브라함아 네가 세상 모든 것을 못 가졌어도 나를 가졌느니라"라고 주님께서 말씀하셨습니다. 우리가 하나님을 유업으로 받는다는 말은 범신론적으로 우리가 하나님이 된다는 뜻이 아닙니다. "내가 너의 상급이요 너의 방패요"라는 말속에는 하나님께서 우리에게 약속하신 특별한 것이 있는데, 그것은 바로 "하나님 나라"입니다. 이 하나님 나라는 매우 특별해서 어떤 물건을 주는 것처럼 한계가 있는, 혹은 어떤 물질처럼 "내가 이걸 받았다"해서 받는 것이 아닙니다. 하나님 나라는 하나님의 말씀이 우리 가운데 이루어져서 우리가 하나님과 교통하며 그분께 순종함으로써 하나님의 역사가 내 안에 누려지는 것입니다.

그러므로 하나님을 상으로 받는 것은 하나님 나라를 받는 것이요, 하나님 나라를 받는다는 것은 곧 하나님이 내 안에, 내가 하나님 안에 있는 결과가 따라오게 되는 것입니다. 하나님께서 내 안에 역사하셔서 내 마음에 소원을 주시고 나를 다스리시는 특별한 관계가 이루어집니다. 하나님을 떠나 감추고 배반할 수 없는 관계, 모든 것이 하나님 앞에서 투명할 수밖에 없는 관계. 아담이 죄를 지은 다음에 하나님이 "아담아 어디 있느냐" 할 때 "제가 두려워 숨었나이다"라고 말할 수밖에 없는 관계, 두려움이라는 장벽이 완전히 없어진 관계가 됩니다. 하나님은 우리 안을 다 들여다보시며 우리가 하나님 앞에서 행복을 누리도록 그 관계 속으로 우리를 부르십니다. 우리는 이미 도래한 하나님 나라를 누리며 놀라운 영광을 목도하게 됩니다.

주 예수 그리스도께서 이 땅에 계실 때 아버지와 아들의 하나 됨에 특별한 영적 연합이 있으셨습니다. 본래 성부, 성자, 성령 하나님은 세 분이시나 완전한 한 하나님으로서 서로 침투하면서 서로 안에 계십니다. 성부, 성자, 성령은 구별된 분이지만 신성의 본질에 따르면 한 분입니다. 육체 가운데 계시는 성자 하나님은 하나님 아버지와 영적으로 하나 되는 은혜 가운데 있게 됩니다. 그런 일이 예수 그리스도로 말미암아 우리에게도 이루어져 우리의 영과 하나님의 영이 서로 교통하는 관계가 됩니다. 성경은 이러한 일을 "성령이 친히 우리의 영과 더불어 우리가 하나님의 자녀인 것을 증언하신다"(8:16)라고 말씀합니다. 그래서 우리가 하나님을 상속을 받습니다(8:17). 그렇다면 우리가 받지 못하는 것이 무엇일까요?

> 형제들아 내가 이것을 말하노니 혈과 육은 하나님 나라를 이어 받을 수 없고 또한 썩는 것은 썩지 아니하는 것을 유업으로 받지 못하느니라(고전 15:50).

하나님 나라에 대한 궁극적인 성취는 어떻게 이루어질까요? 하나님 나라는 하나님의 말씀인 성령에 따라 통치를 받음으로써 이 땅에서 누릴 수 있습니다.

그런데 우리가 듣는 하나님 나라에 대해 "하나님 나라는 이 땅에 이미 현재적으로 임하는 것이다. 많은 신자들이 이와 같은 하나님 나라를 외면하거나 무시하거나 또는 미처 알지 못한 채 산다. 나중에 죽어서 가는 저 피안의 장소, 그 미래, 그곳만을 하나님 나라로 소망

중에 바라니 이 땅에서 신자의 삶이 세상 사람과 다를 것이 없다"라는 설명이 있습니다. 즉 하나님 나라의 현재성이 더욱 강조되어야 한다는 주장입니다. 이것은 신학적으로 옳은 판단입니다.

그럼에도 이 땅에서 육신 가운데 사는 신자들에게 하나님 나라의 현재성은 앞으로 올 것이며 장차 만나게 될 그 하나님 나라의 미래성 때문에 주어진다는 것을 잘 알아야 합니다. 그러므로 현재적인 하나님 나라가 미래에 도래할 하나님 나라보다 우선적인 것은 아닙니다. 주님께서는 영원 전에 세상을 만드셨고 창조 이후 타락해버린 우리를 바라보시며 새 창조를 이루십니다. 영원하신 그 하나님 나라의 새 하늘과 새 땅이 이루어질 새 예루살렘, 하나님께서는 그것을 이미 계획해 두셨고, 우리를 향한 구원 역사를 신실하게 펼쳐가실 때 이 땅에 살았던 모든 성도는 바로 그 나라를 바라보고 살았습니다. 주께서 다시 이루실 영광의 날을 바라보며 사는 소망 덕분에 성도는 이 땅에서 하나님 나라를 누리며 살아갑니다.

물론 지금 이 땅에 임한 하나님 나라는 그림자에 불과한 것은 아닙니다. 지금 이 땅에서 누리는 하나님 나라도 성령의 역사로 인한 실체입니다. 미래는 원형이고 지금은 그림자, 흔적, 이미지로 된 곳인가요? 아닙니다. 미래와 지금, 둘 다 실체입니다. 지금 우리가 누리는 하나님 나라는 영적인 하나님 나라이면서 동시에 눈으로 보고 손으로 만질 수 있는 하나님 나라입니다. 곧 임할 하나님 나라를 소망 중에 바라며 말씀으로 이 땅에서 하나님 나라를 영으로 누리다가, 육체를 떠나 영혼이 낙원에 가면 주의 재림으로 이루어질 하나님 나라를 바라보며 누리게 됩니다. 전투에 승리한 성도들은 낙원에서 행복을 누리게 될 것입니다. 그러나 그 낙원도 완성된 하나님 나라는 아닙니다. 그곳은 다시 오실 그리스도께서 이루실, 완성될 하나님 나라를 바라보는 또 다른 현재의 하나님 나라입니다.

때로 우리는 그 하나님 나라가 왜 좋은지에 관한 질문을 받게 됩니다. "하나님의 자녀가 되면 하나님을 상속받는 자요, 하나님 나라를 상속받는 자입니다. 이보다 기쁜 일이 있겠습니까"라고 말할 때 세상은 알아듣지 못할 것입니다. "하나님 나라가 무엇이기에 그걸 받는 게 좋은가? 나는 돈이 좋다. 나는 권력이 좋다. 나는 쾌락이 좋다"라고 말할 텐데, 그 나라의 영광과 기쁨과 행복을 무엇으로 설명할 수 있겠습니까?

> 또 내가 새 하늘과 새 땅을 보니 처음 하늘과 처음 땅이 없어졌고 바다도 다시 있지 않더라. 또 내가 보매 거룩한 성 새 예루살렘이 하나님께로부터 하늘에서 내려오니(계 21:1-2 상반절).

하나님이 만드신 세상에는 오직 하나님 나라를 드러내는 새 예루살렘이 있습니다. 그곳은 아름다운 신부가 남편을 위해 단장한 것처럼 아름답기 그지없습니다.

> 내가 들으니 보좌에서 큰 음성이 나서 이르되, 보라, 하나님의 장막이 사람들과 함께 있으매 하나님이 그들과 함께 계시리니 그들은 하나님의 백

성이 되고 하나님은 친히 그들과 함께 계셔서(계 21:3).

"하나님의 장막이 사람들과 함께 있으매"라고 하신 것은 하나님께서 우리 가운데 거하시는 그 일이 이루어진다는 말씀입니다. 하나님의 장막은 하나님이 거하시는 곳을 의미합니다.

성령이 우리 가운데 계신 것처럼, 하나님께서는 온 천하에 보편적으로 임하시고 구원 받은 성도 개개인과 함께하십니다. 이 말씀은 하나님과 우리 사이에 연합, 하나님이 우리 가운데 함께 행하시는 특별한 관계를 우리에게 드러내줍니다. 그리스도 때문에 이 일이 이루어집니다. 그리스도와 우리의 연합의 관계는 하나님이 우리와 함께 있으시다는 사실을 가늠하게 해줍니다.

그리스도와 함께 하나님 나라를 상속받다

하나님이 친히 우리와 함께 계실 때, 이전 세상과 앞으로 올 세상 사이에는 어떤 차이가 있을까요?

모든 눈물을 그 눈에서 닦아 주시니 다시는 사망이 없고 애통하는 것이나 곡하는 것이나 아픈 것이 다시 있지 아니하리니 처음 것들이 다 지나갔음이러라(계 21:4).

이 세상에는 눈물이 있으나 그때가 되면 눈물이 없습니다. 이 세상에는 사망이 있지만 그 세상에는 사망이 없습니다. 이 세상에는 애통함이 있지만, 그곳에는 애통케 하는 모든 일들이 없으니 애통이 없습니다. 이 세상에는 서러워 울면서 곡할 일이 있지만 그곳에는 없습니다. 이 세상에는 육체나 심령의 아픔이 있지만 그곳에는 그런 것이 없습니다. 이 세상의 모든 것들은 다 죄의 결과입니다. 죄로 인해서 이 땅에 임했던 모든 슬픔과 그 결과들이 그때는 다 없어집니다. 그리고 이것은 다 지나간 처음 것들이라고 말합니다.

5절에서는 "내가 만물을 새롭게 했다"라고 말씀합니다. 6절에서는 알파와 오메가이신, 처음과 마지막이신 하나님께서 생명수 샘물을 목마른 자에게 값없이 주십니다. 6절의 목마른 자가 곧 4절의 사람입니다. 눈물을 흘림으로써 눈물이 없는 세상을 바라는 마음, 사망의 고통 때문에 사망이 없으면 좋겠다고 생각하는 마음, 애통과 곡과 아픈 것 때문에 이런 것이 없으면 좋겠다는 간절한 소망으로 주를 바라보는 사람. 그가 바로 목마른 사람입니다.

목마른 사람은 죄로 인한 고통 속에서 이와 같은 것들이 없는 세상을 바랍니다. 사실 이런 탄식은 믿지 않는 사람들도 하게 되는 탄식입니다. 사람이 죽으면 "이제 다시는 슬픔과 눈물이 없는 좋은 세상에 가소서"라고 얘기합니다. 누구나 다 죄의 결과로 인한 아픔과 고통을 알기 때문에 이것들이 없는 세상을 바랍니다. 하지만 이 모든 것들이 죄의 결과라는 사실을 아는 사람만이 "내가 의를 입어 이 모든 것들로부터 자유케 하옵소서"라고 말하면서 죄의 문제를 해결할 수 있습니다. 세상 사람들은 고통이 어떤 느낌인지 알지만 죄의 문제를 해결하지 않고는 고통을 면할 길이 없다는 사실을 모릅니다. 반면에 목마른 자는 그것을 아는 사람입니다. 목마른 사람은 "내가 이 세상에서 겪는 모든 슬픔과 아픔이 죄의 결과니 주여 나를 죄의 심판으로부터 면케 해주시사 나를 의롭게 하옵소서"라고 고백합니다. "예수 그리스도 안에서 이루어지고 주어지는 의"라는 생명수 샘물만이 우리의 목마름을 해갈할 수 있습니다. 우리는 이 생명수 샘물을 값없이 받았습니다.

> 이기는 자는 이것들을 상속으로 받으리라. 나는 그의 하나님이 되고 그는 내 아들이 되리라(계 21:7).

"내 아들"이라는 말이 얼마나 놀랍습니까? 이것이 "아빠 아버지"와의 관계입니다. 오직 예수 그리스도만이 "하나님 아버지"라고 불렀습니다. 하나님께서 예수님에게 "너는 내 사랑하는 아들이라"고 일컬었던 이 관계가 우리가 그대로 적용됩니다. 양자됨의 큰 영광, 이것이 하나님의 자녀의 특권입니다.

이 특권을 갖지 못한 사람들은 누구일까요? 이들은 하나님의 자녀가 아닌 사람들이며 세상을 두려워하는 사람들입니다. 흉악과 살인과 음행과 점술과 우상 숭배, 거짓말을 일상으로 품고 살아가는 사람들. 이런 사람들은 불과 유황으로 타는 못에 던져집니다. 그러므로 하나님의 자녀가 된다는 것이 얼마나 복된 일입니까? 하나님의 자녀는 마지막 날에 심판을 면제 받고 말할 수 없는 영광 가운데 들어갑니다. 이것이 어찌 구할 바가 아니겠으며 어찌 감사할 일이 아니겠습니까?

"어떻게 하나님의 자녀가 될 수 있습니까"라고 묻는다면, 그에 대한 답은 "그리스도와 함께 한 상속자"(롬 8:17)라는 말씀에서 찾을 수 있습니다. "그리스도와 함께 한다"는 의미는 첫째, 이 상속을 받는 방편이 그리스도 말미암아 주어진다는 뜻이고, 둘째, 그리스도께서 주시는 것이므로 안전하며 확실하다는 뜻입니다. 그리스도와 함께하는 사람들은 이 말씀 때문에 그 신분이 견고하며 확실합니다.

또한 히브리서 1장에는 예수 그리스도가 얼마나 놀라운 분인지 서술되어 있습니다.

> 옛적에 선지자들을 통하여 여러 부분과 여러 모양으로 우리 조상들에게 말씀하신 하나님이 이 모든 날 마지막에는 아들을 통하여 우리에게 말씀하셨으니, 이 아들을 만유의 상속자로 세우시고 또 그로 말미암아 모든 세계를 지으셨느니라(히 1:1-2).

이 말씀은 굉장히 신비롭습니다. 하나님께서는 인간이 타락한 이후에 우리를 구원하시기 위해 계시를 주셨습니다. 그리고 이 계시를 이 알게 하시려고 선지자를 통하여 여러 모양으로 우리에게 말씀하셨습니다. 말씀에 기록된 모든 일은 하나님의 아들 예수 그리스도에 관한 일입니다.

"이 모든 날 마지막에는 아들을 통하여 우리에게 말씀하셨으니"라는 말씀은, 아들이 친히 오셔서 하나님의 말씀이 이루어졌다는 성육신을 전제하고 있습니다. 하나님께서는 "이 아들을 만유의 상속자로 세"우셨습니다. 온 만유가 다 그의 것이 되었는데, 특히 그다음 말씀이 신비합니다. 즉 하나님은 아들을 만유의 상속자로 세우셨는데 그 만유가 사실 그로 말미암아 만들어진 것이라 말합니다. 즉 만유가 그로 말미암아 만들어졌다면 당연히 만드신 그분의 것일 터인데, 하나님은 이 만유를 받을 자로 그를 세우셨다고 말씀합니다. 여기서 아들에게 묘한 신분적인 변화가 있습니다. 만드신 이가 어찌하여 그것을 누구로부터 받는 것일까요?

"그분이 직접 오셔서 말씀하셨다? 그리고 그를 만유의 상속자로 삼으셨다? 그렇다면 받는 분이신가? 그런데 그로 말미암아 그분이 만물을 만드셨다고? 그럼 그가 창조주 아닌가?"라는 의문이 생깁니다. 사람으로서의 신분과 본래 하나님이신 신분, 즉 신분적 정체성에 관하여 두 가지가 언급됩니다. 예수 그리스도의 신성을 고백하고 믿지 않으면 도무지 알 수 없는 말씀들입니다.

> 이는 하나님의 영광의 광채시오, 그 본체의 형상이시라. 그의 능력의 말씀으로 만물을 붙드시며 죄를 정결하게 하는 일을 하시고 높은 곳에 계신 지극히 크신 이의 우편에 앉으셨느니라(히 1:3).

하나님의 영광이 아들이신 예수 그리스도를 통해 드러납니다. 그분은 하나님 본체의 형상이시며 하나님이 어떤 분인가에 대한 신성을 그대로 지니신 분입니다. 어려운 표현이지만, "하나님 본체의 형상"은 하나님이 어떤 분인가에 대한 틀을 말합니다.

그는 만물을 만드셨을 뿐만 아니라 보존하시고 다스리시는 분이십니다. 그리고 그분께서는 죄를 정결하게 하는 일을 하셨습니다. 이 일은, 죄가 존재하는데 공의의 하나님께서 "그냥 죄 없는 걸로 치자" 해서 되는 일이 아닙니다. 하나님께서 "죄는 반드시 값을 치르는데 그것은 사망"이라고 우리에게 율법적으로 선언하셨습니다. 그렇기 때문에 죄를 정결하게 하는 일은 죗값을 치러야 한다는 사실을 전제로 합니다. 그리고 이 일은 하나님이신 그분이 사람이 되셔야 가능한 일이므로, 그분이 죄를 정결하게 하셨다는 말에서 신비로움이 드러납니다.

하나님께서 어떻게 이것을 하셨단 말입니까? 하나님께서는 아들을 만유의 상속자로 세우시고, 아들은 높은 곳에 계신 지극히 크신 이의 우편에 앉으셨습니다. 본래 하나님이신 그분이라면, 우편이 아니라 "높으신 곳에 계신 크신 이"란 그분 자신일 수밖에 없는데 우편에 앉았다고 말합니다. "높은 곳에 계신 지극히 크신 이"와 그의 "우편"이 구별된 것은 낮아졌다가 다시 높아진 것을 의미합니다. 예수님이 성육신하셨기 때문에 구별이 가능합니다. 성육신은 하나님께서 사람이 되신 일이고, 사람이 되신 하나님은 우리를 위해 죽으시고 우리의 죄를 정결케 하셨습니다. 즉 구속 사건을 통해서 그가 만유의 상속자로 서 계십니다. 그러나 사실은 그가 만물을 만드신 분이며 만물을 보존하시는 분이라는 이 놀라운 신비가 예수 그리스도 안에서만 나타납니다. 히브리서 1장 1-3절은 그것을 설명하고 있습니다.

하나님의 자녀는 예수 그리스도로 말미암아 비로소 하나님 나라를 받습니다. 이분이 주시는 하나님이요, 하나님 나라는 그분과 함께 받는 상속 재산이 되기 때문에 예수 그리스도 안에 있는 자가 이 상속을 받지 못하는 일은 결코 없습니다. 이것은 견고하고 확실한 보증입니다. 신비롭게도 히브리서 2장 6절 이하에서 이 말씀이 계속 이어집니다.

그러나 누구인가가 어디에서 증언하여 이르되, 사람이 무엇이기에 주께서 그를 생각하시며 인자가 무엇이기에 주께서 그를 돌보시나이까(히 2:6).

히브리서 2장 6절은 시편 8편을 인용하고 있습니다. 여기서 "인자"란 누구를 가리킵니까?

그를 잠시 동안 천사보다 못하게 하시며 영광과 존귀로 관을 씌우시며 만물을 그 발 아래 복종하게 하셨느니라 하였으니 만물로 그에게 복종하게 하셨은즉 복종하지 않은 것이 하나도 없어야 하겠으나 지금 우리가 만물이 아직 그에게 복종하고 있는 것을 보지 못하고(히 2:7-8).

히브리서 2장 7-8절을 보면, 인자가 곧 예수 그리스도라는 사실을 알 수 있습니다. 예수 그리스도에게 만물이 복종하게 하셨으므로 복종하지 않은 것이 하나도 없어야 하겠으나, 지금 우리는 만물이 그에게 복종하고 있는 것을 보지 못합니다. 오히려 히브리서 기자는 그분의 비천한 상태를 설명합니다.

> 오직 우리가 천사들보다 잠시 동안 못하게 하심을 입은 자 곧 죽음의 고난 받으심으로 말미암아 영광과 존귀로 관을 쓰신 예수를 보니 이를 행하심은 하나님의 은혜로 말미암아 모든 사람을 위하여 죽음을 맛보려 하심이라. 만물이 그를 위하고 또한 그로 말미암은 이가 많은 아들들을 이끌어 영광에 들어가게 하시는 일에 그들의 구원의 창시자를 고난을 통하여 온전하게 하심이 합당하도다(히 2:9-10).

그리고 계속해서 예수 그리스도의 구속 사역을 설명합니다. 고난으로 모든 사람을 살리셨습니다. "만물이 그를 위"합니다. 왜냐하면 그분은 창조주이기 때문입니다. "또한 그로 말미암은 이"란 "그로 말미암아 창조되어져서 만물을 창조한 바로 그 이"라는 뜻입니다. 우리말로 표현된 "그로 말미암은 이"가 애매한 번역인데, "만물이 그로 말미암아 지어졌고 그를 위하여 있으니 바로 그분"이라는 뜻입니다. 그런데 그분께서는 우리를 형제라 부르시기를 부끄러워하지 않으셨고(2:11), 그도 또한 같은 모양으로 혈과 육을 함께 지니셨습니다(2:14). 왜 그러셨을까요? 한 가지 이유 때문입니다.

죽음을 통하여 죽음의 세력을 잡은 자 곧 마귀를 멸하시며 또 죽기를 무서워하므로 한평생 매여 종 노릇 하는 모든 자들을 놓아 주려 하심이니… 그러므로 범사에 형제들과 같이 되심이 마땅하도다. 이는 하나님의 일에 자비하고 신실한 대제사장이 되어 백성의 죄를 속량하려 하심이라. 그가 시험을 받아 고난을 당하셨은즉 시험 받는 자들을 능히 도우실 수 있느니라(히 2:14 하반절-15, 17-18).

이 은혜를 입어 우리는 그리스도와 함께 상속된 자가 되었습니다. 여기에는 다음과 같은 뜻을 포괄합니다. "우리가 하나님의 상속자다. 하나님께서 주시는 것, 그리고 하나님 자신을 받는 자들이다. 하나님 나라를 받는 자들이라." 이 영광된 하나님의 자녀의 지위와 특권에 대한 완벽성과 보증은 그리스도로 말미암은 것이요, 그것의 확실성은 그리스도로 말미암아 주어지는 것이니, 이 약속은 결코 취소됨이 없고 변개하지 않습니다. 이것이 하나님 자녀의 특권입니다.

영광을 받기 위해 고난도 함께 받아야 한다

하나님의 자녀의 세 번째 특권은 세상사는 동안 받는 고난입니다. 우리는 아마 "아니 세상에, 고난 받는 게 무슨 특권인가? 그건 멍에지"라고 되물을 것입니다. 그런데 하나님의 자녀에게는 고난을 받는 것이 특권입니다. 고난을, 하나님 나라에 대한 간절한 소망과 목마름으로 살아가는 성도의 삶을, 하나님께서 모두 불러서 마지막 날에 영원한 상으로 갚아주실 것으로 약속되기 때문입니다. 성도로 살아가지만 고난을 전혀 모르고 살아가는 사람들은 훗날 주 앞에서 받게 될 칭찬과 아무런 관계가 없습니다. 주께서 우리를 사랑하심으로 나타나는, 또 우리에게 칭찬하시는, 하나님과 우리 사이의 관계에서 매우 중요한 것 중에 하나가 바로 성도가 이 땅에서 겪는 고난입니다. 성도가 겪는 고난은 필연적입니다.

우리가 그와 함께 영광을 받기 위하여 고난도 함께 받아야 할 것이니라 (롬 8:17).

여기에서의 "영광"은 요한계시록 21장에서 봤던 바로 그 내용입니다. 주의 재림으로 이루어질 하나님 나라의 영광이 이 땅에 드러날 때, 우리가 부활의 몸을 입고 그 영광을 맞이할 것입니다. 우리는 이 땅에서 전투하는 교회 아래서 영적 싸움을 해나가는 교인으로서, 일정한 고난을 각각 자기 분깃별로 받고 있습니다. 이것은 하나님 나라의 영광을 받기 위한 공로나 수고가 아닙니다. 하나님 나라는 값없이 받는 것이기 때문에 우리가 이 땅에 살면서 겪는 자기 분깃의 고난은 하나님을 누리기 위해 대가를 치르는 것이 아니며 공로도 아닙니다. 도리어 하나님 나라의 영광을 이 땅에서 맛보는 과정과 절차입니다. 여기에 역설이 있습니다.

주를 잘 믿는 경건한 자들을 찾아가 보면 알게 됩니다. "당신의 주를 향한 수고는 우리가 보기에 인간의 힘으로 할 수 없는 일이요, 놀라운 일이요, 세상이 찾기 어려운 헌신입니다. 고통과 고난 속에서 주를 섬긴다고 하셨는데, 당신의 희생은 참으로 높이 칭찬을 받을만 하며 숭고합니다"라고 말하면서 "하나님께서 나중에 다 갚아주실 때 저를 넉넉히 쳐 주실 겁니다"라고 답하는 사람은 단 한 명도 없습니다. 오히려 그들은 "아니요, 주께 받은 사랑이 크고 그 은혜가 크고 내게 주신 영광과 이미 맛보게 하신 것이 너무 크기 때문에, 이 헌신과 눈물이 저에게는 이미 상이었습니다. 또 다른 무슨 상을 구하겠습니까"라고 말할 것입니다.

물론 그들도 하늘의 상이 있다는 것을 압니다. 우리는 이 땅에 살면서 하늘의 상을 바라봅니다. 사도 바울도 그 상을 보고자 부름의 상을 좇아간다고 했지만, 경건한 자는 하늘의 상이 권리가 있어 혹은 열심히 산 대가로 받아낼 수 있는 것이라고는 전혀 생각하지 않습니다. 왜 그럴까요? 그것이 은혜인 줄 알기 때문입니다.

그러므로 우리가 이 땅에서 영광을 받기 위하여 고난도 함께 받아야 할 것이라는 말은 필연적으로 다음과 같이 설명될 수 있습니다. 이 필연성은 대가를 치렀다는 것에 대한 필연성이 아니라, 성도라면 누구나 일정한 자기 분깃과 분량만큼의 고난을 짊어지고 산다는 사실로 인한 필연성입니다. 이 고난은 성령을 좇아 살아가기 때문에 짊어지게 되는 고난입니다. "내가 말씀을 따라 살다보니 이것은 버려야겠다. 포기해야겠다. 그럼 굉장한 결핍이 올 텐데 그것 없이 살 수 있을까?"라는 생각이 들 때, 결핍은 우리에게 고난으로 다가옵니다.

우리는 그때 오는 위협을 이겨내야 하고, 그 결핍에도 불구하고 우리는 삶을 살아가고 참아내야 합니다.

　십계명을 생각해봅시다. 하나님만을 예배하기 위해 포기해야 할 것, 부인해야 할 것이 있습니다. 예를 들면, 우상 숭배를 안 하고 마음속에 탐심을 제해버리며 주 앞에서 정결한 마음으로 살아가고자 합니다. 이 세상의 일신의 안락과 평강과 편안함을 포기해야 한다면 그것은 고난입니다. 죄를 끊는 일이라면 말할 것도 없습니다.

　요즘 교회 청년들 중에 형제들은 적고 자매들은 많으니, 자매들의 입장에서는 결혼할 때 배우자의 선택에 큰 어려움이 있습니다. "안 믿는 사람하고 혼인을 해도 되겠습니까?"라고 가끔씩 묻는 분들이 있습니다. 답은 분명합니다. "안 믿는 사람과 혼인하여 당하는 영적 고난이 있다. 주께서 그로 인해 성도에게 평강을 약속하지 않으시고, 성도는 생각하지 못한 고난을 겪을 것이다. 그러나 혼인하지 않고 혼자 지내는 것도 은사를 받아 소명이 있어서라면 모를까, 아니라면 그것도 예수 믿지 않은 남편은 택하지 않겠다는 고난을 감수하는 것이니 어느 쪽도 다 고난이 있다. 그 고난의 길속에서 선택은 본인이 하게 되는 것이다." 이게 제 대답입니다. 해도 되는가 안 해도 되는가의 말로 답하지 않겠습니다. 왜냐하면 인생에서 맞닥뜨리는 다양한 선택의 가능성 속에서 주님께서는 우리를 그때그때 적절하게 인도하실 것이고, 또한 당위적인 모든 가르침을 현실에 바로 적용할 수 없기 때문입니다. 고난과 연단의 삶 속에서 신자는 주 앞에 기도하며 구하게 될 것입니다.

누구나 고난을 경험합니다. 우리에게는 아픔이 있고 눈물이 있고 고난이 있습니다. 크고 작은 일이 지속적으로 일어납니다. 내가 참아낼 수 없는 사람과의 관계에서 발생할 수 있고, 인격적인 상처가 생길 수 있습니다. 용납하기가 참으로 어렵습니다. 그럼에도 용납하고 참아내는 것, 그것이 고난입니다. 하나님의 자녀라면 훗날 받을 영광 때문에 고난도 함께 받는 일이 벌어집니다. 그렇지 않으면 주를 따라갈 수 없습니다.

결국 성도가 영광을 받기 위하여 고난도 받는 것은, 그리스도를 본받아 그의 길을 따라가는 것뿐입니다. 주님께서 온유하게 그 길을 가셨기에 우리도 그 길을 갑니다. 성도는 본래의 부르심의 상을 좇아갑니다. 우리는 주님의 복음에 합당하게 생활해야 합니다.

오직 너희는 그리스도의 복음에 합당하게 생활하라. 이는 내가 너희에게 가 보나 떠나 있으나 너희가 한마음으로 서서 한 뜻으로 복음의 신앙을 위하여 협력하는 것과 무슨 일에든지 대적하는 자들 때문에 두려워하지 아니하는 이 일을 듣고자 함이라. 이것이 그들에게는 멸망의 증거요 너희에게는 구원의 증거니 이는 하나님께로부터 난 것이라. 그리스도를 위하여 너희에게 은혜를 주신 것은 다만 그를 믿을 뿐 아니라 또한 그를 위하여 고난도 받게 하려 하심이라(빌 1:27-29).

일시적 고난, 영원한 영광

> 생각하건대 현재의 고난은 장차 우리에게 나타날 영광과 비교할 수 없도다(롬 8:18).

이 말씀은 우리에게 큰 위로가 됩니다. "그와 영광과 함께 고난도 함께 받는 것을 두려워하지 마라. 힘을 내라. 용기를 내라. 무너지지 마라. 너희에게 약속된 장차 나타날 영광이 얼마나 크고 영원한가?" 현재 받는 고난은 일시적이지만, 아무리 그 고난이 크다 할지라도 신속히 지나갈 것이며 장차 나타날 영광은 너무나 크고 아름다우며 영원합니다. 고난과 영광은 대조되지만, 크기는 비대칭적입니다. 영광이 압도적으로 큽니다. 이 영원한 영광을, 신속히 지나가게 될 고난 때문에 놓치는 자가 되어서는 안 될 것입니다.

그러고 보면 히브리서 11장에 나와 있는 믿음의 사람들의 이야기는 로마서 8장의 구체적인 적용에 해당합니다. 히브리서 11장에 나오는 믿음의 사람들은 믿음을 따라 살다가 믿음에 따라 죽었습니다. 그들은 하나님의 약속을 바라보며 기다렸습니다. 하지만 그 약속은 아직 이루어지지 않았습니다. 마찬가지로 이 땅에 사는 우리에게도 아직 그 약속은 이루어지지 않았습니다.

> 이 사람들은 다 믿음을 따라 죽었으며 약속을 받지 못하였으되 그것들을 멀리서 보고 환영하며 또 땅에서는 외국인과 나그네임을 증언하였으

니(히 11:13).

믿음의 사람들은 영광을 바라보며 고난의 삶을 살았습니다. 하나님께서는 그들의 하나님이라 일컬음을 부끄러워하지 않으셨습니다 (히 11:16). 아담을 보셨고 모세를 보셨고 또 숱한 주의 백성을 봐오신 하나님은 지금 우리를 보시면서 우리의 하나님이시기를 조금도 부끄러워하지 않으십니다. 그리고 "너는 내 자손이라"라고 우리를 붙들어 주시면서 약속된 영광으로 우리를 이끌어가십니다.

더는 예수 그리스도 안에 있는 사람들에게 하나님 믿고 장수하는 것만이 복이라고 말할 수 없습니다. 신자가 어떻게 살아가는지 삶의 질이 고려하면서 그들이 하나님과 어떤 관계에 있는지 비춰볼 필요가 있습니다. 하나님이 우리에게 주시는 성도의 행복이 세상의 것 그 자체라고 말하는 내용은 성경에 없습니다. 세상이 구하는 것들 중에 그 자체로 복이 된다고 생각하면서 욕심으로 구한다면 그것은 복이 아닙니다. 그것이 하나님과 관계 안에서 내게 어떻게 다가오는지에 따라 달라집니다. 모든 성도는 인내로써 고난을 감당하고 영광을 바라보며 살아왔습니다. 여러분의 삶이 이미 그러하며 앞으로도 계속 그럴 것입니다. 현재의 고난과 비교할 수 없는 복된 영광을 바라보며 진정한 하나님의 복이 충만한 여러분이 되기를 주의 이름으로 축복합니다.

43. 피조물의 탄식

Romans Sermon Series

생각하건대 현재의 고난은 장차 우리에게 나타날 영광과 비교할 수 없도다. 피조물이 고대하는 바는 하나님의 아들들이 나타나는 것이니 피조물이 허무한 데 굴복하는 것은 자기 뜻이 아니요 오직 굴복하게 하시는 이로 말미암음이라. 그 바라는 것은 피조물도 썩어짐의 종노릇 한데서 해방되어 하나님의 자녀들의 영광의 자유에 이르는 것이니라. 피조물이 다 이제까지 함께 탄식하며 함께 고통을 겪고 있는 것을 우리가 아느니라. 로마서 8:18-22

피할 수 없는 그리스도인의 고난

하나님께서는 하나님의 자녀가 하나님을 상속받는 사람이 된다고 약속하셨습니다. 하나님을 상속받는다는 것은 하나님 나라를 상속받는 것을 뜻합니다. 또한 하나님 나라는 그리스도로 말미암아 그리스도와 함께 받는 것입니다. 마땅히 그리스도께서는 만유를 상속받으시고 만유의 주가 되십니다. 그로 말미암아 하나님의 양자됨의 은혜를 입은 우리는 그리스도와 더불어 하나님 나라를 상속받는 은혜를 누리게 됩니다.

자녀이면 또한 상속자 곧 하나님의 상속자요 그리스도와 함께 한 상속자니, 우리가 그와 함께 영광을 받기 위하여 고난도 함께 받아야 할 것이니라(롬 8:17).

우리가 하나님의 자녀로서 누리고 있는 특권이 있으나 이 영광스러운 상속에 따라오는 일이 한 가지 더 있습니다. 그것은 고난입니다. 이 고난은 우리에게는 사실 반가운 일이 아닙니다. 누가 고난을 좋아하겠습니까? 그럼에도 성경은, 하나님의 자녀는 하나님 나라를 그리스도와 함께 상속받는 자이므로, 그리스도께서 누리는 대로 우리가 그 영광을 누리기 위해서는 그리스도가 받은 고난대로 고난 받아야 한다고 말씀합니다. 즉 그리스도와 함께하는 영광을 받기 위해서는 그리스도와 함께하는 고난을 피할 길이 없습니다. 예수 그리스도는 우리에게 하나님의 자녀 됨의 영광을 주시기 위해 주님은 대가를 치르셨습니다. 즉 예수님은 우리의 죄 사함을 위해 고난을 받으셨고, 우리는 주를 믿음으로 말미암아 그리스도와 연합되었습니다. 이만하면 되었지 그럼에도 우리가 무슨 고난을 더 치러야 하는가 반문이 들 수 있습니다.

우리가 그리스도와 함께 하나님을 영광스럽게 상속받기 위하여 받는 고난은 그리스도께서 당하신 고난과는 성격이 매우 다릅니다. 그리스도께서 받으신 고난은 우리에게 그 영광을 주시기 위해 대가를 치르시는 의미의 고난이었지만, 우리가 그 영광을 누리기 위해 함께 받는 고난은 그 영광을 받는 자에게 마땅히 기대되며 그 영광을 받아 누리는 절차로서의 고난입니다.

하나님께서는 자기 자녀를 다 불러 모으십니다. 여기서 잊지 말아야 할 것은 하나님의 자녀는 본래 죄인이었다는 사실입니다. 본래 타락하여 부패한 성품을 갖고 있는 자를 불러 모아 그리스도와 함께 하나님 나라를 상속받는 자로 삼으실 때, 하나님은 하나님 나라를 상속받는 절차로써 피할 수 없는 어떤 과정을 겪게 하십니다. 이는 우리가 죄인 되었기 때문에 피할 수 없는 과정입니다. 이것이 우리 입장에서는 고난이라 불릴 만한 일들입니다. 세상이 그리스도의 복음을 반대하기 때문에 고난은 "복음에 합당하게 생활"한 자가 필연적으로 부딪칠 수밖에 없는 일입니다(빌 1:27).

주님께서는 팔복을 설명하시면서 "의를 위하여 박해를 받은 자는 복이 있다"(마 5:10)고 말씀하셨습니다. 이 "복"은 하나님 나라를 상속받는 복입니다. "심령이 가난한 자는 복이 있나니 천국이 그들의 것임이요"(마 5:3)라고 할 때의 '천국' 즉 하나님 나라는 하나님을 유업으로 받으며 의를 위하여 핍박 받는 자의 것입니다. 세상이 복음을 대적하기 때문에, 복음에 합당하게 살아가는 사람은 핍박을 받고 상처 입는 일들을 당합니다. 그러나 그것도 복이며 우리가 받아야 할 고난에 해당됩니다.

"하나님 나라를 영광으로 상속받는 자가 고난도 받아야 한다"고 말씀하실 때, 주님께서 염두에 두신 것은 "너희가 속한 세상은 어둠이니라. 그러므로 너희가 복음에 합당한 대로 살아갈 때 너희는 고난을 받게 되어 있느니라"입니다. 고난을 피하는 것은 그리스도를 부인하는 것과 같습니다. 그런 사람은 세상의 흐름에 잘 따라갈지는 모르겠지만 하나님 나라를 받지는 못합니다.

마음속에서 일어나는 영적 갈등

두 번째 고난은 우리 마음속에서 일어납니다. 우리가 중생하여 새로워져 있을지라도 부패한 자아이기 때문에 우리 안에는 육신의 소욕인 죄의 잔재가 남아 있습니다. 우리는 끊임없는 내면적인 영적 갈등을 겪게 되며, 그 영적 갈등에 패배할 때 죄를 범하게 됩니다. 이것이 "육신의 소욕은 성령을 거스른다"라는 말의 의미입니다.

> 육체의 소욕은 성령을 거스르고 성령은 육체를 거스르나니 이 둘이 서로 대적함으로 너희가 원하는 것을 하지 못하게 하려 함이니라(갈 5:17).

"성령을 거스른다"는 것은 우리의 육신의 소욕이 우리와 상관없는 성령 하나님에 대적한다는 것이 아니라 우리의 마음속에서 일어나는 지배력의 싸움을 의미합니다. 즉 육신의 잔재나 소욕 등은 어떻게든 우리의 인격적 삶을 지배하려고 하며, 주의 뜻에 거스르는 생각과 바라는 것을 자꾸 욕망 중에 바라게 합니다. 이것이 성령과의 갈등입니다.

이 싸움은 우리의 주인이 누구인가에 관한 문제로서, 이로 인해 우리는 고난과 고통을 겪게 됩니다. 눈에 보이는 육신의 소욕을 따라가면 편한 것 같으나 그것을 거스르려는 싸움에는 긴장감이 있습니다. 주님은 안일과 나태 가운데 있지 못하도록 우리를 이끌어가시고 우리는 고난 혹은 고통을 겪게 하십니다. 성도는 이것 때문에 "주여,

내가 영혼이 곤고합니다"라는 기도를 하게 됩니다. 우리는 의로 인해 핍박 받는 일뿐 아니라 내면의 갈등을 보게 됩니다.

　육체의 소욕뿐만 아니라 우리의 마음속에 영적 갈등을 일으키게 하는 것이 또 하나 있습니다. 그것은 바로 마귀의 간계입니다.

　　마귀의 간계를 능히 대적하기 위하여 하나님의 전신갑주를 입으라(엡 6:11).

　성도가 하나님을 올곧게 섬기고자 성령을 좇아 행하며 세상으로부터 세상이 감당치 못할 사람으로 서 있어도, 마귀는 우는 사자처럼 그를 넘어뜨리고자 달려듭니다. 그로 인해 영적 싸움이 발생합니다. 마귀와의 영적 싸움은 우리보다 능한 자, 강한 자와의 싸움입니다. 마귀는 우리보다 강해서 마귀와 싸울 때 우리는 시험에 들 수밖에 없습니다. 시험에 들 만한 환경과 유혹 아래서 마귀와 싸우면 우리가 이길 수 없고 그런 상황에서는 반드시 넘어지게 되어 있습니다.

　그래서 우리가 마귀와 싸울 때 이기려면 항상 밝은 빛 가운데서 싸워야 합니다. 경건하게 하나님 말씀의 진리 앞에서 사랑하는 성도와 함께 예배 가운데 있으면 우리는 마귀에게 이길 수 있습니다. 교회 또는 예배를 떠나 말씀 읽기와 기도를 등한시하거나 더는 찬송이 나오지 않으면, 우리는 틀림없이 백전백패할 수밖에 없습니다. 이런 행동은 자기를 어둠 속으로 몰아넣은 것과 같습니다. 이 영적 경건을 성경에서 계속 명하시는 까닭은, 그것이 이 싸움에서 승리를 거둘 수 있는 유일한 환경이요, 무기를 제공하는 것이기 때문입니다. 우리의 씨름은 혈과 육에 대한 것이 아니라 정사와 권세와 이 어두움의 세상 주관자들과 하늘에 있는 악의 영들에 대한 것입니다. 이 싸움을 하기 위해 우리는 하나님의 전신갑주를 입고(엡 6:13), 전투태세를 갖추어야 합니다.

군대에는 5분 대기조라는 것이 있습니다. 5분 대기조는 군화를 벗지 않습니다. 일주일 내내 완전 군장을 꾸려놓고 계속 기다립니다. 발령되면 5분 내에 연병장에 집결해서 목표지로 가야 합니다. 신자의 삶에 대해 사도 바울이 "전신 갑주를 입으라"고 말한 것은 항상 이와 같이 전투태세를 갖추라는 것입니다.

싸움의 상대가 마귀이자 그 졸개들인 귀신들이어서 마귀 및 귀신들이 우리에게 언제 어떻게 올지 모릅니다. 마귀는 우리보다 영리하며 기회를 잘 엿보기 때문에 우리가 전투태세를 늘 갖추지 않으면 쉽지 않은 싸움이 됩니다. 전투태세로 인한 긴장과 영적 싸움은 우리에게 고난으로 다가옵니다. 경건생활이 유지되지 못하는 경우에 어려움이 다가올 수 있으므로 경건생활을 유지하는 것 또한 전투태세에 포함됩니다.

우리는 우리 자신을 지키기 위해 진리로 전신 갑주를 입습니다. 즉 진리로 허리띠를 띠라고 합니다. 의의 흉배, 진리의 말씀으로 그리스도의 의를 마음에 붙입니다. 복음이 주는 평안으로 신을 신고 믿음의 방패를 가지고 모든 불화살을 소멸하고 투구를 쓰고 성령의 검, 곧 하나님의 말씀을 가지라 말씀합니다(엡 6:14-17). 이것이 전신 갑주입니다. 마귀와의 싸움, 내적인 갈등, 세상으로부터의 핍박, 이 모든 것들은 고난, 고통, 긴장을 야기하며 성도의 삶을 계속 이끌어갑니다.

현재의 고난, 장래의 영광

"영광을 바라보고 약속받았기 때문에 현재의 고난을 겪지 않겠다. 삶이 너무 무겁다. 나는 그런 삶이 싫다. 좀 편하게 살고 싶다"라고 우리가 생각하면서 하나님을 유업으로 받는 영광의 삶을 차라리 포기할까봐 본문 18절은 다음과 같이 말합니다.

> 생각하건대 현재의 고난은 장차 우리에게 나타날 영광과 비교할 수 없도다(롬 8:18).

하나님을 생각하지 않고 "조금 편하게 살 수 없을까"하면서 고민하다 보면 하루가 금방 지나갑니다. "이렇게 그냥 살고 싶다"라는 마음이 든다면 "제발 그러지 말라"고 말씀드리고 싶습니다. 현재의 고난은 장차 우리가 받을 영광에 비교할 수 없을 만큼 작고, 영광은 매우 큽니다. 즉 현재의 고난은 잠깐이지만 다가올 영광은 영원합니다.

제발 더 이상 세상에 가치를 두지 마십시오. 세상을 떠나라는 말이 아닙니다. 세상에서 성실히 살되 그것이 나를 살고 죽이는 것처럼 울부짖고 살지 마시라는 말입니다. 예를 들면 신자가 대통령 선거에서 당선되었다고 생각해봅시다. 그 사람이 모든 것을 가진 것처럼 만용하거나 그 마음에 자만감이 생기면 그는 세상을 보고 있는 사람입니다. 반대로 신자가 낙선한 경우, 인생이 다 끝난 것처럼 포기해 버리면 그것처럼 미련한 사람이 없습니다.

신자는 바라고 희구했던 일들이 손에 쥐어지든 그렇지 않든 "주 안에서 내가 사는 것이라. 장래 받을 영광에 비하면, 상실이나 가진 것으로 인한 영향이 내게 무엇을 주겠는가"라는 생각으로 넉넉히 견디며 살아가야 합니다. 오히려 장래의 영광을 바라보는 사람은 자신이 맞닥뜨리는 모든 사건을 통해서 자신을 돌아봅니다. 그는 하나님 앞에서 자신을 돌아보고 생각을 수정해 나갑니다.

하나님은 사도 바울을 통해 이 부분을 굉장히 주의 깊게 말씀하십니다. 주님은 우리를 너무 잘 아시기 때문입니다. 우리가 너무 연약해서 현재의 고난은 크게 보이고 장래의 영광은 희미해 보입니다. 현재의 고난은 사실이며 실재처럼 보입니다. 그래서 현재 보이는 영광이 잠깐임에도 불구하고 영원한 것처럼 느껴지고, 장래에 올 영광은 영원하지만 오지 않을 것만 같습니다. 현재의 고난은 견딜 수 없이 괴롭고, 장래의 영광은 한 순간에 잠깐 있다가 사라지는 것처럼 여겨집니다.

그래서 하나님께서는 18절 이하에서 세 번에 걸쳐 왜 우리가 현재의 고난을 감내하며 장래의 영광을 소망 중에 바라며 붙들고 살아야 하는지를 말씀하십니다. 첫 번째는 "피조 세계를 보라", 두 번째는 "하나님의 자녀 된 자들이 어떤가 보라", 세 번째는 "우리 안에 계시는 성령 하나님을 생각하라"입니다.

    이것의 초점은 밖에서부터 안으로 들어옵니다. 18절 이하의 말씀을 다시 풀어보면, 첫째는 "바깥세상을 보라, 하나님이 만드신 자연계를 보라"입니다. 두 번째는 "하나님의 자녀인 우리 자신이 어떤 존재인가를 보라"이고, 세 번째는 "우리 안에 계시는 성령님을 보라"입니다. 이렇게 우리의 안과 밖을 돌아보면서 "이래도 현재의 고난을 두려워하여 장래의 영광을 가벼이 여기겠는가, 너희의 마음과 생각을 어디에 두어야 하겠는가"라고 권면합니다.

피조물이 고대하는 바

    피조물이 고대하는 바는 하나님의 아들들이 나타나는 것이니(롬 8:19).

19절은 피조물도 하나님의 아들들이 나타나는 장래를 간절히 바라고 있다는 것을 말씀합니다. "하나님의 아들들이 나타나는 것"은 지금은 하나님의 아들들이 없는데 장래에 그때가 되면 하나님의 아들들이 나타난다는 뜻이 아닙니다. 지금도 하나님의 아들들이 있습니다. 아담 이후로 계속 있지 않습니까? 우리가 하나님의 아들들입니다. 주님이 재림하시는 그 날이 되면 하나님의 자녀들이 하나님의 약속대로 영광스럽게 변화될 것입니다.

    지금은 없는 듯 있는 하나님의 아들들이 그때에 나타난다는 의미는 지금은 하나님의 아들들이 초라하다는 뜻입니다. 여러분 지금 옆에 있는 분을 보십시오. 옆에 있는 분들이 얼마나 영광스럽게 빛납니까? 옆에 있는 지체 속에 있는 예수 그리스도의 형상, 그 영광스러운 거룩함과 아름다운 성품이 잘 보이십니까? 여러분, 저에게서 그게 보입니까? 이 조명을 받고 있어서 조금 다르기는 한데 안 보이지 않습니까?

이것은 하나님의 자녀가 더는 세상에 없는 것같이 느껴지는 것과 같은 이치입니다. 교회가 있어도 세상이 달라지는 게 없는 것 같습니다. 예를 들면, "십자군 전쟁 때문에 살육이 있었고, 탐욕으로 일그러진 교회의 부패성이 무슨 의미를 주는가"는 식의 비판을 듣는 것 외에 교회가 할 수 있는 일이 더 있느냐는 의문이 생깁니다.

하나님 나라가 교회로 인해 드러납니까? 우리가 이것을 위해 얼마나 기도하는지 모릅니다. 내 직장에서 나로 인해 하나님 나라가 임했으면 좋겠지만 그건 참 어려운 일입니다. 하나님의 자녀라 일컫는 자가 분명히 있지만 그것은 마치 추운 겨울에 손난로 하나 있는 것 같습니다. 이 손난로 하나가 어떻게 이 방을 따뜻하게 하겠습니까? 이거 하나 들고, 나 하나 겨우, 내 신앙 하나 지키는 것도 어렵습니다.

우리의 경건과 하나님의 자녀다움이라는 것은 겨우 나 하나 버티고 있을 만한 이 손난로 하나 같은 것입니다. 그것 하나로 열기가 느껴지겠습니까? 하지만 너무 실망할 것도 없습니다. "세상의 소금이자 빛인 우리가 겨우 이 정도인가"라고 하면서 너무 낙심할 것도 없습니다. 우리는 이 세상에서 지금 잘 안 보이는 존재입니다. 그렇다고 해서 우리가 신자가 아닌 것도 아니요, 하나님의 자녀가 아닌 것도 아닙니다. 우리는 하나님의 자녀이고 신자입니다. 우리에게 분명 열기가 있음을 압니다. 성령의 역사를 알고 돌이켜서 주님을 사랑하며 세상과 다른 삶을 삽니다. 우리는 세상과 분명히 다른 사람들입니다.

시간과 돈을 쓰는 것, 마음의 소망하고 추구하는 가치들, 모든 것이 우리는 세상과 다릅니다. 하지만 세상이 너무 어두워서 우리의 이 다름이 잘 보이지 않고 우리의 힘이 약해서 잘 드러나지 않습니다. 또한 우리는 그냥 일반 시민이기 때문에 우리의 삶이 미치는 영향력의 범위가 작을 뿐입니다. 내 자리에 내가 아닌 다른 악한 사람이 들어왔다면 훨씬 더 세상은 나빠졌을 것입니다.

피조물은 하나님의 자녀들로 인해 세상이 확 바뀔 듯한 그런 영광된 모습을 보기를 고대합니다. 현재 이 피조물이 어떤 상태에 있기에 그것을 원할까요?

> 피조물이 허무한 데 굴복하는 것은 자기 뜻이 아니요 오직 굴복하게 하시는 이로 말미암음이라. 그 바라는 것은 피조물도 썩어짐의 종 노릇 한 데서 해방되어 하나님의 자녀들의 영광의 자유에 이르는 것이니라. 피조물이 다 이제까지 함께 탄식하며 함께 고통을 겪고 있는 것을 우리가 아느니라(롬 8:20-22).

20절에는 피조물이 현재 허무한 데 굴복하고 있다고 쓰여 있습니다. 21절에는 피조물도 썩어짐의 종 노릇 한데서 해방되기 원한다고 말씀합니다. 이 피조물은 무엇일까요?

하나님께서 만드신 것 가운데 우선 일단 마귀와 귀신들, 악한 영들은 해당되지 않습니다. 왜냐하면 이 마귀와 악한 영들은 썩어짐의 종 노릇 하는 원수이기는 하지만 해방될 일이 없기 때문입니다. 그들은 해방되는 것을 원하지도 않습니다. 둘째, 하나님의 선택을 받지 못한 자들, 영원한 멸망에 들어갈 자들도 아닙니다. 그들도 썩어짐의 종 노릇 하고 있지만 역시 해방될 자들이 아니고 해방됨을 바라고 있지도 않습니다.

그렇다면 정답은 우리, 즉 하나님의 선택 받은 하나님의 자녀일까요? 하나님의 자녀들도 답이 아닌 것 같습니다. 왜냐하면 21절 하반절에 보면 피조물도 해방되어 "하나님의 자녀들의 영광의 자유에 이르기를 원한다"고 서술된 것으로 보아 하나님의 자녀들과 피조물을 구분하고 있기 때문입니다. 그렇다면 이제 남은 것이 뭘까요? 착한 천사? 착한 천사도 아닙니다. 그들은 썩어짐의 굴복된 일이 없기 때문입니다. 영들의 세계도 아니고 사람들도 아니므로, 결국 여기서의 피조물은 나머지 전체, 즉 비생명체이거나 이성 없는 이 세상의 자연계 전체를 가리킨다고 볼 수 있습니다.

즉 이성이 없는 피조계 전체가 썩어지고 허무한 데 굴복하며 종 노릇 하고 있다는 말인데, 그렇다면 이성이 없음에도 해방과 자유를 어떻게 고대하고 열렬히 바랄 수 있을까요? 그리고 22절의 표현처럼 피조물이 탄식하고 고통을 겪고 있다는 것은 어떤 의미일까요? 이성이 있는 자라야 탄식하고 바라는 일을 가질 것 아니겠습니까?

말씀을 살펴보면 20절 이하는 의인법으로 쓰인 것임을 알 수 있습니다. 성경은 이 피조계가 하나님을 찬양하는 영광스러움을 설명할 때 의인법을 많이 동원합니다. 시편 96편을 살펴보겠습니다.

> 모든 나라 가운데서 이르기를 여호와께서 다스리시니 세계가 굳게 서고 흔들리지 않으리라. 그가 만민을 공평하게 심판하시리라 할지로다. 하늘은 기뻐하고 땅은 즐거워하며 바다와 거기에 충만한 것이 외치고 밭과 그 가운데에 있는 모든 것은 즐거워할지로다. 그 때 숲의 모든 나무들이 여호와 앞에서 즐거이 노래하리니 그가 임하시되 땅을 심판하러 임하실 것임이라. 그가 의로 세계를 심판하시며 그의 진실하심으로 백성을 심판하시리로다(시 96:10-13).

이 말씀은 로마서 8장 18-20절, 22절까지의 내용과 똑같습니다. 하나님께서 다스리시고 그 나라가 임할 때 세계는 다시 요동치 않습니다. 하나님께서는 악한 영을 다 쫓아내고 만민을 공평하게 심판하십니다. 그리고 의의 나라가 임합니다. 의와 진실, 이것이 하나님 나라의 특징입니다. 즉 죄를 다 없게 하셨습니다. 이 놀라운 하나님 나라의 임재 때의 영광을 시편은 비유적으로 노래합니다. 즉 하늘은 기뻐하고 땅은 즐거워한다고 합니다(96:11). 그런데 하늘과 땅 속에서 누가 즐거워할까요? "바다와 거기에 충만한 것이 모두 외친다"에서 바다와 거기에 충만한 것 모두는 이성체가 아닌 것들입니다. 심지어 "밭과 그 가운데 모든 것은 즐거워할지니 숲의 모든 나무들이 여호와 앞에 즐거워 노래한다"고 되어 있으니, 이것은 로마서 8장에 "그 바라는 것은 피조물도 썩어짐의 종 노릇 한 데서 해방되어 하나님의 자녀들의 영광의 자유에 이르는 것이니라"(8:21)는 말씀의 뜻을 그대로 담고 있는 표현입니다. 그리고 "자기 뜻이 아니요, 굴복하게 하시는 이로 말미암은 것이라"(8:20)에서 말하는 피조물은 이성이 없으니까 뜻을 세울 것이 없는데, 자기 뜻이 아니라는 말은 "피조계가 본래는 이렇지 않은데 인간의 죄 때문에 저주가 임하여 이렇게 된 것이다"라는 피동성을 말합니다.

타락 이후, 재창조

자연 세계가 창조되었을 때에는 그렇지 않았는데, 아담의 타락 이후에 저주가 임했습니다.

> 아담에게 이르시되, 네가 네 아내의 말을 듣고 내가 네게 먹지 말라 한 나무의 열매를 먹었은즉 땅은 너로 말미암아 저주를 받고 너는 네 평생에 수고하여야 그 소산을 먹으리라. 땅이 네게 가시덤불과 엉겅퀴를 낼 것이라. 네가 먹을 것은 밭의 채소인즉 네가 흙으로 돌아갈 때까지 얼굴에 땀을 흘려야 먹을 것을 먹으리니 네가 그것에서 취함을 입었음이라. 너는 흙이니 흙으로 돌아갈 것이니라 하시니라(창 3:17-19).

땅이 저주를 받았습니다. 땅은 본래 풍성한 열매를 맺게 되어 있었는데 열심히 경작해야 열매를 내게 되는 형태가 된 것입니다. "네가 먹을 것은 밭의 채소인데 땀을 흘려야 먹을 것을 먹는다"는 것은 저주의 한 단면입니다. 그리고 "너는 흙으로 돌아간다"는 말씀은 "저주를 받게끔 네가 행했으니 너는 그곳으로 간다"는 뜻입니다.

그러므로 이 말씀은 최초의 하나님이 만드신 세상은 지금과 같지 않았다는 것을 의미합니다. 한번 생각해 보십시오. 처음에 만드신 이 자연 세계는 어땠을까요? 아무리 생각해도 잘 모르겠습니다. 그런데 우리가 한 가지는 압니다. 주님이 오시는 그 날이 되면, 주님은 이 저주 받은 이 자연계를 바꾸실 것입니다. 영원한 저주인 악한 영들을 다 불못에 던져 버리시고, 택함 받지 못한 악인들도 집어던져 버리시고, 선택받은 하나님의 자녀를 새로운 영광의 모습으로 바꾸시며, 삶의 터전도 바꾸실 것입니다.

베드로후서 3장 12절에서는 이것을 "하나님의 날이 임하는 날에 하늘이 불에 타서 풀어지고 물질이 뜨거운 불에 녹아진다"라고 설명합니다. 그 결과 13절에 새 하늘과 새 땅이 등장하는데, 새 하늘과 새 땅은 의가 거하는 곳입니다. 조금 전에 시편 96편에서 본 것처럼 의와 진실함이 하나님 나라의 특징이기 때문입니다. 하나님께서는 완전한 창조가 아니라 지금 있는 저주 받은 세상을 불로 정화시켜 거룩하게 하여 이전에 없었던 세상과는 다른 세상으로 완전히 바꾸십니다.

이전의 내가 새로운 나로 바뀌어도 "나"라는 연속성이 유지되는 것처럼, 우리의 죄로 인해서 하나님이 저주하신 이 세상은 여전히 저주 아래 있는 세상임에도 불구하고 새로운 세상으로 바뀝니다. 새로운 인류, 새로운 세상을 만드시는 것이 아닙니다. 지금의 나를 들어 나로 하여금 살게 하시고, 지금의 세상을 바꾸어 이 세상에 살게 하시는 것입니다. 그것이 재창조, Recreation, 새롭게 바꾸어가시는 창조입니다.

이것은 너무나 새로운 질적인 변화여서, 새로운 하늘이요 새로운 땅이라 일컬어집니다. 그렇다면 이 나라는 도대체 무엇이며 어떤 성질의 것일까요? 이에 대한 한 가지 단서가 이사야서 65장에 나옵니다. 새 하늘과 새 땅에 대한 창조가 어떤 것인지 이사야서의 말씀을 살펴봅시다.

보라 내가 새 하늘과 새 땅을 창조하나니 이전 것은 기억되거나 마음에 생각나지 아니할 것이라. 너희는 내가 창조하는 것으로 말미암아 영원히 기뻐하며 즐거워할지니라. 보라, 내가 예루살렘을 즐거운 성으로 창조하며 그 백성을 기쁨으로 삼고 내가 예루살렘을 즐거워하며 나의 백성을 기뻐하리니 우는 소리와 부르짖는 소리가 그 가운데에서 다시는 들리지 아니할 것이며 거기는 날 수가 많지 못하여 죽는 어린이와 수한이 차지 못한 노인이 다시는 없을 것이라. 곧 백세에 죽는 자를 젊은이라 하겠고 백세가 못되어 죽는 자는 저주 받은 자이리라. 그들이 가옥을 건축하고 그 안에 살겠고 포도나무를 심고 열매를 먹을 것이며 그들이 건축한 데에 타인이 살지 아니할 것이며 그들이 심은 것을 타인이 먹지 아니하리니 이는 내 백성의 수한이 나무의 수한과 같겠고 내가 택한 자가 그 손으로 일한 것을 길이 누릴 것이며 그들의 수고가 헛되지 않겠고 그들이 생산한 것이 재난을 당하지 아니하리니 그들은 여호와의 복된 자의 자손이요 그들의 후손도 그들과 같을 것임이라. 그들이 부르기 전에 내가 응답하겠고 그들이 말을 마치기 전에 내가 들을 것이며 이리와 어린 양이 함께 먹을 것이며 사자가 소처럼 짚을 먹을 것이며 뱀은 흙을 양식으로 삼을 것이니 나의 성산에서는 해함도 없겠고 상함도 없으리라. 여호와께서 말씀하시니라(사 65:17-25).

주님께서는 구약에서 새 하늘과 새 땅이 어떤 것인지 조금이나마 보이셨습니다. 이 말씀은 자연계의 특성이 평화임을 알려줍니다. 다른 존재의 부정과 죽음 및 해악을 통해 내가 이익을 얻고 생명을 유지하는 일이 없는 곳입니다. "내가 너를 잡아먹어 산다"라는 것도 없고, 약육강식의 논리도 적용되지 않습니다. 여기에는 모든 것이 상생과 조화를 이루어, 더불어 살아가는 지극한 아름다움이 있습니다. 본문의 말씀이 이를 가리킵니다. "이리와 어린 양이 함께 먹을 것이라." 이는 죽음으로 사는 자가 없는 것입니다.

그리고 "하나님께서 그들이 부르기 전에 응답하겠고 그들이 말을 마치기 전에 들을 것"(65:24)이라는 말씀은 하나님과 우리 사이에 소외가 없다는 뜻입니다. 친밀한 교통이 계속 이루어지는 것을 의미합니다. "그들의 수고가 헛되지 않겠다"(65:23)는 우리의 노력의 대가 그대로 자연 안에서 얻는 것을 말합니다. 빼앗기는 일이 없고 약탈도 없습니다. 죽음이 지배하지 못합니다. "날 수가 많지 못하여 죽는 어린이와 수한이 차지 못한 노인이 다시는 없을 것임이라"(65:20)는 본디 질병과 죽음이 없었다는 것을 우리에게 말씀해줍니다. 이것이 본래 하나님께서 창조하신 세계의 아름다움입니다.

하나님은 우리에게 이런 회복을 약속하셨습니다. 우리는 계절이 바뀌면 "하나님의 솜씨가 참 특별하시다", "하나님께서 계절의 순환을 통해 생명을 이끌어가시는구나"라고 생각하게 됩니다. 또 가을은 얼마나 아름답습니까? 저는 추수 때 열매가 익고 황금물결이 일렁이는 농토의 아름다움을 군대에 가서 처음 보았습니다. 군 기지 산에 올라가 근무하는 데 전면에 펼쳐진 넓은 평야의 밭이 완전히 노란색이었습니다. 제가 그 장면을 보고 얼마나 충격을 받았는지 모릅니다. 지나가면서 "이렇게 익었네"하고 보았을 뿐인데, 조금 떨어진 곳에서 내려다보니 눈에 보이는 시야에 전부 노란 익은 곡식이 꽉 차서 "이야, 이게 황금물결이구나"라고 놀라며 하나님을 절로 찬양하게 되었습니다. 타락하고 저주받은 이 자연을 보면서도 우리는 하나님의 영광의 신비를 느낍니다. 자연계는 참으로 신비롭습니다.

우리가 그렇게 느낀다고 해서 만일 믿지 않는 자들에게 "계절의 순환과 자연계의 질서를 생각해보라. 너는 하나님이 안 계시다고 생각하느냐? 우주의 질서를 보라. 창조의 신비 안에 하나님의 능력이 있지 않느냐? 하나님의 존재를 이 자연계가 말해준다"라고 이야기하면 그들이 이 증거를 보고 압도되어서 "나 예수님 믿을게"라고 나올까요? 그렇지 않습니다. 아마도 다른 이야기를 할 겁니다. "왜 태풍이 있느냐? 지진은 왜생기냐? 그리고 왜 사자가 토끼나 다른 것을 잡아먹느냐? 약육강식과 살육으로 일그러진 이 자연계 어디에 도대체 하나님의 선함이 어디 있는가?"

자연계 안에 있는 대혼돈과 약육강식의 비참함은 저주의 흔적들입니다. 그것을 보며 그들은 하나님이 어디 있느냐고 묻습니다. 그들이 찾는 이 증거는 마귀적인 지혜로 찾아낸 것입니다. 이것에 대한 우리의 답은 무엇입니까? "죄로 인한 것이다. 그게 바로 자연계 속의 신음이다." 다른 생명을 잡아먹지만 또 한편 자기도 잡아먹혀야 하는 동물 중에 죽음을 기쁨으로 받는 동물은 없습니다. 모두 울부짖음으로 죽어갑니다. 먹이 사슬이 자연스러운 것 같지만 이 구조 자체는 울부짖음이며, 슬픔입니다.

먹이 사슬의 최상위 단계에 있는 인간은 어떻습니까? 죽으면 우리의 육신은 썩어서 다 내줘야 합니다. 이 자연계 전체는 죽음이 지배하고 있습니다. 자연계는 저주 받았습니다. 그러나 하나님께서는 이 혼돈을 그냥 두지 않으시고, 우리의 생존을 위하여 일정한 질서대로 움직이게 하십니다. 그것이 우리가 바라보고 있는 하나님 존재의 증거들입니다.

그러나 저주의 증거들을 보면 하나님이 마치 계시지 않은 것 같습니다. 그것이 바로 자연계의 탄식입니다. 피조물들은 썩어짐에 종노릇 하며, 그러나 그들도 성도들이 그리스도의 형상으로 바뀌는 날을 기다립니다. 우리가 고통을 겪고 있는 것처럼 피조물도 고통을 겪고 있습니다.

피조물이 다 이제까지 함께 탄식하며 함께 고통을 겪고 있는 것을 우리가 아느니라(롬 8:22).

결론입니다. 제발 흔들리지 마십시오. 피조물들은 지금도 탄식하지만 장래 있을 소망의 때를 확신하면서 그때를 바라보고 있습니다. 하나님이 남겨둔 질서에 따라 순종하고, 계절의 순환을 이루며 또 꽃도 피우고 열매 맺으며 지금도 견디고 있습니다. 동물들도 그렇게 살아갑니다. 잡아먹히는 삶이지만, 다들 그렇게 살아가고 있습니다. 하나님께서 자연계에 드러내신 일반은총의 원리에 따라 이 피조계도 탄식하며 기다리고 있습니다.

주님은 하나님의 자녀인 우리들에게 육신의 소욕과 성령의 싸움 속에서, 또 마귀의 시험과 또 위협 속에서, 세상의 핍박과 어떤 고난이 있다 할지라도 "흔들리지 마라. 장래의 받을 영광이 크니라. 그것은 영원하니라"라고 말씀하십니다. 주님은 우리의 영적 싸움에 대한 초점과 의지를 북돋아 주십니다.

그것이 오늘 주신 말씀입니다. 견디십시오. 아직까지 하나님께서 은총을 거두지 아니하셨으니 우리에게도 반드시 그러실 것입니다. 잠언에 보면 우리로 하여금 동물들을 보고 배우라고 하셨잖습니까. 이 세계 안에 하나님의 손길을 보고 위로를 받을 수 있는 근거들이 많습니다. 그러므로 우리는 낙심치 말고 끝까지 신앙의 길, 믿음의 길을 잘 달려가야 하겠습니다.

44. 우리의 탄식 : 참음으로 기다릴지니라

Romans Sermon Series

그뿐 아니라 또한 우리 곧 성령의 처음 익은 열매를 받은 우리까지도 속으로 탄식하여 양자 될 것 곧 우리 몸의 속량을 기다리느니라. 우리가 소망으로 구원을 얻었으매 보이는 소망이, 소망이 아니니 보는 것을 누가 바라리요, 만일 우리가 보지 못하는 것을 바라면 참음으로 기다릴지니라. 로마서 8:23-25

구원의 첫 열매로 우리에게 성령을 주심

타락한 이후 이 세상에서 이성 있는 존재는 말할 것도 없고, 하나님께서 이 세상을 새롭게 하시기 전까지 이성 없는 피조물들도 탄식합니다. 성경은 이러한 탄식이 세 부류에서 각각 나타나는 것으로 기록합니다. 그 중 하나가 우리가 지난 예배 때 살폈던 피조물들입니다.

이 피조물들은 영적으로 이성 있는 존재인 천사도 아니고 마귀나 귀신들도 아닙니다. 우선 천사는 본래 썩어짐에 굴복하는 일이 없고, 마귀와 악한 영들은 해방을 기다릴 수 없는 존재들입니다. 이성적 피조물 가운데 택함을 받지 못한 자들은 썩어짐에 굴복하지만, 그러나 그들은 해방을 바라지도 않고 그것을 기다릴 수도 없기 때문에 여기서 말하는 피조물에 해당되지 않습니다. "피조물들이 하나님의 아들이 나타나는 것을 고대한다"라고 할 때 피조물들과 하나님의 아들을 구분하고 있으므로 하나님의 선택받은 자들도 또한 마찬가지입니다.

여기서의 "피조물"이 이성적인 영적 존재도 아니고 사람도 아니라면, 남은 것은 오직 이성이 없는 온갖 동물과 식물과 자연뿐입니다. 새들도 하나님의 자녀가 나타나기를 영광 중에 바라고, 짐승도, 나무나 온 산천도 다 그러합니다. 여기서 "바란다"는 표현은 이성적인 활동을 의미하며 의인화 된 비유법이라 볼 수 있습니다.

이 말씀에서 하나님께서는 우리에게 피조물의 탄식을 보라고 말씀하십니다. 자연 가운데 나타나는 파괴적인 질서, 죽음이 삼켜버린 생물계의 울음과 고통, 이 모든 것은 피조물의 슬픔과 아픔을 보여줍니다. 자연재해 때문에 어떤 생물체가 생존의 위협을 받을 때, 때로는 자연계의 순환에 긍정적인 측면이 있을 수도 있다고 말하는 경우도 있습니다. 그러나 근본적으로 무질서의 형태는 인간과 모든 생물체에게 위협적입니다. 예를 들면, 태풍 부는 것을 즐거워하며 태풍에 묻혀 사는 어떤 생물체가 존재하기란 어렵습니다. 지진이 났을 때 지진이 생명의 근원이 되고 터가 되는 그런 생명체는 없습니다. 결국 자연계든 이성 없는 모든 생물계든 이 피조계는 다 고통과 슬픔과 저주 아래에 있다고 하나님께서 말씀하셨고 그것을 "허무한 데 굴복하는 것이라"고 말씀은 표현합니다.

그럼에도 피조물이 미래의 영광을 바라보며 탄식하는 모습 속에서 우리는 일정한 하나님의 질서를 보게 됩니다. 하나님께서 질서에 따라 자연계를 변화시키고 유지하셔서 모든 생명체가 그나마 존재하게 되었습니다. 이런 질서의 유지를 의인화해서 살펴보면, 피조물은 고통 속에 신음하지만 하나님께서 굴복시킨 것에 대해 순종해가는 모습으로 그려집니다. 이런 모습은 살아 있는 우리들에게 하나님 나라가 이 땅에 임하고 주의 나라에 이를 때까지 어떻게 구원의 은혜를 붙들고 살 것인지 도전하게 합니다. 현재의 고난은 짧고 장래의 영광은 영원할 것입니다. 이러한 기대를 갖고 피조 세계를 보면서 견디어 살 수 있는 자들은 누구입니까?

> 그뿐 아니라 또한 우리 곧 성령의 처음 익은 열매를 받은 우리까지도 속으로 탄식하여 양자 될 것 곧 우리 몸의 속량을 기다리느니라(롬 8:23).

오늘 본문 23절에서는 그러한 사람들을 "우리"라고 정의를 내려 줍니다. 그 우리는 바로 "성령의 처음 익은 열매를 받은 자들"입니다. 우리는 "성령께서 주시는 처음 익은 열매"라는 뜻이 아니라 "첫 열매인 바로 그 성령"이라는 뜻입니다.

하나님께서 우리에게 구원의 첫 열매로 성령을 주셨습니다. 첫 열매는 수확이 완전히 이루어질 때의 풍요를 미리 맛보아 알 수 있게 해줍니다. 우리는 첫 열매의 달콤함 때문에 열매들이 풍성히 맺어질 때의 행복과 기쁨을 미리 알게 됩니다. 우리 하나님께서는 우리에게 훗날 구원을 완성하실 때의 행복과 즐거움을 알게 하시려고 지금 첫 열매를 맛보게 하셨습니다. 그것이 바로 우리 안에 주신 바 된 성령입니다.

그리고 첫 열매를 손에 쥔다는 것은, 수확의 때가 가까워오고 있으며 앞으로 더 많은 수확이 있을 것이라는 사실을 보증합니다. 이처럼 성령께서는 우리가 하나님의 영광 가운데 거하게 될 것을 보증하십니다. 성령이 우리 안에 거하므로 우리가 이 땅에 사는 동안 성령으로 인한 기쁨을 얻습니다. 그때마다 우리가 장래에 누릴 영광의 부요함을 가늠할 수 있습니다. 우리는 이것을 기대보면서 그 성령의 첫 열매의 맛을 누리며 살아갑니다. 또한 그 날이 과연 올 것인가 의심하는 미련한 우리들에게 성령으로 맛보아 알게 되는 오늘의 기쁨을 통해 모든 것이 보증되었음을 다시 한번 확인시키십니다. 하나님은 자신이 택한 백성들인 우리에게 그 기쁨을 주셨습니다. 그래서 우리는 우리가 성령의 첫 열매를 받은 자들이라고 말할 수 있습니다.

> 그 안에서 너희도 진리의 말씀 곧 너희 구원의 복음을 듣고 그 안에서 믿어 약속의 성령으로 인치심을 받았으니 이는 우리 기업의 보증이 되사 그 얻으신 것을 속량하시고 그의 영광을 찬송하게 하려 하심이라(엡 1:13-14).

우리가 성령의 첫 열매를 받았다는 것을 어떻게 알 수 있을까요? 느낌으로 아는 것일까요? 오감을 동원하면 알 수 있을까요? 성령의 즐거움과 행복을 오감으로 느끼려고 한다면 매번 실패할 수밖에 없습니다. 성령은 눈에 보이는 것이 아니며 맛 또는 열기로 느껴지는 것도 아닙니다. 성령 하나님의 이 영적인 감각, 이 즐거운 첫 열매는 방금 읽은 에베소서 말씀을 통해 알 수 있습니다.

성령의 인침을 받기까지의 과정은 인과 관계로 이루어져 있습니다. 성령의 첫 열매를 받았다는 기쁨은 구원과 진리의 말씀을 듣고 깨달으며 믿는, 영적인 과정을 통해서 누려지게 됩니다. 다시 말하면 말씀을 듣고 깨닫고 "아, 이렇구나"하며 동의하고 나서 기쁨, 감사, 고백, 죄에 대한 회개, 아픔, 자기를 들여다 봄과 같은 일들이 이루어질 때 비로소 성령의 첫 열매를 맛보게 됩니다. 성령의 첫 열매의 형태는 죄로 인해 흘리는 눈물입니다. 탄식하며 괴로워할 때 말씀으로 용서의 은혜를 확인하게 되는 것이 첫 열매입니다. 그래서 어제 산 세상과 오늘 사는 세상이 환경은 같은데, 살아가는 내가 달라지고 살아갈 힘을 얻는 것, 그것이 바로 성령의 첫 열매의 맛을 아는 것입니다. 이것은 전부 영적인 일입니다. 눈에 보이는 것에 만족을 느끼는 것이 아니라 오직 말씀으로 역사하시는 성령의 은혜로 이 일이 일어났음을 알게 됩니다.

성도의 탄식

23절에 따르면, 성령의 처음 익은 열매를 받은 우리도 "속으로 탄식"합니다. 그리고 "양자 될 우리 몸의 속량을 기다린다"고 합니다. 성령의 첫 열매를 받아서 이렇게 즐거움을 알면 행복해야지 왜 탄식하게 되는 걸까요? 예수 믿는 사람은 항상 기뻐해야 할 것 같은데 왜 이렇게 가라앉고 힘든 것일까요?

성도의 탄식은 우선 크게 두 가지로 나누어 볼 수 있습니다. 첫 번째 탄식은 로마서 7장 24절에 나오는 탄식입니다.

> 오호라, 나는 곤고한 사람이로다. 이 사망의 몸에서 누가 나를 건져내랴 (롬 7:24).

이 탄식은 "성령의 처음 익은 열매를 받은 우리까지도 속으로 탄식하는 것"(8:23)과 방향이 약간 다릅니다. 그러니까 로마서 8장의 탄식은 성도의 두 번째 탄식이고, 7장 24절은 성도의 첫 번째 탄식입니다. 두 탄식은 완전히 별개는 아니지만 동전의 양면과 같아서 모양이 조금 다릅니다. 첫 번째 탄식의 이유는 7장 21-23절에 있습니다.

> 그러므로 내가 한 법을 깨달았노니 곧 선을 행하기 원하는 나에게 악이 함께 있는 것이로다. 내 속사람으로는 하나님의 법을 즐거워하되 내 지체 속에서 한 다른 법이 내 마음의 법과 싸워 내 지체 속에 있는 죄의 법으로 나를 사로잡는 것을 보는도다(롬 7:21-23).

곤고한 사람이 탄식하는 이유는 이 말씀에서 잘 드러납니다. 자신이 중생자인 것은 하나님이 보시기에 틀림이 없는데, 내 안에 남아 있는 육신의 잔재와 옛사람의 흔적 때문에 죄의 법 아래로 나를 사로잡아오는 것 같은 그런 무력한 패배를 경험하게 됩니다. 성도이지만 이런 현상을 겪게 되면 가슴을 치고 탄식하게 됩니다. 이 탄식은 율법의 정죄 앞에 선 자신의 모습을 들여다보게 합니다. 물론 성도는 그리스도 예수 안에 있는 자는 결코 정죄함이 없기 때문에 자신이 율법의 정죄 아래 있지 않다는 8장 1절의 말씀을 너무나 잘 압니다. 하지만 성도는 자신이 더 이상 율법의 정죄 아래 있지 않다는 사실을 앎에도 불구하고 정죄감을 느낄 만한 육신의 잔재, 옛사람의 모습을 뚜렷하게 보고 있습니다. 이 때문에 "나는 곤고한 사람이다"라는 탄식이 나옵니다.

그렇다면 성도는 영적으로 패배하며 항상 사망의 지배적인 힘에 항상 당하게 되는 것일까요? 그렇지 않습니다. 옛사람의 흔적이 지워지지 않아 이런 현상을 겪게 됩니다. 그래서 성도에게 곤고한 사람이라는 탄식이 나타납니다. 이 탄식은 동전의 양면 가운데 한 면입니다. 같은 성령의 첫 열매를 받았기 때문에 또 다른 면으로서의 탄식이 바로 이어져 나옵니다. 은혜를 받은 한 사람에게서 두 탄식이 나타납니다. 성도는 육신의 잔재 때문에 "곤고한 사람이라" 탄식하되, 다시 "예수 그리스도께 감사하노라"라고 고백합니다. 나를 모든 율법의 정죄로부터 구원하신 그리스도의 의 때문에 내가 행복해하고 감사하기 때문입니다. 그러면서 죄 자체로부터 자유로워지고, 순결하게 되는, 흰 옷을 입은 천사와 같은, 그리스도의 형상을 온전히 이루고 싶은, 예수님 같이 되고 싶은, 그런 소망이 신자의 마음속에 가득 차게 됩니다.

성화의 삶을 살아가는 진짜 성도

진짜 성도는 죄의 연약함에 대한 탄식만 하는 게 아닙니다. 성화의 삶을 살아가는 것, 즉 회개와 순종의 삶에 대한 경험과 또 말씀의 권면 앞에서 항상 승리하려 합니다. 패배에 대한 고통의 탄식이 아니라, 항상 승리하고 싶고 순결하고 싶고 완전하고 싶고 빛 가운데 온전히 거하고 싶은 깊은 간구가 마음속에 있습니다. 죄와 싸워 이겨본 기쁨을 알기 때문에 이걸 놓치고 싶지 않아 합니다.

성도는 또 한편으로 죄와 싸워 이겨내는 성령의 삶을 살지만, 또 언제든 흔들릴 수 있고 약해질 수 있다는 사실을 자기 자신이 잘 압니다. 그래서 "내게 이 기쁨을 덧입혀 주옵소서. 내가 연약하나이다. 이 연약한 모습을 더 이상 두지 마시고 저를 더욱더 정결하게, 온전하게 하여 주옵소서. 주님께서 저를 하나님의 자녀라 하셨사오니 하나님의 자녀답게 충만함과 완전함이 내게 있기를 원하나이다"라고 마음에 사무치게 기도합니다. 이것은 사랑하는 대상을 가까이 하고 싶고, 손에 쥐고 싶고, 안고 싶은 것과 같은 이치입니다.

성도에게는 죄를 미워하는 마음과 동시에 의를 사랑하는 마음이 있습니다. 그 의를 사랑하는 마음으로 벅차올라서 하나님께 탄식하는 것이 로마서 8장 23절의 탄식입니다. 죄로 인해서 탄식하면 로마서 7장 24절의 탄식입니다. 이 두 탄식이 성도의 영적 실상 안에서 같이 나타납니다.

여러분은 지금 행복하고 너무 만족스러워서 "이대로 멈춰라, 내 인생아"라고 바라는 삶을 살고 계십니까? 우리는 시간을 멈출 수 없습니다. 참으로 슬프지만 성도임에도 우리는 육신의 죽음을 반드시 겪을 수밖에 없습니다. 예수 믿는 사람이 안 죽으면 얼마나 좋겠습니까. 이 땅에서 예수 믿는 사람은 만 년 사는데 안 믿는 사람은 팔십 년 살아서, "아이고 벌써 가나? 예수님 믿고 오래 살지 나처럼"이라고 말할 수는 없습니다.

우리는 육신의 죽음을 피하지 못할 뿐더러 죄 아래 사는 동안에 고난과 슬픔을 겪습니다. 하지만 우리는 그것이 인생의 전부가 아니라 어떤 약속이 있다는 것을 압니다. 주님께서는 우리가 하나님의 자녀라고 말씀하셨습니다. 그리고 우리가 영광스러운 부활의 몸을 입을 것이라고 하시면서 우리에게 영원한 생명을 약속하셨습니다. 주님께서는 "예수를 죽은 자 가운데서 살리신 이의 영이 너희 안에 거하시면 그리스도 예수를 죽은 자 가운데서 살리신 이가 너희 안에 거하시는 그의 영으로 말미암아 너희 죽을 몸도 살리시리라"(롬 8:11)라고 말씀하셨습니다.

인생의 슬픔을 "육신의 죽음"이라는 말로 표현하는 것은 삶의 모든 아픔, 괴로움, 비극, 죄의 정욕들로 인해서 빚어지는 일들을 포괄하여 말하는 것입니다. 왜냐하면 삶의 모든 고난은 죽음의 저주로 인한 징후들이기 때문입니다.

우리는 부활의 약속을 받았기 때문에 죽음을 이길 수 있고 부활할 것이라는 것을 압니다. 우리는 성령 하나님을 첫 열매로 받아서 그 보증을 받았기 때문입니다. 그러나 보증은 받았지만 그 사실이 아직 실현되지는 않았습니다. 지금은 보증을 가지고 기뻐하는 단계입니다. 이것은 마치 약속어음을 하나 갖고 있는 것과 같습니다. 백 억짜리 약속어음이 실제 지급될지 부도가 나서 아무것도 아닌 게 될지는 아직 확실하지 않습니다. 그런데 실현됨을 확실하게 믿는다고 가정해봅시다. 우리는 어음만기일이 빨리 도래해서 실제 대금이 지급되기를 바라는 마음으로 간절히 기다릴 겁니다. 왜냐하면 현재가 너무 힘들기 때문입니다. 지금 당장 월세, 병원비 낼 만 원, 십만 원, 백만 원이 모자란다면 이 어음만을 가지고 기뻐할 수 있겠습니까? "이게 빨리 약속대로 현금이 되었으면. 그러면 내가 이런 어려움들을 풀 수 있을 텐데"라는 생각이 들지 않겠습니까?

하나님 나라와 부활에 대한 소망

결국 죄 된 현실을 살아가는, 육신의 죽음과 삶의 비극을 목도하면서 살아가는 인생들은 하나님 자녀라는 확신이 들면 들수록 그 날을 더욱 사모하면서 간절히 탄식하게 되어 있습니다. 그런 사람들은 "주님, 그 날이 빨리 왔으면 좋겠습니다"라고 말합니다. 이것이 바로 "양자될 것, 곧 몸의 속량을 기다리느니라"입니다. 아직 이루지 못한 영광과 비교되는, 현재 분명히 있는 비참한 상태와 비교해보면서, 신음하고 그 나라를 더욱더 바라는 사람이 바로 의를 바라는 사람입니다. 그러한 자는 불의한 세상 속에서 탄식하게 되어 있습니다. 그래서 "의에 주리고 목마른 자는 복이 있나니"라고 주님이 그렇게 말씀하십니다. 또 "의에 배부를 것이라"는 약속을 주십니다.

신자임에도 하나님 나라에 대한 소망이 없다면 그는 죄에 대한 두려움을 갖고 있는, 영적 성숙도가 너무나 미진한 사람입니다. 죄에 대한 두려움은 믿지 않는 사람들도 가집니다. 이는 일반적 양심의 가책입니다. 영적 성숙도가 미진한 사람은 소망 중에 간직하는 것이 온통 세상 것들입니다. 하나님 나라의 의를 사모하지 못하니까, 현재의 비참함이 실감이 나지를 않습니다. 그래서 일희일비합니다. 기뻐하고 슬퍼하는 이유가 전부 세상적인 이유입니다. 육적인 이유로 기뻐했다가 육적인 이유로 금방 슬퍼합니다. 아무리 맛있어도 배부르면 맛이 없습니다. 그런 것에 매달려 사는 사람은 하나님 나라를 보지 못합니다. 신앙의 성숙과 자람이 더딥니다. 그리고 신앙의 이유가 불분명해지고 약해집니다. 이것을 일반 사람이 이해하기란 어렵습니다.

성령의 첫 열매를 받은 우리는 무엇 때문에 탄식할까요? 마음속에 죄에 대한 탄식과 의에 대한 갈망이 있을 때 비로소 "맞아. 불의한 세상 속에서 의를 갈망하는 것, 이게 내 탄식이네. 양자될 것 곧 우리 몸의 속량을 기다리겠다"라고 말합니다. 여기서 "몸의 속량"이란 죄 사함을 받고 새로운 부활의 몸을 입기를 바라는 것입니다. 우리는 이미 예수 그리스도로 말미암아 양자가 되었는데, 그 양자로서의 완전한 권리와 영광이 성취될 것을 기다린다는 말입니다. 양자라는 신분에 합당한 영광의 상태를 기다린다는 것입니다.

대개 몸에 병이 들면 육신을 새롭게 고침 받고 싶은 마음 때문에 부활의 몸을 사모합니다. 하지만 부활이라는 것은 단지 안 아픈 몸이 아니라 영생이 약속된 것, 즉 생활이 질적으로 변하는 일입니다. 질적으로 변하는 것은 죄와 상관없는 인생, 거룩한 삶으로서의 영생입니다. 이것은 의를 사모하는 가운데 나타납니다. 그래서 신자는 양면의 탄식을 합니다. 하나는 옛사람에 대한, 자기의 연약함에 대한, 곤고함에 대한 탄식. 또 하나는 새사람에 따라 하나님의 의를 바라보는 탄식이 신자에게 있습니다.

> 우리가 소망으로 구원을 얻었으매 보이는 소망이 소망이 아니니 보는 것을 누가 바라리요(롬 8:24).

지금까지 한 말을 되풀이해서 말씀드립니다. "왜 탄식하나? 그냥 바라는 것을 취하면 되지"라는 질문을 받을 때 24절의 말씀으로 답을 합니다. 우리가 바라는 소망은 세상에 있는 것이 아니기 때문입니다. 우리가 바라는 소망은 성화입니다. "더욱더 거룩해지고 싶다. 더욱더 영광스럽게 되고 싶다. 내가 그리스도같이 되고 싶다." 이 모든 소망은 미래적이고 영적인 일입니다. 세상의 눈으로 보이는 것들이 아닙니다. 보이는 것을 바라는 소망은 소망이 아닙니다. 보이는 것은 노력하여 구하고자 하는 것입니다.

우리는 약속을 소망합니다. 그런데 신자가 약속을 소망 중에 바랄 때, 소망이 이루어질 것을 확신할 수 있을까요? 성도는 간절히 바라지만 그 소망은 멀리 있는 것처럼 느껴지기도 합니다. 그러나 성도의 간절한 탄식은 확신으로 이어집니다. "때가 되면 오실 것이라. 때가 되면. 그러므로 내가 오늘을 인내로 살아야지"라고 결론을 맺습니다. 이 확신은 약속하신 이가 바로 예수님이라는 사실에서 옵니다.

> 우리가 이 소망을 가지고 있는 것은 영혼의 닻 같아서 튼튼하고 견고하여 휘장 안에 들어가나니 그리로 앞서가신 예수께서 멜기세덱의 반차를 따라 영원히 대제사장이 되어 우리를 위하여 들어가셨느니라(히 6:19-20).

우리에게는 영원한 대제사장이 있습니다. 그분은 변하지 않으십니다. 대제사장이신 그분이 모든 죄인을 속량해주시고 붙들어 주십니다. 그것은 영혼의 닻과 같아서 든든하고 견고합니다. 이것이 성도의 소망과 바람을, 마음이 갈급한 것으로 끝나지 않게 합니다. 그렇기 때문에 이 세상에서도 살아갈 인내가 형성됩니다. 성도에게 참고 기다릴 수 있는 힘이 생깁니다.

소망이란 본래 멀리 있습니다. 그러므로 지금 가까이 있는 것은 소망의 대상이 아닙니다. 하나님 안에서 거룩한 자녀로서의 평안과 기쁨을 누리는 것은 장래 이루어질 복이고, 이 땅에서 누릴 현세적 복과는 전혀 다른 것입니다. 하나님께서는 장래의 이 영적인 복을 주시기 위해서 하나님의 자녀들을 이 땅에 사는 동안 연단시키십니다. 그리고 마침내 이 세상의 비참함 중에 시험에 이기게 하시고 이 세상이 그리스도 외에는 낙이 없다는 사실을 절실히 깨닫게 하십니다.

그래서 의를 소망 중에 바라다가 그 의를 받게 됩니다. 이것은 첫 열매를 성령께서 이미 주셨기 때문에 이 땅에서도 무관한 일이 아닙니다. 첫 열매로 그 단맛을 알고 그것을 사모하게 된 것이므로, 주님께서는 우리에게 이 땅에서 단맛도 주시고 위로하시면서 우리의 삶을 이끌어가십니다.

교회를 통해 주시는 은혜

그렇다면 주님께서 주시는 단맛이 무엇일까요? 그것은 바로 교회를 통해 주시는 은혜입니다. 단맛을 맛보며 우리는 하나님 나라를 계속 간절히 탄식하며 바라게 됩니다. 짧은 인생길 동안에 수고하고 애통하고 환란을 겪으며, 그리워하며 사모하고 갈급해 하면서 살아갑니다. 그러한 성도에게 구할 신앙적 덕목이 무엇이겠습니까? 오래 참음입니다.

> 만일 우리가 보지 못하는 것을 바라면 참음으로 기다릴지니라(롬 8:25).

"보지 못하는 것을 우리가 바라고 있지 않느냐. 그러니 인내로 기다리라." 우리보다 앞섰던 모든 성도들이 그렇게 인내로 기다리다가 지금은 다 어디에 있을까요? 낙원에 있습니다. 시므온이 아기 예수를 보고, 성령의 지시로 그가 바로 메시아인 줄 알고 얼마나 기뻐했습니까? 그래서 하는 말이 "이제 주께서 내 영혼을 평안히 놓아 주시나이다"입니다. 우리의 죄를 용서하시고 대속해주시는 그 은혜의 날을 얼마나 사모했으면 이런 말을 했을까요? 시므온은 주님을 본 것만으로도 이런 반응을 보였습니다. 주님은 이 땅에 이미 오셨고, 우리는 그분을 바라보며 신앙생활을 하는 것이니만큼 시므온보다 얼마나 더 확실한 증거 위에 서 있는지 깨달아야 합니다. 우리는 다시 오실 주님을 바라보면서 주님께서 내 영혼을 평안히 놓아 주신다는 믿음과 인내로 살아갈 수 있어야 합니다.

오늘의 믿음의 인내는 쓰겠지만 소망의 열매는 달 것입니다. 영생은 지금 눈에 보이지 않습니다. 그러나 그 영생을 우리가 모르지 않습니다. 현재 우리는 사망 아래 있으나, 사망에 종속되거나 굴복한 자가 아닙니다. 우리는 현재 수치와 욕을 당하기도 하고 허무와 절망도 느끼기도 합니다. 그러나 그것이 우리를 삼킬 수는 없습니다. 우리는 인내로 예수 그리스도 안에서, 말씀 안에서, 성령의 도우심을 입어 그 날을 바라보면서 오늘을 살아갑니다. 이것이 나그네 길을 걸어가는 신앙의 자세입니다. 오늘 말씀을 통해 여러분 모두가 주의 은혜로 충만하기를 축원합니다.

45. 성령 하나님의 말할 수 없는 탄식

Romans Sermon Series

이와 같이 성령도 우리의 연약함을 도우시나니 우리는 마땅히 기도할 바를 알지 못하나 오직 성령이 말할 수 없는 탄식으로 우리를 위하여 친히 간구하시느니라. 마음을 살피시는 이가 성령의 생각을 아시나니 이는 성령이 하나님의 뜻대로 성도를 위하여 간구하심이니라.

로마서 8:26-27

고난의 어려움

아무리 믿는 자, 주님 다시 오실 때의 영광과 낙원에 대한 기쁨을 바라고 믿는 성도라도 현재 겪는 고난을 완벽하게 참아내기란 너무 어렵습니다. 우리가 비록 신자지만 예수 그리스도를 믿는 신앙 때문에 십자가의 고난을 짊어져야 하는 때도 있습니다. 고난을 감당하는 일은 어렵고 때로는 매우 무겁게 느껴집니다. 주님께서는 "내 짐은 가볍고 쉽다"고 말씀하셨는데, 이는 예수 그리스도를 닮는 신자로 살아가는 인생살이가 환난이 없고 평탄한 길을 간다는 뜻에서 말씀하신 것이 아닙니다. 우리의 죄를 다 짊어주신 그리스도 앞에 모든 것을 의탁하고 나아가는 길이 바로 구원의 길이기 때문에 이러한 그리스도를 믿고 의지하는 것, 그것이 쉽고 가볍다고 말씀하신 것입니다.

애써 자신이 구원과 관련해서 무엇인가를 이루어야 하는 것들에 비해서는 더없이 쉽지만, 그러나 신자로 살아간다는 일이 그렇게 간단하지 않음을 우리는 압니다. 내 안에 죄가 있기 때문에, 죄에 대한 유혹과 욕심을 내려놓는 일이 쉽지 않다는 것도 우리는 압니다. 예수 그리스도를 믿는 신앙 때문에 세상은 우리를 박해하고 위협하며 또한 그 때문에 우리는 불이익을 감당해야 할 때도 있습니다. 우리는 마귀의 유혹을 간과해서는 안 됩니다. 조금만 긴장을 늦추면 마귀의 유혹에 이끌려 바로 넘어지게 됩니다. 왜냐하면 이 유혹은 기름에 불이 붙는 것처럼 내 마음의 죄성을 작용해서 우리를 넘어지게 하기 때문입니다.

그러므로 신자는 "오호라, 나는 곤고한 사람이로다"(7:24)라는 이 아픈 탄식을 안 할 수 없습니다. 한편으로 이 탄식은 "언제쯤 나는 온전하게 그리스도의 형상을 입어 하나님 나라의 의의 백성으로 살 것인가"라는 하나님 나라를 향한 열망의 탄식으로 이어집니다. 현실에 대한 자기부정이며 연약함에 대한 깊은 절망의 탄식은, 하나님 나라와 그리스도의 형상을 덧입겠다고 약속해주신 그 의의 나라를 향한 갈망의 탄식으로 이어집니다.

그러므로 내 몸을 속량할 날, 죄의 정욕에 더는 시달리지 않게 될 날, 그 날을 바라보면서 살아가는 성도는, 인생은 짧고 신앙의 길은 그렇게 간단치 않다는 사실을 생각하게 됩니다. "교회를 다니고, 일정한 봉사도 하고, 종교생활을 나름대로 하고 있는데 뭐 그렇게 문제 될 것이 있느냐"라는 생각은 종교생활 자체가 우리 영혼의 참된 상태를 말해주지 않는다는 것을 드러냅니다. 말씀 앞에 자신을 발가벗기듯 드러내어 자기 영혼의 상태를 직시한다면 우리는 진정 주 앞에

도움을 구하지 않을 수 없습니다. 이런 경험이 없는 자가 기도를 말할 때 그 기도는 자신의 종교성과 신앙에 대한 훈장이 되어버립니다. 즉 "내가 이렇게까지 기도함으로써 이렇게 훌륭한 신앙생활을 한다"는 자기 자랑의 토대가 되는 겁니다. 외적으로는 훌륭한 종교생활과 경건생활을 하고 있지만, 그러나 그 내면이 주 앞에서 정직하게 서지 못하기 때문에 "신앙생활이 고난이어서 하나님의 은혜가 없으면 안 된다"는 말이 멀게 느껴질 수 있습니다.

연약함을 도우시는 하나님

그러나 성경 본문은 "우리가 곤고한 사람이요, 그리스도의 의의 나라를 바라며 몸의 속량을 바라는 사람들이다. 따라서 장래의 영광이 매우 크므로 현재 고난은 감당할만하지 않은가"라고 우리를 설득합니다. 말씀은 우리의 영적 실상을 낱낱이 보여줘서 오늘의 고난 때문에 넘어지지 않도록 우리를 붙들고 격려합니다. 우리는 장래의 영광을 상기하면서 소망의 약속을 보아야만 현재 고난을 감당할 수 있습니다. 그것은 역설석으로 고난을 감당하는 것이 결코 만만치 않음을 의미하는 것입니다.

신앙적 각오와 예수께서 우리에게 베푸시는 영적 은택에 대한 이해가 분명치 않으면 우리는 고난 때문에 생각보다 금방 넘어질 수도 있습니다. 무엇 때문에 믿는지에 대한 분명한 사실이 우리 안에 제시되어야 우리는 겨우 신앙을 감당할 수 있습니다. 그 사실이 분명치 않을 때 우리에게 고난이 찾아올 수 있습니다.

> 이와 같이 성령도 우리의 연약하심을 도우시나니(롬 8:26 상반절).

로마서 8장 26절은 어려운 상황 속에서 우리를 도우시는 분이 있으니, 그분은 바로 성령 하나님이시라는 사실을 천명합니다. 우리가 연약하다는 것은 성경의 사실적 증언입니다. 이러한 영적 상태를 우리가 인지하지 못하더라도 우리는 연약합니다. 성경은 우리를 정확히 진단합니다.

우리는 육신의 정욕에 무너지는 연약한 존재입니다. 하나님의 도우시는 손길이 없다면 우리는 형편없는 존재에 불과할 것입니다. 하나님의 도움이 없다면 하나님의 자녀로 살아가는 영적인 덕과 아름다움, 영광의 모습, 성장과 거룩해짐에 대한 진보, 이런 모든 것들을 도무지 살필 수 없는, 아주 비참하고 참담한 모습으로 있게 됩니다. 즉 영원한 생명에 대한 단맛과 그것을 누릴 만한 영적인 각성과 행복을 알지 못한 채 죄에 질질 끌려 다니는 자로 비참하게 살게 됩니다. 그러다 보면 교회에는 알곡과 가라지를 구분할 수 없을 정도로 온통 부패하고 타락한 자로 득실하게 됩니다. 세상을 향한 하나님의 구원의 역사가 자꾸 약해집니다. 이런 일들을 염두에 두신 하나님께서 우리를 보호하시고 붙들고자 반드시 하시는 일이 있는데, 그것이 바로 성령의 도우심입니다.

만일 우리가 지금까지 미끄럼틀에 쭉 내려가듯 큰 죄에 빠져 허우적대거나, 그 죄로 인한 비참과 수치를 겪거나, 그에 대한 대가를 치르는 어려운 인생을 살지 않았다면, 그것은 성령 하나님의 도우심으로 인한 것입니다. 우리가 나태하여 신앙의 의무를 소홀히 하고, 맥 빠진 듯이 교회를 그저 오고가고, 영적 각성 없이 자기 본성이 타락한 대로 끌려 다니면서 살아가고 있음에도 여전히 교회 뜰 밖으로 벗어나지 않고 있다면 그것도 하나님의 도우심입니다. 죄 가운데 있다가 더는 안 되겠다 싶어서 빠져나왔다면, 성령 하나님이 도우셔서 그런 것입니다. 만일 성령 하나님께서 놓아버렸다면 늘어난 용수철이 도로 제자리로 돌아가듯이 우리는 원래 본성대로 가버렸을 것입니다. 성령 하나님이 우리를 당겨주셔서, 처음에는 조금 성화된 것 같고 시간이 지나면 처음보다는 많이 성화된 것 같아서 본인이 생각하기를 "내가 스스로 이만큼 탄력을 이기고 여기까지 진보를 이루었다"라고 자랑하고 싶을 수 있습니다. 그러나 하나님께서 한번 놓아버리면 자랑한 성장의 크기보다 타락은 더 강하게 일어납니다.

일반적 심리 상태도 마찬가지입니다. 조금 열심히 뭘 하고 나면 나태하고 노는 일에 좀 더 대범해집니다. 조금 착한 일을 하고 나면 심술을 부려도 괜찮을 것 같고, 영적인 선한 일을 열심히 하면 다음에는 고집을 펴도 될 것 같은, 그런 위기가 항상 뒤따라옵니다. 이것은 우리가 경험적으로 알 만한 일들입니다. 몸도 마찬가지입니다. 살을 빼고 나면 요요현상이 오듯이 살이 다시 차오를 때는 그전보다 더 많이 찝니다. 정신적 현상도, 마음의 심리도, 육신도, 이 세상의 원리도 다 같습니다. 밭을 갈아 잡초를 뽑고 알곡을 심었는데, 손질하지 않으면 잡초는 이전보다 더 무성해집니다. 주님도 말씀하시기를 어떤 사람이 귀신을 내쫓아서 깨끗하게 되었는데, 나중에 귀신들이 보고 비어 있으니 들어가기에 좋겠다 싶어서 더 많은 귀신이 다시 그에게 들어간다고 합니다. 스스로 하나님의 도움 없이 무엇인가를 할 만한 힘과 경건의 능력을 갖췄다고 생각하는 것은 큰 오해입니다. 그래서 사도 바울은 "스스로 선 줄로 생각하지 마라. 자신이 스스로 선 줄로 아는 자는 넘어질까 조심하라"라고 말합니다.

성경에서 수많은 사람들이 넘어졌던 모습이 오늘날 우리에게도 있습니다. 그래서 하나님께서는 우리의 연약함을 도우십니다. 하나님의 자녀는 절대로 하나님이 놓치지 않기 때문에, 악한 일에 압도되어 구원과 신앙의 도리를 완전히 부인하고 떨어져 나가지 않도록, 마귀 편으로 넘어가지 않도록 계속 도우시고 끌어내십니다. 말 안 듣고 죄 쪽으로 가도 하나님께서 또 우리를 도우십니다. 주님의 도우심은 쉼이 없고 포기함이 없어 마침내 우리가 주님께 돌아갈 때까지 도우십니다. 그 도우심의 단적인 예가 십자가에 달린 강도가 마지막 순간에 구원 받은 사건입니다. 우리 신앙의 여정이 그러합니다. 우리는 연약하고 죄와 싸움으로 신음하고 시달리며, 영적으로나 육적으로나 고난과 시련을 겪으며 살아갑니다. 그 신앙의 여정을 성령 하나님께서 보호하십니다.

연약한 우리가 성령 하나님을 찾아야 하는데, 여기서 영적인 부익부 빈익빈 현상이 벌어집니다. 하나님의 은혜가 풍성하면 주님을 먼저 찾게 되어 있습니다. 하나님의 은혜가 더 절실할수록 그만큼 더 은혜를 찾아야 할 텐데, 오히려 주님을 찾는 일에 어두워집니다. 평소에 은혜를 구하고 말씀 앞에 서 있고 경건의 생활을 해온 사람은 환난을 당할 때 기도에 집중해 들어갈 수 있습니다. 그런데 평소에 경건과 말씀을 멀리하고 신앙이 나태했던 사람은, 큰 환난과 고통이 와 "이제 기도할 때가 되었다"고 하나님께서 밀어붙이셔도 어떻게 기도를 해야 할지 모릅니다.

"고난이 닥치면 기도하겠죠"라는 말은 틀린 말입니다. 고난이 우리를 기도하게 하는 것이 아니라, 작은 일에라도 하나님의 은혜를 구하는 사람이 기도할 수 있습니다. 그래서 경건하고 주의 은혜 가운데에 있는 사람은 작은 허물에도 주 앞에 기도함으로써 더 큰 풍요로운 은혜를 누리고 충만함과 용서의 기쁨과 성령의 감동감화를 누립니다. 그런데 더 심각한 잘못을 한 사람은 평소에 기도하지 않았기 때문에 그 은혜의 덮음을 모른 채 말라가게 됩니다.

어떤 상황에서도 기도할 것

우리의 연약함은 "마땅히 기도할 바를 알지도 못하는" 지경입니다. 기도할 상황인 줄도 깨닫지 못할 뿐 아니라 "기도해야겠구나"라고 원리적인 동의를 하더라도 어떻게 기도해야 할지 또는 무엇을 간구해야 할지 아예 모르는 겁니다. 즉 우리가 환난을 당할 때, 그것이 우리의 연약함이나 죄로 인한 것임을 알면서도 어떻게 이해하며 대처해야 할지 잘 모른다는 것입니다. 왜냐하면 미래를 볼 줄 아는 식견과 지혜가 없고, 어떻게 무엇을 구하여야 유익이 될지 판단할 수 있는 능력이 없기 때문입니다.

그런데 26절을 보면 "너희는"이 아니라 "우리는"이라고 표현되어 있습니다. 사도 바울이 이것을 쓸 때 자신도 포함해 "우리는"으로 표현했습니다. 즉 사도라고 할지라도 하나님의 도우심을 구해야 합니다. 영적으로 가라앉았을 때나 부요할 때나, 형편이 어떠하든지 가난에 처하든지 부함에 처하든지, 강할 때나 약할 때나 항상 하나님의 도우심을 구하는 일에 있어서는 어느 누구도 예외가 없습니다. 하나님의 영광을 받아 기록된 말씀을 쓰고 교회에 말씀을 가르쳐 복음적 진리의 교회가 서도록 초석을 놓는 사도들조차도 "마땅히 기도할 바를 알지 못하여 성령의 도우심을 구하여야 할 것이고 그런 우리를 불쌍히 여기셔서 말할 수 없는 탄식으로 우리를 돕는다"라고 얘기합니다. 이처럼 사도들도 스스로 선 자가 아니라고 말하고 있으니, 우리 같은 사람은 말할 것도 없겠습니다. 에베소서 3장 14-19절을 보면 사도 바울은 에베소 교회를 향해서 다음과 같이 기도합니다.

이러므로 내가 하늘과 땅에 있는 각 족속에게 이름을 주신 아버지 앞에 무릎을 꿇고 비노니 그의 영광의 풍성함을 따라 그의 성령으로 말미암아 너희 속사람을 능력으로 강건하게 하시오며 믿음으로 말미암아 그리스도께서 너희 마음에 계시게 하시옵고 너희가 사랑 가운데서 뿌리가 박히고 터가 굳어져서 능히 모든 성도와 함께 지식에 넘치는 그리스도의 사랑을 알고 그 너비와 길이와 높이와 깊이가 어떠함을 깨달아 하나님의 모든 충만하신 것으로 너희에게 충만하게 하시기를 구하노라(엡 3:14-19).

이 에베소서 말씀은 사도 바울의 간절한 기도입니다. 한 문장으로 요약하자면, "너희가 그리스도를 알아가기를 원한다"입니다. 이것은 오늘 본문에서 말하는 성령 하나님께서 우리를 위하여 기도하시는 바와 동일한 내용입니다. "우리 삶의 형편이 어찌하든지 그리스도의 사랑을 알고 그 너비와 길이와 깊이가 어떠함을 깨닫는 일이 있기를 원한다"는 말씀은, 구체적인 상황 속에서 "주께서 나를 사랑하여 이렇게 일을 주신 것이구나. 이 일의 지경에 나는 이렇게 기도하리라"라고 말하는 기도의 줄기와 방향을 의미합니다. 삶을 돌아보면 그 상황을 겪게 하신 하나님의 섭리적 인도하심을 인정하게 됩니다. 즉 그리스도의 사랑을 통해서 하나님의 인도하심을 해석하고 이해하게 됩니다. 이것이 우리가 무엇을 어떻게 기도할 것인가에 관한 초점이 됩니다.

어떻게 기도해야 하는가

일반적인 형편에서 기도의 방향이 어떠해야 할지는 다 아는데, 구체적인 문제에 직면하면 판단하기 어렵습니다. 고린도후서 12장에서 사도 바울은 자기 육체에 가시가 있다고 했습니다. 이 가시가 무엇인지는 잘 모르겠지만, 사도 바울을 영적으로 어렵게 만드는 것이었고 "사탄의 사자"라 말했습니다. 그 가시는 하나님을 믿고 의지하고 그의 선하심을 찬미할 심령의 상태를 자꾸 흔들고 시험에 들게 합니다. 가시가 무엇인지 분명치는 않습니다. 어떤 학자는 간질일 것이라 말하기도 하고, 기타 다양한 의견이 있습니다. 다만 한 가지 분명한 것은, 정신적이든 육체적이든 하나님의 사랑과 선하심과 오래 참으심을 의심하고 불평하고 원망할 만한, 마귀적 생각이 들어올 만큼 위협적이고 시험에 들게 할 만한 부분을 자극하는 것이 아닐까 생각됩니다. 바울은 자신이 이러면 안 되겠다 싶어서 하나님 앞에서 이것이 떠나기를 간구했습니다.

사도 바울은 삼층 천 즉 낙원까지 올라가서 주님이 계신 곳의 영광을 보고 왔습니다. 자기 몸을 떠나 영혼이 보고와서는 "내가 죽은 건가 살아있는 건가 모르겠다"라고 할 만한 놀라운 계시를 받았기 때문에, "자고하여 교만하지 않도록 하나님이 이 육체의 가시를 주었다"라고 얘기했습니다. 그래도 바울은 너무 힘들어서 "주님 이것을 저에게서 제거해 주십시오"라고 기도합니다. 그런데 하나님께서는 "네 은혜가 네게 족하다"라고 말씀하셨습니다. 그러고는 육체의 가시를 거두어가지 않으셨습니다.

그렇다면 우리는 어려움이 있을 때, 어려움을 떠나가게 해달라고 기도해야 할까요, 아니면 이것을 통해 주신 바 어려움의 참된 뜻을 알고 잘 참고 견디며 오히려 이것으로 인한 유익 때문에 평생 안고 사는 동안 이것을 잘 견디게 해달라고 기도해야 할까요? 어떻게 기도하는 게 맞는 것입니까? 사도 바울은 빌립보서 1장에서 다음과 같이 이야기합니다.

> 나의 간절한 기대와 소망을 따라 아무 일에든지 부끄러워하지 아니하고 지금도 전과 같이 온전히 담대하여 살든지 죽든지 내 몸에서 그리스도가 존귀하게 되게 하려 하나니, 이는 내게 사는 것이 그리스도니 죽는 것도 유익함이라. 그러나 만일 육신으로 사는 이것이 내 일의 열매일진대 무엇을 택해야 할는지 나는 알지 못하노라(빌 1:20-22).

예를 들어, 집안에 환자가 있으면 집안 분위기가 무겁고 가족들이 힘이 듭니다. 그것이 크고 오래된 질병이면 말할 것도 없습니다. 이 환자를 놓고 당연히 낫기를 기도해야 할 텐데, 하나님 뜻이 치유에 있는지 아니면 달리 있는지는 모르는 일입니다. 낫기를 간절히 기도했는데 주님은 거두시거나 평생 병든 상태로 놔두실 수도 있습니다. 주님의 뜻이 어디에 있는지 우리가 잘 알지 못한 채 기도합니다. 낫는 것이 유일한 기도 제목인 사람은 치유되는 역사를 경험하지 못해 삶의 곤고함이 밀려오면 하나님에 대한 원망으로 신앙을 떠나버리게 됩니다. 또는 낫게 해준다는 용한 사람을 찾아 나서기 시작해서 기독교 곳곳을 다니다가 그래도 답이 없는 것 같으면 결국 다른 종교를 의지하며 방황하기도 합니다. 하나님의 뜻을 찾고 영적 유익을 얻는 데까지 기도의 방향이 나가지 못합니다.

무엇을 어떻게 기도할지조차 모르는 일도 허다합니다. 청년들이 배우자를 놓고 기도하면서 "주님 이 사람입니까, 저 사람입니까" 알려달라고 기도합니다. 주님이 알려주시나요? 그렇게 A, B, C, D 결정해서 알려주는 것이 아닙니다. 자신의 생각에 기도를 열심히 했더니 A라고 생각되어서 그와 혼인합니다. 잠시 살다가 "주님 아니었습니다"라고 말씀하시면 어떡하려고 그러십니까?

우리가 미래를 알지 못하고 유익한 것이 무엇인지도 알지 못하는 가운데 기도할 때, 자신이 생각하기에 없는 것이 더 좋을 것이라고 생각해서 그것을 없애달라고 기도한다면 그 기도가 옳은 것인가요? 그럼에도 불구하고 안고 가야 하는 것일까요? 혹은 그것이 나의 미련과 실수와 죄 때문에 얻어진 결과라면 징계요, 연단으로 받아야 하는 것일까요?

징계는 달게 받아야지 피하려고 주 앞에 기도하는 것은 소용없는 일입니다. 원래 주님께서 그것을 통해 주시려는 유익이 따로 있는데, "고단하니까 피해야겠다"라고 매달리면 그 사람의 기도를 응답하시겠습니까? 우리의 기도 제목의 중심이 어디에 있어야 할까요? 직장을 위한 기도를 하면서 자기가 마음의 정욕대로 선택해놓고 나중에 주 앞에서 원망하는 경우가 부지기수입니다. 슬픔을 당했을 때 주님께 위로를 구하며 기도할 수 있습니다. 그런데 그 위로가 오랫동안 채워지지 않은 채 10년도 가고 20년도 갈 수도 있습니다. 어려서 부모를 환난으로 잃어버리고 혼자 된 사람은 슬픔을 평생 안고 갑니다. 우리의 인생 중에는 또 얼마나 큰 상처들을 겪게 됩니까? 도대체 왜 이런 슬픔들이 있을까요? 어떻게 기도해야 합니까?

우리는 이런 모든 상황 속에서 마땅히 기도할 바가 무엇인지 알지 못하는 연약한 자들이며 미련한 자들입니다. 죄성에 시달린 자들이요, 시험이 오면 금방 넘어지는 자들입니다. 우리는 내일 일이 어떻게 될지도 모릅니다. 우리 힘으로 기도해서 하나님의 능력을 받아 이 신앙의 여정을 잘 감당할 수 있으리라 어떻게 장담할 수 있겠습니까? 그럴 때마다 우리의 인생을 끝까지 붙들어주시는 한 분이 있으니, 바로 성령 하나님이십니다. 26절 말씀처럼 그 성령 하나님께서 말할 수 없는 탄식으로 우리를 위해 친히 간구해주심으로 우리가 지금까지 올 수 있었습니다.

성령 하나님의 간구

여러분이 기도하시기를 "나는 아직 깨닫지 못하고 있습니다. 여전히 내 삶 속에 이루어진 일이 어떤 유익인지 아직 해석하지 못하고 있어요"라고 하면서 여전히 주님 앞에 질문하고 있다고 합시다. 그럼에도 여러분이 지금까지 신앙에서 크게 빗나가지 않고 있다면, 여러분이 깨닫지 못하고 있을 때라도 성령 하나님이 말할 수 없는 탄식으로 여러분을 위해 간구해주고 있기 때문입니다.

성령 하나님께서 간구했다는 말을 믿지 못해서, "하나님께서는 간구를 받으시는 분이지 무슨 간구를 하시나?"라고 말하면서 달리

해석하려고 애쓰는 사람들이 있습니다. 실제로 "너희가 아들이므로 하나님이 그 아들의 영을 우리 마음 가운데 보내사 우리로 하여금 아빠 아버지라 부르게 하셨느니라"(갈 4:6)라는 말씀을 인용하여 "하나님이 아들의 영을 우리에게 주셔서 아들의 영의 역사로 우리가 간구하게 만드는 것이므로, 여기서도 성령 하나님께서 말할 수 없는 탄식으로 우리가 간구하게끔 우리를 도우신다"라고 해석하는 사람들이 있습니다. 이 해석의 취지는 이해되지만 문법적으로 이 해석이 지지받기는 어렵습니다. 성경에는 분명히 "성령 하나님께서 친히 간구한다"라고 말씀하고 있습니다. 주어와 서술어가 명백합니다. 간구하시는 분은 성령 하나님이십니다.

더구나 27절에 가게 되면 "성령이 하나님의 뜻대로 성도를 위하여 간구한다" 즉 "성령 하나님이 간구하신다"는 것이 다시 한번 나옵니다. 성령 하나님께서 간구하신다는 것은 놀라운 일입니다. 성령 하나님은 하나님이시지만 우리를 위해, 우리를 대신해, 우리의 보혜사로서 간구하시는 일을 하십니다. 우리를 대신해서 우리를 위해 기도해주시는 간구자, 대언자는 두 분이 계시는데, 한 분은 예수 그리스도, 또 한 분은 성령 하나님이십니다.

그리스도께서 하늘에서 그리스도의 영으로 우리와 함께 하신다는 말을 그대로 받아들이면, 천상에 계신 그리스도께서 영으로 하시는 일은 성령께서 하시는 일과 동일하기 때문에 예수 그리스도께서는 하늘에 오르시어 지금도 우리를 위하여 기도해주신다고 설명할 수 있습니다. 그것이 로마서 8장 34절입니다. 또 히브리서 7장 25절에는 "그는 항상 살아계셔서 우리를 위하여 간구하신다"라고 되어 있습니다. 요한일서 2장 1절에도 "우리 하나님 아버지 앞에서 우리에게 대언자가 있으니, 우리가 죄를 범하여도 우리를 변호해주는 분이 계시다. 바로 의로우신 예수 그리스도다"라고 쓰여 있습니다. 오늘 본문과 마찬가지로 요한복음 14장 16-17절을 보면, 예수님께서 "또 다른 보혜사를 내가 너희에게 보내주겠다"라고 하시고, "보혜사는 진리의 영이라 너희와 함께 거하심이요 또 너희 속에 계실 것이라"고 말씀했던 그 보혜사가 바로 로마서 8장 26-27에서 "우리를 위하여 친히 간구해주시는 분"이십니다. 그리고 특별히 성령 하나님은 우리를 위해 기도하시며 하나님으로서 그 기도를 또한 들으시는 분이라는 사실을 알아야 합니다. 예수 그리스도께서 우리의 중보자로서 우리를 위해 기도하시지만 또한 신성으로는 성자 하나님이셔서 우리를 위한 그 기도를 들으시는 분이라는 것과 마찬가지로 성령 하나님도 그러하십니다.

성령 하나님께서 우리를 위하여 친히 간구해주셔서 하나님 아버지께서는 기도하는 그대로 들어주십니다. 이것은 놀라운 일입니다. "하나님의 뜻대로 성도를 위하여 간구하심"(롬 8:27)이라는 말은 이 뜻입니다. 마음을 살피시는 하나님 아버지께서 성령께서 기도하는 것을 들으시고 그 성령의 생각을 아십니다. 성부 하나님은 성령 하나님이 기도하신 내용을 아십니다. 이것은 서로 일치합니다. 왜냐하면 성령 하나님은 우리를 위하여 대언적으로 기도하시고, 또한 하나님의 뜻대로 기도하시기 때문입니다.

이 "하나님 뜻대로 기도한다"에서 "하나님의 뜻대로"는 사실 의역입니다. 헬라어 본문에 의하면 "하나님을 따라서", "신성을 따라서"라고 되어 있습니다. 즉 성령 하나님은 하나님 아버지와 아들 하나님과 동일한 한 하나님으로서의 신적 본질을 갖고 계신 그 하나님이시기 때문에, 우리에게 마땅히 이루질 일을 미리 아시고 우리를 위하여 친히 간구하십니다. 그리고 그 기도가 하나님의 뜻과 같은 것이어서 주님께서는 우리를 위한 선한 일들을 이끌어가십니다. 성령 하나님의 우리를 위한 기도는 하나님께서 반드시 듣게 되어 있습니다.

다시 말하면 하나님께서 우리를 위하여 영원 전에 작정하신 일들이 선하게 이루어지도록, 성령 하나님께서 우리를 대언하여 기도하시는 것입니다. 그렇다면 어떻게 되기를 기도하실까요?

> 우리가 알거니와 하나님을 사랑하는 자 곧 그의 뜻대로 부르심을 입은 자들에게는 모든 것이 합력하여 선을 이루느니라(롬 8:28).

우리는 하나님의 작정을 알지 못합니다. 나를 향한 뜻이 어떻게 인도되는지 알지 못하므로 갈팡질팡합니다. 이 와중에 성령 하나님께서 주의 뜻이 이루어지도록 우리를 위하여 친히 간구하실 때, "주님이 우리를 위하여 행하신 그 뜻이 우리 가운데 그대로 이뤄지기를 원하나이다. 내 뜻대로 마옵시고 아버지 뜻대로 하옵소서"라고 예수님이 겟세마네에서 하신 기도하신 것처럼 우리도 그렇게 기도하게 됩니다. 주님은 "육신의 고통 때문에 잔을 피하겠는가"라는 물음 앞에서, 그 잔을 받아야 하는 것이 하나님의 구원을 이루시는 영원한 작정이라는 사실을 아시고 "아버지 뜻대로 하옵소서"라고 기도하시며 엎드리셨습니다.

우리는 내 앞에 닥칠 일이 이해되지 않고 어떻게 해야 할지를 모르며, 또한 이 시험과 환난에 대해 어떻게 싸워갈지를 모르는, 어리석고 방향을 모르는 자로서 이런저런 기도도 하고 하나님께 원망도 합니다. 그러나 우리의 이런 모습에도 불구하고, "어떤 일이 닥치더라도 주께서 나를 향하여 작정한 일은 합력하여 선을 이루게 하시는 일이오니 이 잔이 내게 이루어지기를 원하나이다"라고 주님께서 기도한 것처럼, 성령 하나님은 마치 내가 기도하듯이 주 앞에서 기도하십니다. 하나님께서는 성령 하나님의 기도를 받으십니다. 하나님은 자기의 뜻을 우리 가운데 이루어가십니다. 그 일을 경험하는 우리는 성령 하나님의 도우심으로 하나님의 뜻을 조금씩 어렴풋하게나마 깨닫고 감사의 조건을 알기 시작합니다. 그래서 "아, 이런 이유로 하나님께서 날 기도하게 하셨고 저런 이유로 이 일들을 겪게 하신 것인가? 어떤 이유인지 잘 모르겠지만 그러나 한 가지 분명한 것은 주님이 나를 사랑하신다는 사실이다. 그 날에 가면 모든 것을 알리라"하는 마음으로 오래 참음과 인내심이 견고해집니다. 그렇게 우리가 앞으로 나아가게 되며 성화의 과정으로 이끌립니다. 성령 하나님께서는 잘못된 기도나 죄를 범하는 기도들을 점점 지우시고, 마침내 하나님 뜻이 내 안에 이뤄지기를 바라는 기도로 마음이 단련되도록, 계속해서 무지한 우리를 위해 기도해주십니다.

결국 성령 하나님께서는 우리를 위하여 말할 수 없는 탄식으로 친히 간구하시는 내용으로 말미암아 첫째, 우리를 무릎 꿇고 기도하게 만드십니다. 둘째, 우리가 기도의 내용과 제목을 몰라서 방황할 때 하나님 뜻이 우리 가운데 이루어지도록 친히 대언하여 기도해주심으로 이끌어가십니다. 그리하여 어느 순간 하나님 뜻에 따라 기도하는 내용으로 우리 심령이 모아지게 이끌어가십니다. 혹 그렇지 못할 때라도 합력하여 선을 이루시는 하나님을 믿고 의지하여 나아가는 의탁의 기도가 있게 하셔서, 결과적으로 주께서 우리를 향해 세우신 아름다운 덕과 신앙의 덕, 그리고 구원 받은 성도의 행복이 나타나고 이루어지도록 이끌어가십니다. 마침내 신자는 절대로 완전히 타락하여 멸망하는 일이 없이, 이 인생의 여정에서 하나님 나라, 그 의의 나라, 몸의 속량을 바라는 그 일을 영광 중에 받게 됩니다.

여러분의 오늘의 신앙을, 주 성령께서 그런 탄식으로 기도하시면서 이끌어 오셨음을 깊이 생각하면 좋겠습니다. 우리는 모두 압니다. 하나님께서 나를 불쌍히 여기고 도와주시지 않으셨다면, 오늘 내가 이 자리에 이 모양으로 있지 못한다는 것을 말입니다. 그러므로 우리는 날마다 범사에 감사하고 오래 참으며 기도하는 일에 힘써야 하겠습니다.

46. 모든 것이 합력하여 선을 이루느니라

Romans Sermon Series

우리가 알거니와 하나님을 사랑하는 자 곧 그의 뜻대로 부르심을 입은 자들에게는 모든 것이 합력하여 선을 이루느니라. 로마서 8:28

세상과 구별되는 하나님의 사람

오늘의 본문은 굉장히 유명한 말씀입니다. 모든 성도들이 이 말씀을 지극히 사랑합니다. 참으로 험하고 고단한 인생길에 위로가 되는 말씀입니다.

본문은 "하나님을 사랑하는 사람은 아주 특별하다"고 말씀합니다. 그 이유가 무엇일까요? 첫째, 하나님을 믿는 사람들은 하나님을 믿지 않는 사람들, 하나님을 마음에 두기 싫어하는 사람들, 하나님을 미워하는 사람들, 세상에 속한 사람들 등과 구분이 되기 때문입니다. 그래서 세상으로부터는 미움을 받으나 하나님께 사랑을 받는 특별한 존재가 되었습니다. 본래 세상에 속해 있었는데 하나님께서 빼내어 불러내어 구분하셔서 세상을 미워하고 하나님을 사랑하는 자가 되었습니다. 세상으로부터 미움을 받는 자는 하나님의 사랑을 입은 자입니다. 그래서 하나님을 사랑하는 자는 세상과 구별되고, 어둠과 빛이 나눠지듯 나눠집니다.

> 너희가 세상에 속하였으면 세상이 자기의 것을 사랑할 것이나 너희는 세상에 속한 자가 아니요 도리어 내가 너희를 세상에서 택하였기 때문에 세상이 너희를 미워하느니라(요 15:19).

우리가 사는 동안 우리에게 연약한 죄성이 남아 있어서 세상과 뚜렷하게 구분이 되지 않는 것처럼 보이고, 세상도 우리를 구분해서 인정하지 않는 경우가 태반입니다. 다른 사람과 그냥 더불어 사는 데는 별 문제가 없습니다. 성도가 세상 사람들과 생업을 같이 하고 더불어 살아가는 데 문제를 일으키지 않는다는 것은 좋은 일입니다. 우리가 세상 밖으로 나가서 사는 사람들이 아니고 세상 안에서 살아가기 때문입니다. 생업을 함께 나누고 정직한 노동과 노력으로 우리의 생계를 해결하고, 또 그들에게 좋은 물건 및 서비스를 제공해서 기쁨을 주고, 그에 따른 정당한 대가를 얻어 살아가는 일은 선한 노동이며 아주 자연스럽고 하나님이 인정하시는 일입니다. 따라서 믿지 않는 자들과 더불어 살아가는 이 삶의 구조 자체가 큰 문제는 아닙니다. 오히려 우리는 세상에 더불어 별 문제 없이 살아야 합니다. 세상 사람들이 우리를 보면서 "우리와 별로 다를 바가 없는데"라고 생각하는 것은 이상한 일이 아닙니다.

그러나 죄의 문제는 다릅니다. 한 가지 사실을 예로 들어보겠습니다. 기독교 기업이라고 불리는 곳에서 사목하는 분에게 들은 얘기입니다. 기독교인이 운영하는 많은 기업들이 하나님을 예배하는 신우회를 두지만 회사 차원에서 시간을 내어 사원들에게 복음을 가르치거나 성경 공부할 수 있는 분위기를 적극적으로 도모하지는 않습니다. 이 얘기를 전해주면서 그분이 저에게 "왜 그렇다고 생각하십니까"라고 물었습니다. 그래서 "그렇지는 않겠지"라고 생각하면서 "죄를 짓는 일이 많으니까 불편해서 그런 거 아니겠습니까"라고 농담으로 대답했습니다. 그런데 그분이 "정답입니다"라고 대답했습니다.

사업주가 자기 신앙을 드러내고 사원들에게 복음대로 살 것을 얘기하면, 회사 업무에서 불편한 게 한두 개가 아니라는 겁니다. 왜냐하면 "교인들이 이렇게 한 것 맞아? 법으로 맞나?" 등의 질문들이 회사 안에서 나옵니다. 그동안 묵인하고 지나간 것들이 너무 많기 때문에 다 바꾸려면 굉장한 경제적 압박과 재정적 손해, 경영상의 부담을 안아야 해서 좀처럼 실행하기 어렵습니다. 그게 답입니다. 그래서 회사 내부와 별개로 모이는 신우회의 활동 정도, 그 이상을 하려 하지 않습니다. 이런 의미에서 구분이 안 되는 것은 세상이 미워할 리가 없습니다.

분명히 죄의 문제에 대해 신자는 세상으로부터 미움을 받게 됩니다. 하나님을 사랑하는 자는 죄와 싸운다는 의미에서 세상으로부터 분리된 자이기 때문에 특별합니다. 빛과 어둠이 다르듯 하나님이 보실 때 이 둘은 완전히 구분됩니다. 그러나 우리가 볼 때 사람은 연약해서 비슷할 때가 많습니다. 슬픈 일이지만 신자도 죄를 짓는 일이 허다해서 또한 그렇습니다.

그러나 이처럼 연약한 상태라도 하나님이 보실 때 신자는 하나님의 자녀이기 때문에 세상 사람과 분명히 구분됩니다. 그래서 보이지 않는 교회, 즉 하나님이 보시는 교회 회원들이 있습니다. 우리가 눈으로 보는 교회 회원들과는 다른 개념입니다. 이들은 하나님이 선택한 사람들입니다. 하나님이 택하여 인생 중에 반드시 섭리로 불러내셔서 믿음을 고백하게 되는 사람들입니다. 그 백성들의 수가 몇인지는 하나님만이 아시며, 그 수는 늘어나거나 감해지지 않습니다. 주님이 다시 오실 때까지 이루실 긴 역사 속에서, 하나님이 창세전에 택한 백성은 이미 확정된 수이며 누구인지 개별적으로 각각 정해져 있습니다. "창세전에 하나님이 택하여 우리를 부르셨다"라는 말이 이런 뜻입니다. 그렇기 때문에 우리가 볼 때는 세상과 우리가 회색처럼 모호하게 섞여 있는 것 같아도 하나님이 보실 때는 완전히 분리된 자로 우리를 구별해 내십니다. 그런 의미에서 우리는 아주 특별한 사람들입니다.

이미 하나님의 사랑을 입은 자

둘째, 하나님을 사랑하는 사람은 이미 하나님의 사랑을 입은 자라서 특별합니다. 우리가 먼저 하나님을 사랑한 것이 아니고 하나님께서 우리를 먼저 사랑하셨습니다. 요한일서 4장 19절 말씀대로 하나님을 사랑하는 사람은 "하나님이 세우신 계획과 목적에 따라서 우리를 사랑하여 먼저 불러낸 자"입니다. "하나님께서 나를 사랑하신다면 어떻게 이럴까?"라는 내가 하나님의 사랑을 확인하는 방식은 내 기준으로 볼 때 사랑이 흡족하게 느껴지지 않아도 하나님이 나를 사랑하지 않는 것은 아닙니다. 그것은 하나님의 사랑을 읽어내는 나의 기준과 관점이 잘못된 것입니다.

데살로니가후서 2장 13절을 보면 "주께서 사랑하시는 형제들아"라고 부릅니다. "주님이 너희를 사랑한다"는 말씀입니다. 그리고 "주께서 사랑하시는 형제들아 우리가 항상 너희에 관하여 마땅히 하나님께 감사할 것은"이라는 말씀이 나옵니다. 여기까지 풀면 다음과 같습니다. "어떻게 해서 너희가 하나님의 사랑을 받은 자인지 내가 말하겠노라. 감사할 내용이 있다. 그 내용이 우리가 하나님께 받은 사랑에 대한 증거다." 그다음에 사도 바울은 데살로니가 교회를 향하여 다음과 같이 증언합니다. "하나님이 처음부터 너희를 택하였는데 성령께서 너희를 거룩하게 하시고 너희가 진리를 믿음으로 너희를 구원하셨기 때문이다." 바울 사도가 이렇게 말하는 것은 그들 가운데 하나님의 은혜로 인해 회개의 역사가 일어나서 거룩해지고 이전의 악행을 그친 자가 많아졌기 때문입니다. 그리고 "그리스도의 복음의 진리를 너희가 사랑하는 모습이 우리 가운데 보이니, 너희가 하나님의 사랑을 받은 자"라고 사도 바울이 말합니다.

"내가 하나님의 사랑을 받은 자인가"라는 질문에 대해, 우리가 찾는 증거가 세상에 속한 것이라면 못 찾을 때가 많습니다. 예를 들면 입학 또는 입사 시험에 붙어야 하나님이 나를 사랑하는 것이라고 생각하는 사람도 있지만 시험에 떨어질 수도 있습니다. "무엇인가를 했을 때 잘 되어야 하나님이 나를 사랑한다"와 같은 사고방식이 아니더라도 "하나님이 여전히 여러분을 사랑하심을 믿기 바란다"고 사도 바울은 말합니다.

하나님을 사랑하는 자는 "이미 내가 하나님을 사랑하고 있다는 사실로 인해서 나는 하나님의 엄청난 사랑을 받고 있다"는 사실을 확인해야 합니다. 이것이 특별성입니다. 여러분이 지금 하나님을 사랑하십니까? 그렇다면 두말할 것도 없습니다. 여러분이 너무나 큰 하나님의 사랑을 받고 있는 사람입니다. 그렇지 않다면 여러분은 하나님을 사랑할 수가 없습니다. 인생을 살면서 아쉬움과 안타까운 것, 속상한 것, 괴로운 것, 슬픈 것 그 어떤 일이 있다 할지라도 여러분은 하나님의 사랑을 받은 사람입니다. 여러분이 하나님을 사랑하는 이상, 이 사실은 확실합니다.

주의 말씀을 듣고 순종하고 싶은 열망이 있고 영적 관심과 열정이 조금이라도 있다면 그것은 하나님께서 내재하시면서 여러분의 마음을 흔들어주시기 때문입니다. 그것이 성령의 내주입니다.

> 그러므로 나의 사랑하는 자들아 너희가 나 있을 때뿐 아니라 더욱 지금 나 없을 때에도 항상 복종하여 두렵고 떨림으로 너희 구원을 이루라(빌 2:12-13).

마치 우리의 힘으로 구원을 이루라는 말씀 같지만 이 말씀은 그런 뜻이 아닙니다. "우리의 마음에 소원을 두고 이끌어가시는 성령에 순종하여 살아가는 그 모습이, 너희에게 임한 하나님의 구원의 실현이니라. 그렇게 구원을 맛보게 되는 것이니라"라는 말씀입니다. 우리에게 행하시는 구원의 하나님의 손길을 맛보아 누리는 것입니다. 이것이 "구원을 이루라"는 말씀 속에 담겨져 있는 뜻입니다. 우리 안에서 행하시는 이는 하나님이시니 자기의 기쁘신 뜻을 위하여 우리에게 소원을 두고 행하게 하십니다.

모든 것이 합력하여 선을 이루는 인생

셋째, 하나님의 뜻대로 부르심을 받아 하나님을 사랑하는 사람들에게는 그 인생의 모든 것이 합력하여 선을 이루게 된다는 특별성이 있습니다. "모든 일"이라는 말에는 불편하고 힘든 일뿐만 아니라 역경, 고난, 슬픔도 그 안에 포함됩니다. 평안, 좋은 일, 행복한 일, 마음 편한 것, 기쁨, 그 모든 일도 다 포함됩니다. 즉 희로애락이 다 포함되어 있습니다.

희로애락은 우리를 항상 따라 다닙니다. 사는 게 참 피곤하지 않으신가요? 어떻게 해야 합니까? 어떻게 해야 이 슬픔과 어려움을 감당하며 살아갈 수 있겠습니까? 집안에 근심 하나가 있으면 계속 힘듭니다. 힘이 들고 할 수 있는 것이 없을 때에는 기도할 수밖에 없습니다. 때에 따라 하나님이 간섭하시는 손길에 매달려 기도하다가, 한

번 매듭이 풀어지면 하나님께 기도할 수 있다는 사실이 얼마나 감사한지 생각합니다. 영육 간에 주님을 의지하며 사는 모든 일을 가만히 생각해보니 다 합력하여 선을 이룬다는 이 말씀 속에 들어 있는 경험들입니다. 모든 일이 그럴까요? 네, 그렇습니다. 세상 사람들도 어려움을 당한 사람들에게 "조금만 참아봐. 곧 나아질 거야. 앞으로 좀 나아질 거야"라고 얘기합니다. 이런 막연한, 근거 없는 기대감으로 현재의 어려움을 달래고 참아내며 살아갑니다. 그런데 믿지 않는 사람들과 마찬가지로, 본문도 믿는 자를 똑같이 달래고 격려하는 것 아닌가 의구심이 듭니다. 그래도 슬픔 또는 역경이 어느 정도여야지, 너무 길고 깊고 무거우면 이것은 달래는 말씀처럼만 들리고 현실에서는 변화가 없어서 세상 사람들이 하는 이야기와 똑같이 들릴 수 있습니다.

그래서 오늘 본문은 "믿음으로 보라"고 권면합니다. 지식에는 믿음의 지식과 경험적 지식이 있습니다. 경험적 지식은 믿지 않는 사람도 어느 정도 알 수 있는 지식입니다. 믿지 않는 사람들도 곤경에 처한 사람을 보며 "힘들겠다"는 느낌을 받습니다. 그러나 믿음의 지식은 그들이 보지 못하는 지식입니다. 믿음의 지식이란 "그런데 이 모든 일은 합력하여 선을 이루는 거야. 이건 분명해. 하나님이 약속하셨거든"이라고 믿고 나옴으로써 현실을 다시 바라보고 살아가는 안목과 힘입니다. 이것은 자기 최면이 아닙니다. 자기 최면은 지극히 주관적인 것이고 내가 나를 달래는 것입니다. 그러나 믿음의 지식은 하나님으로 인해서 달램을 받는 것, 즉 하나님에게서 받는 위로입니다.

바울의 사례

이 로마서를 쓰고 있는 바울 자신이 이 일에 대한 체험자요 고백자입니다. 사도행전 9장 15-16절을 봅시다.

> 주께서 이르시되 가라. 이 사람은 내 이름을 이방인과 임금들과 이스라엘 자손들에게 전하기 위하여 택한 나의 그릇이라(행 9:15).

주님은 다메섹 도상에서 눈이 먼 바울의 눈을 뜨게 하고 나서는 다음과 같이 말씀하십니다.

> 그가 내 이름을 위하여 얼마나 고난을 받아야 할 것을 내가 그에게 보이리라 하시니(행 9:16).

바울이 택함을 받아 사도로 부르심을 받을 때 이미 하나님이 잔뜩 예비한 고난이 그 앞에 있었습니다. 바울이 알았을까요? 몰랐을 겁니다. 아나니아를 통해 눈을 뜨고 난 뒤 아라비아에서 8년간 있다가 돌아와 복음을 전하기 시작할 때부터 세상 떠날 때까지 바울은 오직 예수 그리스도의 복음을 위해서, 이방인에게 복음을 전하기 위한 그 한 가지 목적 때문에, 온갖 고초와 고난 속에서 살아갑니다. 그것은 하나님이 그에게 짊어준 십자가이며 작정하신 그의 뜻입니다. 하나님은 그걸 다 짊어지게 하시면서 바울에게 모든 것이 합력하여 선을 이룬다고 말씀하십니다.

과연 바울은 삶에서 체험한 모든 것이 합력하여 선을 이룬다고 고백할 수 있었을까요?

> 내가 생각하건대 하나님이 사도인 우리를 죽이기로 작정된 자 같이 끄트머리에 두셨으매 우리는 세계 곧 천사와 사람에게 구경거리가 되었노라. …바로 이 시각까지 우리가 주리고 목마르며 헐벗고 매맞으며 정처가 없고, 또 수고하여 친히 손으로 일을 하며 모욕을 당한즉 축복하고 박해를 참은즉 참고 비방을 받은 즉 권면하니 우리가 지금까지 세상의 더러운 것과 만물의 찌꺼기 같이 되었도다(고전 4:9, 11-13).

전쟁 중에 개선장군은 적군을 포로로 끌고 가면서 맨 나중에 끌려가는 사람들을 날 사형장에 죽일 자들 맨 밑에 묶고 끌어갑니다. 사도 바울은 자신이 그와 같이 "죽임 당할 포로들이 끌려가는 것과 같았다"고 말합니다. "자기 인생이 그랬다. 예수 그리스도의 복음 때문에 살아온 모든 험난한 세월이 그랬다. 우리가 세상의 더러운 것과 만물의 찌꺼기 같이 되었다"라고 고백합니다. 사도행전 9장 16절에서 하나님께서 이미 작정하신 뜻대로 사도 바울은 그러한 신앙의 여정을 살아가게 됩니다.

사도행전 26장을 한번 볼까요? 바울은 아그립바 앞에서 다음과 같이 변명합니다.

나도 유대인이고 모든 유대인이 나를 알고 당신도 유대인의 모든 풍속과 문제를 다 알고 있어 참 다행입니다. 나는 바리새인 생활을 했던 사람입니다. 당신들은 하나님이 죽은 사람을 살리심을 어찌하여 못 믿을 것으로 여기십니까? 나는 나사렛 예수의 부활을 전했다고 고초를 받고 있습니다. 그런데 생각해보십시오. 나도 예수의 이름을 대적한 사람이었고, 많은 성도를 옥에 가둔 사람이었으며, 여러 번 형벌과 강제로 모독하는 말을 하는 그런 사람이었습니다. 그런데 "사울아, 사울아, 네가 어찌하여 나를 박해하느냐!"라고 부르시는 주님을 만났습니다. 이때 나는 변했습니다. 그리고 "이스라엘과 이방인들에게 구원을 위하여 보내노니 눈을 뜨게 하여 그들이 하나님께 돌아오게 하라"는 사명을 받았습니다. 그리하여 내가 오늘 지금 이렇게 여러분 앞에 서 있습니다.

그러고 나서는 바울이 베스도 앞에서 말한 것과 비슷한 이야기를 하면서 다음과 같이 말합니다.

바울이 이르되 말이 적으나 많으나 당신뿐만 아니라 오늘 내 말을 듣는 모든 사람도 다 이렇게 결박된 것 외에는 나와 같이 되기를 하나님께 원하나이다 하니라(행 26:29).

바울은 결박된 것을 빼고는 다른 사람이 다 자기처럼 예수 그리스도를 믿고 구원 받기를 원한다고 말합니다. 예수 그리스도 때문에 어둠의 권세, 사탄의 권세에서 하나님께 돌아오기를, 어둠에서 빛으로 돌아오기를, 죄 사함을 얻기를, 거룩하게 된 무리 가운데 기업을 얻기를 원한다는 말입니다. 바울은 오직 한 가지, 예수 그리스도로 말미암아 구원 받는 일 때문에 모든 것을 다 참아내고 대수롭지 않게 여기고 있습니다. "그것을 위한다면 어떤 일이든지 나는 상관없어요. 내가 결박당하는 것도 상관없다고요. 그러나 당신들은 결박당하는 것은 원치 않을 테니까 그것은 빼놓고, 당신은 어떻게 하든지 예수님 믿고 구원 받았으면 좋겠습니다"라고 바울은 얘기합니다. 바울은 오직 그것 하나 때문에 힘난했던 삶의 경험들을 대수롭지 않게 여깁니다.

또한 바울은 힘난했던 삶의 경험뿐만 아니라 자신의 훌륭한 배경도 아무것도 아닌 것으로 여깁니다. 빌립보서 3장을 살펴봅시다.

나는 팔일 만에 할례를 받고 이스라엘 족속이요, 베냐민 지파요, 히브리인 중의 히브리인이요, 율법으로는 바리새인이요, 열심히는 교회를 박해하고 율법의 의로는 흠이 없는 자라. 그러나 무엇이든지 내게 유익하던 것을 내가 그리스도를 위하여 다 해로 여길뿐더러, 또한 모든 것을 해로 여김은 내 주 그리스도 예수를 아는 지식이 가장 고상하기 때문이라. 내가 그를 위하여 모든 것을 잃어버리고 배설물로 여김이 그리스도를 얻고 그 안에서 발견되려 함이니 내가 가진 의는 율법에서 난 것이 아니요, 오직 그리스도를 믿음으로 말미암은 것이니 곧 믿음으로 하나님께로부터 난 의라. 내가 그 부활의 권능과 그 고난에 참여함을 알고자 하여 그의 죽으심을 본받아(빌 3:5-10).

바울은 그리스도를 만난 이후 삶의 시각이 바뀌었습니다. 바울은 그리스도 안에서 세상의 좋은 것을 배설물로 여기고 그리스도를 인하여 받는 일들을 기쁨과 감사로 여기고 있다고 고백합니다.

> 푯대를 향하여 그리스도 예수 안에서 하나님이 위에서 부르신 부름의 상을 위하여 달려가노라(빌 3:14).

위에서 부르신 부름의 상, 이것이 합력하여 선을 이루는 그 선의 절정입니다. 바울은 오직 그것 하나를 위해서 달려간다고 말합니다. 바울 사도는 자기 체험 안에서 이루어진 일이기 때문에 모든 것이 합력하여 선을 이룬다는 말을 쓸 때, 바로 지금까지 살펴본 내용, 즉 바울이 살아온 삶의 궤적을 모두 담아서 쓰고 있습니다. 그러므로 바울은 디모데에게 "모든 것이 합력하여 선을 이루느니라. 디모데야, 주의 군사가 되어 복음을 위하여 힘쓰라"라고, 디도에게도 "힘쓰라"와 같은 유언을 자기 성도에게 남겨줄 수 있었습니다. "모든 일이 합력하여 선을 이루느니라." 오늘 본문의 이 말씀은 우리가 바라는 성도의 인생에 가장 지고한 가치와 초점과 푯대가 무엇인가를 분명하게 보여줍니다.

요셉의 사례

바울뿐 아니라 다른 사람의 인생들은 어떠했습니까? 성경에 하나님의 섭리에 관한 핵심적 구절이 하나가 있는데, 바로 창세기 45장에 있습니다.

> 요셉이 형들에게 이르되 내게로 가까이 오소서 그들이 가까이 가니 이르되 나는 당신들의 아우 요셉이니 당신들이 애굽에 판 자라(창 45:4).

형들이 곡식을 얻으러 자기 앞에 왔는데 요셉이 감정에 북받쳐서 자신의 정체를 드러냅니다.

> 당신들이 나를 이 곳에 팔았다고 해서 근심하지 마소서. 하나님이 생명을 구원하시려고 나를 당신들보다 먼저 보내셨나이다(창 45:5).

그가 형들에게 당했던 고초와 고난의 세월이 얼마나 컸겠습니까? 그런데 요셉은 그 모든 일을 하나님의 섭리로 해석합니다. 하나님의 목적이 있어서 그 뜻대로 섭리적 과정을 행하신 것이라고 말입니다.

> 하나님이 큰 구원으로 당신들의 생명을 보존하고 당신들의 후손을 세상에 두시려고 나를 당신들보다 먼저 보내셨나니(창 45:7).

이때 "당신들의 생명"과 "당신들의 후손"은 언약 자손의 후손을 의미합니다. 그것을 위해서 하나님이 나를 여기에 보내셨으므로 나를 이리로 보낸 이는 당신들이 아니라고 요셉은 얘기합니다. 요셉의 형들은 2차 원인일 뿐 직접적인 1차 원인은 하나님이시므로, 요셉은 형들에 대한 원망과 미움을 걷어버립니다. 요셉은 저 높은 곳, 영원을 보고 있습니다.

"에이, 요셉이 애굽 총리가 되었으니까 그렇지. 요셉이 애굽의 노예가 되었다면 이런 말을 할까?"라고 생각하는 분 계십니까? 만일 요셉이 여전히 노예의 신분이라 할지라도 또는 자신이 죽어서라도, 자신이 하나님께서 약속했던 언약의 백성을 구원하는 일에 쓰임을 받는 데 하나님께서 섭리하셨음을 확신한다면, 요셉은 똑같은 말을 했을 것입니다. "내가 죽어서 당신들을 살게 하시려고 하나님께서 나를 먼저 보내신 것이오."

이것을 교회로 바꿔보면, 하나님께서는 나를 위해 이 교회에 보내셨을 뿐만 아니라 다른 이를, 우리를 보내셨습니다. 내 영혼의 안정과 선을 위해 이 교회를 세우셨고, 성도들을 보내셨습니다. 하나님께서는 한 영혼을 위해서 어우러지는 전체의 역사를 이루어가시고 그 전체가 속한 더 큰 역사를 이루십니다. 결국 하나님께서는 나 하나를 위해 전 세계의 역사와 우주를 움직여 나가십니다. 그 섭리의 안목에서 "모든 것이 합력하여 선을 이룬다"고 보는 겁니다. 요셉이 총리가 아니었어도 그의 고백은 여전했을 것입니다.

그가 그들에게 명하여 이르되 내가 내 조상들에게로 돌아가리니 나를 헷 사람 에브론의 밭에 있는 굴에 우리 선조와 함께 장사하라. 이 굴은 가나안 땅 마므레 앞 막벨라 밭에 있는 것이라 아브라함이 헷 사람 에브론에게서 밭과 함께 사서 그의 매장지를 삼았으므로(창 49:29-30).

야곱은 아들들에게 장사 지낼 땅을 따로 지정해줍니다. 왜 그럴까요? 그 땅이 약속의 땅이기 때문입니다. 만약 애굽에 땅을 사서 영화를 누리고 죽었으면 "자식 하나를 잘 두어서 애굽 총리의 부모로서 이만큼 영화를 누리고 살았으니 이것이 하나님의 목적이었구나" 하고 끝나겠죠? 그런데 야곱은 자기 인생의 전체 속에 합력하여 이루는 선을 애굽에서 먹고 사는 것으로 보지 않습니다. 그의 유언이 무엇입니까? "내 뼈를 그 땅에 묻어라." 야곱이 바라보는 선은 하나님 나라에 있었습니다. 하늘의 본향, 은혜의 나라, 바로 거기에 있었습니다. 아버지가 죽고 형들은 요셉이 복수할까봐 걱정하므로, 요셉이 다시 같은 말로 위로합니다.

당신들은 나를 해하려 하였으나 하나님은 그것을 선으로 바꾸사 오늘과 같이 많은 백성의 생명을 구원하게 하시려 하셨나니(창 50:20).

먼저 은혜를 베푸시는 하나님

하나님은 하나님을 사랑하는 자를 세상과 구분시키시고 그들이 하나님을 사랑할 수 있도록 먼저 사랑하시는 은혜를 베푸십니다. 이것이 특별성입니다. 하나님을 사랑하는 자는 반드시 하나님이 작정하신 뜻 가운데서 인생을 삽니다. 우리에게 주신 인생의 분깃이 달라서 각각 삶의 내용은 다르지만, 하나님께서는 우리를 향하여 모든 것이 합력하여 선을 이루게 하십니다.

우리에게 이루어지는 선은 이 땅에서 결론 내리는 것이 아닙니다. 이 땅에서의 삶은 바울이 "하늘의 상, 부름의 상을 바라본다"라고 말한 것처럼, 그 상을 바라보는 데서 마무리됩니다. 여러분이 보이지 않게 주를 위해 헌신한 일들이 이 땅에서 드러나겠습니까? 주를 위하여 보이지 않게 헌신한 일 때문에 하나님께서 여러분에게 바라는 물질과 형편으로 갚아 주신다고 생각하십니까? 그걸 기대하시는 분은 아무도 없겠지요? 주를 위해 살아가는, 하나님 나라를 위해 행하는 모든 수고를 하나님께서는 다 기억하십니다. 그리고 그 모든 것들이 합력하여 선을 이루게 하십니다. 주님의 날에 부르실 때 칭찬하십니다. 그것이 합력하여 선을 이루는 궁극점입니다. "사람에게 칭찬을 받으면 이미 상을 받았다"라고 주님이 말씀하셨습니다. 즉 이 세상 속에서 내가 수고한 만큼 사람의 칭찬을 받고 인정받고 원한대로 얻는 것은, 하나님께 더는 받을 상이 없다는 말입니다. 그러나 하나님 앞에서 하나님이 선이시라는 것을 얘기하지 않을 사람이 어디 있겠습니까? 하나님 앞에 이르면, 우리는 이 땅에서 "하나님이 선하신 분이심"을 고백하는 모든 것이 진리이며 그것이 과연 그러하다는 것을 알게 될 것입니다.

"이 땅에서" 합력하여 선이 이뤄진 것으로 설명하는 틀에 갇힌 사람은, 이 땅에서의 선(善)을 넘어서서 바라보아야 할 궁극적 선, 곧 성경에서 말씀하는 "합력하여 선을 이룰 것이라"에서의 그 '선'을 보지 못합니다. 시야가 좁습니다. 영적으로 깨어 있지 못하고 세상 것에 사로잡혀 안목이 희미해집니다. 우리는 선의 최종적 결말을 이 세상에서 보지 못할 수도 있지만, 그러나 오늘 이 말씀으로 주님께서 세상에 사는 우리를 위로하신다는 사실은 분명합니다. 바울 사도는 자기 인생 속에서 합력하여 이루었다고 말할 만한 선을 받았을까요? 우리는 지금 바울 사도를 굉장히 영광스럽고 큰 인물로 생각하는데, 생존 시에 바울은 조그만 사람이었습니다. 길에서 아무도 알아주는 사람이 없었습니다. 그 사람의 지식과 지혜가 뛰어나서 모든 사람이 "선생님"이라 부르며 따르는 것도 아니었고, 유대인에게 매 맞고 치이고 배척받고 회당에서 말씀을 겨우 몇 마디 전하다 쫓겨났습니다. 예수님의 제자라고 모아 밤새 가르쳐봐야 몇 명이나 있었을까요? 여기에 모인 여러분처럼 많이 모였을까요? 그리고 그 중에 교회를 위해 수고한 진실한 제자가 몇 명이 나왔겠습니까?

강한 고초는 겪는데 추수한 열매는 몇 되지 않고, 그나마 데마도 세상으로 떠나버립니다(딤후 4:10). 이 땅에서 수고했으나 얻은 열매는 한 줌도 안 됩니다. 선교사님들이 박토에서 고초당하며 애를 썼는데 그 지역에서 한 영혼도 추수하지 못한 채 낙원으로 갈 수도 있습니다. 그런 인생의 낭비가 어디 있습니까? 그럼에도 하나님께서는 합력하여 선을 이루십니다. "인생을 낭비한 것 같은데 이것도 합력하여 선을 이룬 것입니까?"라고 우리가 물어볼 때 주님은 "이 땅에서 보이는 선이 전부가 아니다"라고 말씀하실 것입니다. 이것은 아주 중요한 교훈입니다.

고난 받는 자의 행복

하나님께서 우리에게 정하신 분량을 살아가는 것 자체가 선입니다. 왜냐하면 선하신 하나님께서 우리에게 짊어주신 인생이기 때문입니다. 그것을 감사함으로 견디고 찬송하며 갈등하면서도 믿음에서 떠나지 않는 것, 그것이 바로 선입니다. 그렇게 인생을 살다가 마무리하게 되면 우리는 주 앞에서 상을 받게 됩니다. 또한 그때 선이 우리 안에서 드러나게 될 것입니다. 이 땅에 살면서 사도 바울은 비록 작은 열매 밖에 보지 못했지만, 이 작은 열매가 달콤한 열매여서 위로를 받았습니다. 그는 그렇게 힘든 고난의 인생을 살면서도 복음으로 낳은 몇몇의 제자들과, 복음을 들으러 온 몇몇 사람들 때문에 모든 고초를 다 잊어버릴 수 있었습니다. 이것이 복음 전하는 자의 행복입니다. 그래서 선교사님들은 선교 사역의 고난을 감당하며 살아갑니다. 자기 인생을 아까워하지 않습니다. 세상의 지식을 전하고 돈벌이 한다면 벌써 폐업했을 일입니다. 그럼에도 복음 전하는 일은 멈출 수 없습니다.

고린도후서 1장에서 사도 바울은 "하나님의 뜻으로 말미암아 그리스도 예수의 사도 된 바울과 형제 디모데는"(1:1)이라고 시작합니다. 바울은 자신이 사도가 된 것이 하나님의 뜻이라고 분명히 확신합니다. 그리고 "찬송하리로다 그는 우리 주 예수 그리스도의 하나님이시오"(1:3)라고 전합니다. 그리고 이어서 "자비의 아버지시요 모든 위로의 하나님이시며"(1:3)라고 말합니다. 이 고백이 그리스도 예수의 하나님을 찬송하는 이유입니다. 하지만 "우리의 모든 환난 중에서"(1:4)라고 기록되어 있는 것으로 보아 그는 환난 중에 있음을 알 수 있습니다. 그리고 하나님이 위로하십니다(1:4). 바울은 그것이 하나님께 받은 위로이며 하나님은 환난 중에 있는 자들을 위로하시고 하나님이 얼마나 좋으신 분인가를 설명합니다. 즉 "그리스도의 고난이 우리에게 넘치니 얼마나 힘들까? 얼마나 큰 환난 속에 있을까? 그럼에도 고난이 넘친 것처럼 위로도 넘친다"라고 말합니다. 그러므로 "우리가 환난 당하는 것도 너희가 위로와 구원을 받게 하려는 것이기 때문에 우리가 위로의 하나님을 찬양한다"라고 말하는 것입니다.

너희를 위한 우리의 소망이 견고함은 너희가 고난에 참여하는 자가 된 것 같이 위로에도 그러할 줄을 앎이라. 형제들아, 우리가 아시아에서 당한 환난을 너희가 모르기를 원하지 아니하노니 힘에 겹도록 심한 고난을 당하여 살 소망까지 끊어지고 우리는 우리 자신이 사형 선고를 받은 줄 알았으니 이는 우리로 자기를 의지하지 말고 오직 죽은 자를 다시 살리시는 하나님만 의지하게 하심이라(고후 1:7-9).

즉 이 말은 "죽어도 좋다. 죽어도 부활의 하나님이 있으니, 그 하나님만을 의지하자. 큰 사망에서 우리를 건지시고 또 앞으로 그러실 것을 믿고 의지한다"는 말입니다. "이것을 믿고 환난을 견디라. 위로와 자비의 하나님을 찬송하자"고 교훈합니다.

적용하자면, 모든 성도는 여러 모양으로 고난을 겪습니다. 하지만 원리는 같습니다. 바울이 사역적인 부르심 때문에 겪는 고난을 통과하면서 고린도에 있는 교회에 위와 같이 전할 때, 그 성도들은 신자로 살아가기 때문에 겪는 고난을 당합니다. 그럼에도 같은 원리로 이길 수 있다고 말합니다. 똑같은 하나님이시기에 똑같은 원리가 적용됩니다. 위로의 하나님, 자비의 아버지를 바라보며 견뎌야 합니다.

신약의 성도들과 마찬가지로 구약 성도들도 고난을 겪었습니다. 시편 119편 71절과 75절을 보겠습니다.

고난 당한 것이 내게 유익이라. 이로 말미암아 내가 주의 율례들을 배우게 되었나이다(시 119:71).

여호와여 내가 알거니와 주의 심판은 의로우시고 주께서 나를 괴롭게 하심은 성실하심 때문이니이다(시 119:75).

시편 기자는 곤고할 때 "아, 이건 주님이 나를 사랑하여 이러시는 구나"라고 고백하고 있습니다. 주님은 말씀하십니다. "제발 두려워하지 말고 염려하지 말고, 그리스도의 나라를 바라보면서 하나님을 굳게 믿고 감당하며 맡겨진 인생의 분깃을 참아내고 살아라." 그러면서 주께서는 "너희에게는 머리털까지 다 세신 바 됐다"라고 말씀하십니다. "참새 두 마리가 한 앗사리온에 팔리지 않느냐? 그러나 하나도 하나님께서 허락하지 않으면 떨어지지 않는다. 너희는 많은 참새보다 귀하니라."

만일 가진 게 많다면, 눈이 가려진 상태에서 항상 이 세상만을 바라보며 하나님의 선을 말하고 있을 지도 모릅니다. "우리가 건강하고 잘 살지? 자식도 다 똘망똘망 하지? 어려운 게 없지? 하나님은 참 좋은 분이야." 물론 이것은 하나님의 선하심의 결과가 분명합니다. 그러나 그것을 넘어 그리스도 안에서 바라보는 선, 예수님 때문에 살아가는 기쁨과 복락이 주는 위로와 선, 환난을 주시는 하나님의 자비에 대한 고백으로 주는 선이 있습니다. 이 세상만을 바라보는 사람은 이러한 선을 맛 볼 길이 없습니다. 그 사람은 위로가 필요하지 않기 때문입니다. 오히려 하나님께서는 어려운 자에게, 불공평하다고 말하는 그 자에게, 불공평한 영적 은혜와 기회와 자비를 부어주십니다. 하나님의 교훈을 의인화하여 선생에 빗대어 말하자면 다음과 같이 표현할 수 있습니다.

"그러니까 다른 사람 보지 말게나. 자네가 지금 어떻게 학교생활을 했나, 그것만 생각하게. 열심히 했지? 그럼 됐어. 그러면 A학점이야. A학점."

"실제로는 C인데요."

"괜찮아. 하나님이 보실 때는 A야. 그리고 걱정하지 마라. 목회할 때는 성적표는 아무 상관없어. 성적 좋은 사람이 오히려 목회를 잘 못할 수도 있어. 성적 좋은 사람이 어쩌면 목표 지향적이고 그것만 본 사람일 수도 있으니까. 목회란 두루두루 교인의 형편을 살펴보아야 하는데 그렇지 못할 수가 있고, 또 아픔을 모르는 만큼, 목회를 잘 못할 수도 있지. 자네는 훌륭하네, 내가 볼 때는."

합력하여 선을 이룬다는 것

합력해서 선을 이룬다고 말할 때, 그 선의 기준은 우리가 정하는 것이 아닙니다. 성도 여러분, 살아 계신 하나님을 바라보시기 바랍니다. 그리고 믿음으로 살아가시기 바랍니다. 인생을 마쳤을 때 낙원에서 주님 바라보면 한 순간에 "참 좋으신 하나님, 합력하여 선을 이루신 분"이라고 찬미하게 될 것입니다. "임종 때까지 지켜온 나의 믿음을 놓지 않고 붙드시는, 이것이 하나님이 내게 주신 최고의 선이구나"라고 고백하게 됩니다. 무슨 바람이 더 있겠습니까? 오늘의 본문 8장 28절을 생각하면서 시편 23편을 찬찬히 봅시다.

여호와는 나의 목자시니 내게 부족함이 없으리로다. 그가 나를 푸른 풀

밭에 누이시며 쉴 만한 물 가로 인도하시는도다. 내 영혼을 소생시키시고 자기 이름을 위하여 의의 길로 인도하시는도다(시 23:1-3).

현실적으로 정말 부족함이 없을까요? 그렇습니다. 주님은 우리의 온전한 만족이 되십니다. 그래서 시편 23편에는 풀밭과 쉴 만한 물가로 인도하신다는 고백이 나옵니다. 이는 영혼의 문제입니다.

내가 사망의 음침한 골짜기로 다닐지라도 해를 두려워하지 않을 것은 주께서 나와 함께 하심이라. 주의 지팡이와 막대기가 나를 안위하시나이다(시 23:4).

내가 실족하여 죽음의 음침한 골짜기로 다닐 만큼 영적으로 시험 들고 죄 가운데 빠지는 일이 있을지라도, 하나님께서 나를 도우셔서 마귀에게 팔리지 않도록 지켜주셨습니다. 우리는 이 사실을 기억해야 합니다.

주께서 내 원수의 목전에서 내게 상을 차려 주시고 기름을 내 머리에 부으셨으니 내 잔이 넘치나이다(시 23:5).

다윗은 부름의 상을 바라보면서 말하고 있습니다. "내가 주님이 주신 은혜 때문에 겨우 이렇게 살아왔을 뿐인데 저에게 또한 상을 베푸시니 감사합니다." 여러분은 어떠하십니까? 넘치는 상을 바라보고 계십니까?

> 내 평생에 선하심과 인자하심이 반드시 나를 따르리니 내가 여호와의 집에 영원히 살리로다(시 23:6).

"여호와의 집에 영원히 살리로다"(6절)가 "나의 목자는 내게 부족함이 없다"(1절)와 호응을 이룹니다. 만일 "내 평생에 여호와의 집에 영원히 살리로다"라는 이 말씀이 빠져버리고 육적 만족만을 썼다면 1절과 만날 수가 없습니다.

하나님께서는 영육 간에 우리의 삶을 위로하십니다. 우리에게 먹을 것을 주시고, 아플 때 또 견딜 수 있게 해주셔서 위로하시며, 병을 고쳐주기도 하시고, 또 슬픔을 위로할 만한 다른 어떤 좋은 것을 주십니다. 이렇게 육체 가운데 사는 인생이 하나님의 위로를 맛봅니다. 그러나 그것이 전부가 아닙니다. 이것은 하나님의 위로를 더듬어 알아가는 작은 접촉점입니다. 궁극적인 것은 "어떤 형편이든지"라는 말로 주어지는 하나님이 주시는 위로입니다.

유일한 위로이신 예수 그리스도

자 이제 설교를 다 마쳤습니다. 시편 찬송 맨 뒤에 보면 하이델베르크 요리문답이 있습니다. 하이델베르크 요리문답 제1문답에 오늘 본문 내용이 잘 설명되어 있습니다. 1문 "살아서나 죽어서나 당신의 유일한 위로는 무엇입니까"를 같이 읽어보겠습니다.

살아서나 죽어서나 나는 나의 것이 아니요 몸도 영혼도 나의 신실한 구주 예수 그리스도의 것입니다. 그리스도께서는 그의 보혈로 나의 모든 죗값을 완전히 치르고 나를 마귀의 모든 권세에서 해방하셨습니다. 또한 하늘에 계신 나의 아버지의 뜻이 아니면 머리털 하나도 땅에 떨어지지 않도록 나를 보호하시며 참으로 모든 것이 합력하여 나의 구원을 이루도록 하십니다. 그러므로 그의 성령으로 그분은 나에게 영생을 확신시켜 주시고 이제부터는 마음을 다하여 즐거이 그리고 신속히 그를 위해 살도록 하십니다.

하이델베르크 요리문답에서는 합력하여 선을 이루시는 모든 것을 구원으로 바꾸어서 문답을 하고 있습니다. 이것이 내가 살아서나 죽어서나 주님께 속해있다는 사실로 인하여 끝까지 구원을 이끌어 가시는 하나님의 성도의 견인이야말로 바로 합력하여 선을 이루는 것의 실질적 내용입니다. 어떤 일을 겪든지, 때로는 죄 짓는 일조차도 하나님께서 합력하여 선을 이루게 하십니다. 바울이 예수를 핍박했는데 그를 완전히 바꾸셨던 것처럼 말입니다. 그런 변화는 오직 하나님의 자비 때문입니다. 우리는 다 그 은혜를 입어서 사는 것인즉, 이 은혜 가운데 감사함으로 여러분의 인생에 놓여 있는 삶의 숙제를 잘 해결하고 나아갈 수 있기를 축복합니다.

47. 그 아들의 형상을 본받게 하기 위하여

Romans Sermon Series

우리가 알거니와 하나님을 사랑하는 자 곧 그의 뜻대로 부르심을 입은 자들에게는 모든 것이 합력하여 선을 이루느니라. 하나님이 미리 아신 자들을 또한 그 아들의 형상을 본받게 하기 위하여 미리 정하셨으니 이는 그로 많은 형제 중에서 맏아들이 되게 하려 하심이니라. 또 미리 정하신 그들을 또한 부르시고 부르신 그들을 또한 의롭다 하시고 의롭다 하신 그들을 또한 영화롭게 하셨느니라. 로마서 8:28-30

보이지 않는 하나님의 약속에 대한 믿음

모든 신자가 믿음이 견고한 것은 아닙니다. 또 믿음이 성숙한 사람이라도 견고함을 유지하지 못할 때가 많습니다. 연약하든 성숙한 사람이든 신자의 형편과 그가 처한 처지가 바뀔 수 있기 때문에 신앙의 심지를 굳게 가지고 살아간다는 것은 매우 격려와 위로를 받을 일이며 또한 권면되어야 합니다. 어떻게 하면 무너지지 않고 우리의 신앙의 심지를 굳건히 지킬 수 있을까요? 이 질문에 대한 답이 오늘 본문에 있습니다.

우리의 신앙이 약해지거나 흔들리는 이유는 보이는 현실이 우리에게 보이지 않는 하나님의 약속을 믿고 의지할 수 없게끔 흔들어 놓기 때문입니다. 다시 말하자면, 보이는 현실은 우리에게 위협적이고, 신앙적인 약속들은 이루어질 것 같지 않아 보이기 때문입니다. 그러나 본문은 우리의 삶에 비록 환난과 어려움과 고난이 있더라도 그것 자체로 하나님께서 우리에게 목적하신 행복과 선이 이루어지지 않는 것은 아니라고 일깨워줍니다. 이는 눈에 보이는 것을 기준으로 해서 보이지 않는 하나님의 약속과 하나님께서 우리에게 주시는 행복과 귀한 선들을 판단하지 말라는 뜻이기도 합니다. 하나님께서 우리에게 약속하신 것은 먼 미래적이면서 동시에 현재적입니다. 하나님의 약속이 어떻게 성취되는지는 반드시 눈에 보여야 하는 것으로 생각하는 경우가 많으나 이는 매우 잘못된 인식입니다. 오늘 본문도 그것이 아니라고 말하면서 어떤 하나의 원칙을 우리에게 선언합니다. 이 원칙에 따라 하나님은 우리에게 "현재 눈에 보이는 일들이 어떠하든지 그러한 줄 믿으라"라고 말씀하십니다.

> 우리가 알거니와 하나님을 사랑하는 자 곧 그의 뜻대로 부르심을 입은 자들에게는 모든 것이 합력하여 선을 이루느니라(롬 8:28).

이 사실을 굳게 믿으십시오. 하나님을 사랑하는 자 곧 하나님을 사랑하는 마음이 내 안에 있다는 것은 하나님께서 먼저 우리를 사랑하셨다는 증거입니다. 즉 우리가 하나님을 사랑하여 헌신하고 우리의 사랑을 드렸기 때문에 하나님 마음에 흡족하여 하나님이 우리에게 사랑을 주시는 것이 아닙니다.

오늘 이 자리에 모인 우리는 삶의 형편이 각각 다릅니다. 영적, 육적인 형편, 직장과 가정생활, 교회 내에서의 형편 등등 각자의 삶에 놓여 있는 형편들이 제각각입니다. 우리는 이 땅에서 겪는 인생의 제반 문제가 어떠하든지 하나님이 우리를 먼저 사랑하셨기 때문에 우리가 주님을 사랑할 수 있다는 사실을 기억해야 합니다. 따라서 마음속에 하나님을 향한 사랑과 고백이 분명하게 실재하고 있다면, 눈에 보이는 현실의 형편과 전혀 상관없이 우리는 하나님이 나를 사랑하신다는 사실에 대한 가장 결정적 증거를 가지고 있는 것입니다. 그것을 믿는 우리는 두려워하지 않고 담대하게 믿음의 길을 걸어갈 수 있습니다. 이것이 로마서 8장 28절의 가르침입니다.

하나님의 아들의 형상을 본받게 하기 위해 미리 정하심

그렇다면 하나님의 사랑이 이 모든 현실에도 불구하고 어떻게 나타났습니까? 하나님은 우리가 겪는 모든 현실을 다 모아 구슬 엮듯 엮으셔서 우리에게 아름다운 화관처럼 씌워 주시고, 아름다운 예복을 입혀 주시듯 입혀 주시면서 우리를 향한 하나님의 지극한 선하심을 나타내 보이십니다.

"하나님께서 우리에게 베푸신 그 아름다운 선, 합력하여 선을 이룬다고 말하는 그 선이 도대체 무엇일까요"라는 질문에 대한 답은 29절에 있습니다.

> 하나님이 미리 아신 자들을 또한 그 아들의 형상을 본받게 하기 위하여 미리 정하셨으니 이는 그로 많은 형제 중에서 맏아들이 되게 하려 하심

이니라(롬 8:29).

하나님께서는 우리의 인생 굽이굽이를 연결하여 우리를 이끌어 가십니다. 이것이 하나님의 특별 섭리입니다. 특별 섭리는 우리가 살아가는 삶의 관계 속에서 이루어지는 일반적인 현상들, 즉 하나님의 일반적 섭리라고 말하는 것을 통해서 이루어집니다. 우리가 살아가는 모든 삶의 형편은 하나님의 정하신 환경 안에서 이루어집니다. 이 환경 자체는 일반적 섭리입니다. 그런데 그 일반적 섭리 가운데서도 개개인을 향한 하나님의 특별한 목적이 있습니다. 그 특별한 목적이 어떤 이에게는 직업적·사역적 소명으로 나타날 수도 있습니다. 또 우리가 알지 못하는 어떤 결정에서 "하나님의 이끄심이 무엇입니까"라고 묻는다면, 그것은 특별한 섭리를 묻는 것입니다. 이 특별 섭리는 하나님께서 미리 정하셨지만 우리에게 미리 알게 하지는 않으십니다. 우리가 하나님의 교훈을 따라 고민하고 선택하는 과정을 거쳐 미래를 겪게 하십니다. 이러한 미래들이 모아지면 "아, 하나님께서 결국 이러한 오늘에 이르기 위하여 이렇게 인도하셨구나"라고 깨닫게 되며, 하나님이 우리의 삶에 어떻게 역사하셨는지 해석하는 눈이 열립니다. 이 땅에 사는 동안 우리는 완전하면서도 분명하게 해석할 수 없지만 어렴풋한 짐작으로 서서히 알아가게 되는 것들이 있습니다. 영적인 선들이 무엇인지는 이렇게 구별됩니다. 즉 세상 것을 잃어버렸어도 내 영혼이 더욱 든든해지고 하나님 앞에서 바른 신앙의 기초에 서 있다는 사실을 점차 확인하게 됩니다. 그 받은 은혜가 너무 커서, "내가 그때 그와 같이 된 것은 바로 하나님의 나를 향한 선하심 때문이구나. 내가 고난 받는 게 오히려 내게 복이었다"라고 고백하게 됩니다.

이런 고백은 나를 향한 하나님의 특별 섭리에 대한 우리의 개인적 해석에 불과한 것이 아닐까요? 물론 이것을 못 박아 "그렇다"라고 확정지을 사람은 아무도 없습니다. 그러나 그런 선에 대한 짐작과 해석들로 인해 하나님께서는 우리가 나아갈 바를 비추어주시며 우리를 더욱더 영적으로 선한 결과로 이끌어가십니다. 그리고 종국적으로 우리는 "과연 그러시겠구나"라는 마음의 확신을 가지고 주 앞에 나아갈 수 있게 됩니다. 이 모든 것들은 영적 선한 결과와 관계될 때 더욱 확실해집니다. 반대로 영적인 선에서 멀어질수록 우리는 확신하기 어렵습니다. 모든 일은 하나님의 뜻 가운데 이루어지므로 하나님의 뜻에 맞지 않거나 작정하시지 않은 일이 일어나는 경우는 없습니다. 하지만 마치 내가 선택한 일이 하나님이 기뻐하시는 뜻으로 작정된 것인 양, 일단 저질러 놓고 "하나님이 그렇게 내게 행한 뜻이다"라고 말해서는 안 됩니다.

우리는 이 땅에서 살아갈 때 합력하여 선을 이루는 것을 미리 내다보고 살지 못합니다. 다만 연장선을 그어 볼 수는 있습니다. "지금까지 선하게 인도하신 하나님께서 남은 인생도 이렇게 인도하지 않겠는가"라는 마음으로 연장선은 그어볼 수 있지만, 그 연장선은 우리의 주관적인 추측입니다. 신앙적 인도에 대한 고백에 기초해서 연장선을 그어볼 수 있지만, 그 선은 점선이기 때문에 미래에 가보아야 알 수 있습니다. 그러나 확실한 것은 지금까지 내가 하나님 앞에서 온전치 못하고 불순종과 많은 죄악과 나태함이 있어도 나를 사랑으로 인도하셔서 오늘에 이르게 하신 것은 주님의 손길이었다는 사실입니다. 주님은 여전히 우리를 놓지 않고 인도하실 것입니다.

과거를 돌아보면서 합력하여 선을 이룬 것을 보게 된다면 앞으로도 그러할 선을 기대할 수 있습니다. 그런데 그 선은 영적인 선일 때라야 비교적 명료하게 판단할 수 있습니다. 예컨대 세상에서 먹고 사는 일에 합력하여 선을 이룬다는 말은 명료하게 판단할 수 없습니다. "직장을 구하는 데 어떤 사람을 우연히 길에서 만나서 귀한 채용정보를 얻고 그 회사에 입사했다. 그곳이야말로 나에게 딱 맞는 직장이었다. 하나님의 섭리의 인도하심이 있었다"라고 이야기를 할 수는 있겠지만, 매번 일상을 그와 같은 방식으로 해석한다면 어려운 일도 많이 겪게 될 것입니다. 왜냐하면 우리는 항상 편안하고 환난이 없는 것만을 선으로 생각하기 때문입니다. 그러나 "하나님께서 합력하여 선을 이룬다"고 말할 때 '선'이란 영적으로는 손해되거나 무익한 일이 없다는 뜻입니다. 심지어 우리가 죄를 범했어도 돌이킨다면 회개와 하나님의 은혜와 긍휼을 알아간다는 의미에서 결과적으로는 영적으로 유익합니다. 이것이 결과적 선이 됩니다.

하나님께서 우리의 인생을 이끌어가시는 특별 섭리의 모든 것에 통일된 목적은 29절 말씀 속에서 발견할 수 있습니다. 그 목적은 바로 그의 아들의 형상을 본받게 하기 위한 것입니다. 하나님께서는 미리 아신 자들을 또한 그 아들의 형상을 본받게 하기 위하여 미리 정하셨다고 말씀하셨습니다.

고난이 필요한 이유

"하나님, 이 고난이 저에게 어떻게 선이 됩니까, 도대체 왜 저는 이렇게 땀 흘려 일해야 합니까?"라는 질문에 대한 답은 "하나님의 아들의 형상을 닮기 위해서 너에게 그것이 필요하다"입니다. 이것은 명백한 하나님의 교훈으로 확인됩니다. 이것을 어느 정도 이해하고 받아들여서 자신에게 적용시키며 그런 믿음의 삶을 이루어갈 수 있는지 여부는 여러분 안에 믿음의 분량이 어느 정도인지에 달려 있습니다.

만일 자신이 등 따뜻하고 배부르고 편안한 인생을 살고 있다면 "하나님. 남들이 겪는 많은 인생의 환난이 있는데, 왜 저에게는 평안함을 주시나이까?"라고 물어야 합니다. 또한 "하나님 저는 지금까지 재물의 결핍으로 인한 고통을 모르고 지금까지 살아 왔습니다. 제게 주어진 재산을 볼 때 남은 인생을 사는 동안에도 그 문제에 관한 큰 고통이 없을 것으로 예상됩니다. 나면서부터 이 세상을 떠날 때까지 자식에게 대를 이어줄 정도의 많은 물질이 우리에게 주어진 까닭은 도대체 무엇입니까?"라고 물어야 합니다. 그 자체가 삶의 목적이 아니기 때문입니다. 그리고 "이 모든 것을 합력하여 선을 이루시는 그 뜻은 무엇인지" 물어야 합니다. 다시 말하자면 "이 재물의 풍성함이, 하나님의 아들의 형상을 닮기 위한 나를 향한 부르심 앞에 어떻게 되는 것입니까?"라고 질문해야 됩니다. 그 질문이 없으면 영혼이 망하게 됩니다. 그는 자신과 다른 처지에 있는 자를 동정하지만 이해하지 못하는, 동감하지 못하는 상태에 이르게 되기 때문입니다.

모든 것은 합력하여 선을 이루기 때문에, 지금 여러분의 삶의 자리 속에서 하나님의 아들의 형상을 본받기 위하여 "지금 나에게 놓인 형편은 어떻게 작용해야 할까? 이것은 무엇을 위해 주신 것일까?"라고 질문해야 합니다. 묻고 기도하며 각각의 형편 속에서 예수 그리스도를 닮기 위하여 가진 것을 사용하는 법과 부딪혀 오는 도전을 극복하는 것들을 생각해야 합니다. 8장 29절에서 "하나님께서는 미리 아신 자들을 또한"이라고 첫 마디가 시작되지요? 이 "아신 자들"은 누구를 자기 자녀로 삼으실 것인지 하나님이 미리 아신다는 의미입니다. 하나님이 이들을 자신의 기쁘신 뜻에 따라 미리 정하셨기 때문입니다.

여기서 "미리 아신 자들을"이라는 말은, "하나님의 형상을 본받게 할 만한 이 수고로움을 감당할 자가 누구인지 내가 미리 살펴보고, 너는 그럴 만한 자이니까 내가 너를 미리 안다"라는 뜻이 아닙니다. 하나님께서 우리의 됨됨이와 품성을 미리 보시고 따라서 그럴 만한 자, 즉 "은혜를 주면 성령의 은혜와 말씀의 교훈을 잘 듣고 하나님의 아들의 형상이 되게끔 순종해 나오겠구나. 네가 그런 자이니 내가 너를 택하여 부른다"라고 말씀하신 것도 아닙니다.

순서가 잘못되었습니다. 올바른 순서가 어떻게 됩니까? 하나님께서 먼저 나를 기뻐하신 뜻에 따라 그냥 정하시고 부르십니다. 먼저 택하셨습니다. 택하셨으니 아시는 자가 된 것입니다. 왜 택하셨습니까? 하나님의 아들의 형상이 되게끔 하기 위하여 택하신 것입니다. 본래 우리는 어떤 자입니까? 죽은 자, 죄로 인해 부패한 자들입니다. 우리에게서 무슨 하나님의 형상을 닮을 만한 가능성과 기회와 다른 어떤 형편을 볼 수 있겠습니까? 빛과 어둠이 다른 것처럼 다른 우리들에게서, 무슨 빛 되신 그분의 형상과 비슷한 것을 볼 수 있겠습니까? 도무지 가능성이 없습니다. 믿음이라는 것도 하나님이 주신 선물이요, 믿음의 순종도 하나님의 선물입니다. 하나님이 우리를 택하여 미리 아시고 하나님의 아들의 형상을 본받도록 정하셨습니다. 그러므로 하나님의 아들의 형상, 즉 예수를 닮아가는 자신의 경건의 노력과 애씀 속에서 하나님의 칭찬을 받게 됩니다. 그것이 하나님을 영화롭게 합니다.

그다음은 세상 속에서 하나님을 증언하는 것입니다. 전도는 세상 속에 하나님을 증거하는 한 가지 방법이 됩니다. 세상 속에서 죄와 싸우고 부패 가운데 이기는 것도 하나님을 증거하는 것입니다. 즉 제자의 삶 자체가 바로 하나님의 영광을 증거하는 방법이 되고, 그것이 바로 하나님의 아들의 형상됨을 드러내는 것입니다. 이러한 맥락에서 볼 때 하나님께서는 실제로 우리로 하여금 하나님의 아들의 형상을 본받는 자로 삼기 위해 우리의 눈을 들어 계속 바라보게 하십니다. 그리고 우리가 바라보아야 할 한 분이 있음을 가르쳐 주십니다.

본이 되신 예수님

우리는 누구를 본받을 수 있을까요? 하나님의 아들의 형상을 본받으려면, 본이 있어야 본받을 수 있지 않겠습니까? 우리에게는 이미 보이신 하나님의 아들 곧 예수님이 계십니다. 우리는 예수님을 바라보면서 "예수님이라면 어떻게 하실까" 생각해야 합니다. 실제 주님의 마음과 생각과 그의 행하신 모범적인 경건을 우리가 잘 따라하고 배워 익혀서 생각하면 작게나마 우리 가운데서 그리스도의 거룩하고 사랑스럽고 인자가 풍성한 성품이 우러나오게 될 것입니다. 이것은 고난을 전제로 합니다. 예수님의 이 땅에서 살면서 고난 받으셨기 때문입니다.

하늘의 영광 보좌를 비우시고 이 땅에 성육신하셨다는 자체가 이미 주님께서 고난 받으신 것입니다. 따라서 하나님께서 "하나님의 아들의 형상을 본받는 자가 되도록 하기 위하여"라는 말씀은 이미 우리 인생이 힘들다는 사실을 전제하고 있습니다. 다소 역설적으로 들리겠지만, 인생이 편안한 사람은 복음을 잘 아는 데 오히려 불리할 수 있습니다. 복음은 오히려 슬픔 가운데 있는 사람들이 더 잘 알 수 있습니다. 경제 소득이 1만 불 이상 넘어가면 신자율이 떨어지기 시작하고 신앙이 세속화되면서 2만 불 이상 넘어가면 점점 교회가 타락한다고 말합니다. 왜 그럴까요? 물질의 풍성함 때문입니다. 즉 물질의 풍성함은 배고픔을 잊게 만들고, 배가 부르면 영적 굶주림을 외면하는 경향이 나타나기 때문입니다.

육적으로 배부르면 영적 굶주림을 알기는 어렵습니다. 이것은 일반적인 현상이요, 역사 속에서 증명된 일들입니다. 근신과 근심과 걱정, 삶의 불안 또는 염려 등이 과해 그것에 휩쓸려 그리스도 안에서 누리는 참된 평강을 잃어버릴 정도가 되면 믿음 없는 자가 되겠지만, 삶에서 오는 긴장감은 연약한 우리 인생을 돌아보게 만들고 십자가 앞에 계속 나아오게 만들면서 은혜 앞에 서게 합니다. 종합적으로 보면 그것은 유익한 것이 틀림없습니다.

사실 우리는 누구도 평생 평안하지 못합니다. 때로는 몸이 아프고, 사람과의 관계도 어렵습니다. 가장 가까운 부부라 할지라도, 부모 자식 간이라도, 어렵습니다. 이 관계는 일생의 짐이라 누구도 피할 수 없습니다. 육신의 건강은 망가지게 되어 있는 것이라 피할 수도 없습니다. 물질은 우리 삶에 항상 필요한 것이어서 풍족하더라도 우리는 가진 것에 만족할 줄 모릅니다. 부족한 줄 모르고 사는 사람이 있을까요? 한정된 자원을 나누어 써야 하는 판단의 어려움 때문에 사람 사이에는 항상 갈등이 존재합니다.

인생 자체가 고난입니다. 그런데 그것에 더해, 살아온 삶 자체가 이미 어려운데 거기에 그리스도의 제자로서의 고난이 하나 더 얹어집니다. 세상과 타협하고 살아야 먹고 살 것 같은데 살아가다 보면 위기를 겪게 되고 더욱 어려움을 겪게 됩니다. 그런 와중에 예수님을 바라보라는 것입니다. 고난 속에 순종으로 살아 마침내 영광에 이른 주를 바라보라는 것입니다.

하나님께서는 우리를 사랑하여 불러내시고 합력하여 선을 이루실 것입니다. 그러므로 현재 고난 가운데 있을지라도 두려워하지 말고, 오히려 고난을 예상하고 그리스도께서 짊어진 고난을 생각하면서 현재의 어려움을 넘어 저 멀리 비춰지고 있는 장래의 영광을 바라보십시오. 그리고 견디십시오. 주님이 말씀하십니다. 그 견디는 과정 자체는 견딤을 위한 견딤이 아닙니다. 그 견딤의 과정 자체가 하나님의 아들의 형상을 빚어가는 것입니다. 하나님의 아들의 형상은 인내와 믿음이 없으면 이루어질 수 없습니다. 하나님의 아들의 형상, 예수님 닮는 형상은 저절로 이루어지지 않습니다.

예수님의 형상 즉 하나님의 아들의 형상을 본받는 일은 인내와 오래 참음의 경로를 통해서 이루어집니다. 그것이 십자가입니다. 우리에게는 가가 짊어져야 할 고난의 십자가가 있습니다. 그 십자가를 짊어지면 아들의 형상을 이룰 수가 있습니다. 그것을 위해서 오늘 부르심에 따라 경건의 의무를 애써 행해야 합니다.

우리와 형제 되시는 예수님

이는 그로 많은 형제 중에서 맏아들이 되게 하려 하심이라(롬 8:29 하반절).

이 말씀은 중요합니다. 우리가 주님을 닮아 가면 우리는 주님과 형제가 됩니다. 주님은 우리들 가운데 가장 으뜸 되는 맏형, 맏아들이 됩니다. 그러므로 예수님과 우리가 닮는 것은 예수님과 우리 사이의 형제 됨의 관계에 바탕을 두고 있고 그것을 실현시키는 것입니다.

그런데 우리가 어떻게 예수님과 형제가 될까요? 혈통으로는 형제가 될 수 없습니다. 우리가 다윗이나 마리아의 혈통을 따른 사람도 아니기 때문입니다. 우리가 예수님과 형제가 되는 것은 딱 한 가지, 예수 그리스도를 믿음으로 말미암아 그에게 접붙임을 받아서 그리스도께서 우리를 그의 형제라 부르실 때 부끄러워하지 않는 은혜를 통해서 형제가 됩니다.

즉 우리는 예수님을 믿음으로 말미암아 하나님의 자녀가 되는 입양 즉 양자됨의 은총을 누리고, 이미 독생자 예수 그리스도와 함께 아들로서의 지위를 얻어 형제가 됩니다. 그런데 우리가 하나님의 양자됨이라는 것은 예수 그리스도의 구속적 은혜를 기초로 합니다. 즉 예수님이 우리를 형제라 부르실 수 있는 구원의 사역을 이루시고, 예수님의 그 사역에 의지하여 우리는 예수님과 형제 됨의 은혜를 누리게 됩니다.

같은 부모에게서 난 형제들끼리는 서로 빚질 것이 없습니다. 우리가 자라면서 부모님께 생명과 양육의 빚을 지고 있지만 형제끼리는 그런 것이 없습니다. 물론 맏이와 막내의 나이 차가 많으면 그럴 수 있겠지만, 일반적인 의미에서 형제들은 부모의 사랑을 입고 같이 자라는 사이입니다. 그러나 예수님과 우리 사이의 형제 됨은 그렇지 않습니다. 예수님께서는 우리의 존재됨의 근원을 이루시는 분입니다. 예수님과 우리 사이의 형제 됨은 우리가 하나님의 자녀가 되도록 그리스도께서 이루셔서 가능하게 된 아주 특별한 관계입니다. 히브리서 2장을 보면 이 부분에 대한 이해를 돕는 설명이 나옵니다.

> 오직 우리가 천사들보다 잠시 동안 못하게 하심을 입은 자 곧 죽음의 고난 받으심으로 말미암아 영광과 존귀로 관을 쓰신 예수를 보니, 이를 행하심은 하나님의 은혜로 말미암아 모든 사람을 위하여 죽음을 맛보려 하심이라(히 2:9).

예수님이 죽음을 맛보신 것은 자신이 사람이 되심으로 이루어지므로 이것이 우리와 형제 됨인가 생각하게 됩니다.

> 그러므로 만물이 그를 위하고 또한 그로 말미암은 이가 많은 아들들을 이끌어 영광에 들어가게 하시는 일에 그들의 구원의 창시자를 고난을 통하여 온전하게 하심이 합당하도다. 거룩하게 하시는 이와 거룩하게 함을 입은 자들이 다 한 근원에서 난지라. 거룩하게 하시는 이와 거룩하게 함을 입은 자들이 다 한 근원에서 난지라. 그러므로 형제라 부르시기를 부끄러워하지 아니하시고(히 2:10-11).

거룩하신 이는 그리스도이시고, 거룩하게 함을 입은 자들은 우리들입니다. 그리스도께서 우리의 근원이 되시기 때문에 우리는 다 한 근원에서 나왔습니다. 그리고 시편 22편을 인용하면서 선언하듯 말씀합니다.

내가 주의 이름을 내 형제들에게 선포하고 내가 주를 교회 중에서 찬송하리라 하셨으며, 또 다시 내가 그를 의지하리라 하시고 또 다시 볼지어다. 나와 및 하나님께서 내게 주신 자녀라 하셨으니, 자녀들은 혈과 육에 속하였으매 그도 또한 같은 모양으로 혈과 육을 함께 지니심은 죽음을 통하여 죽음의 세력을 잡은 자 곧 마귀를 멸하시며, 또 죽기를 무서워하므로 한평생 매여 종 노릇 하는 모든 자들을 놓아 주려 하심이니, 이는 확실히 천사들을 붙들어 주려 하심이 아니요 오직 아브라함의 자손을 붙들어 주려 하심이라(히 2:12-16).

자녀들은 혈과 육에 속한 자이고 예수 그리스도도 혈과 육을 함께 지닌 분이십니다(2:14). 여기서 "아브라함의 자손"은 이중적 의미를 지니는데, 예수 그리스도를 가리키기도 하고, 또한 예수 그리스도와 함께 연합되어 있는 아브라함의 약속 받은 모든 자들을 가리키기도 합니다. "형제 됨"도 마찬가지로 이중적 의미를 지닙니다. 하나는 주님도 혈과 육에 속하였다는 뜻이고, 또 하나는 우리를 구원에 이르게 하셔서 우리가 하나님의 양자가 되었으므로 주님이 우리와 형제가 되신다는 뜻입니다.

이는 하나님의 일에 자비하고 신실한 대제사장이 되어 백성의 죄를 속량하려 하심이라. 그가 시험을 받아 고난을 당하셨은즉 시험 받는 자들을 능히 도우실 수 있느니라(히 2:17-18).

대제사장이 어떻게 백성과 형제가 되실까요? "그가 시험을 받아 고난을 당하셨은즉 시험 받는 자들을 능히 도우실 수" 있는 주님의 특별한 위치 때문에 가능합니다. 그러므로 오늘 본문 중에 우리가 하나님의 아들인 예수 그리스도의 형상을 닮는다는 것은 우리를 향한 구원 사역의 목적 그 자체입니다. 우리가 하나님의 아들을 닮은 이 형상의 부름과 관계없이 죄 가운데 그저 푹 젖어 살면서 "예수님 믿네, 구원 받았네" 한다면 절대로 하나님의 자녀가 될 수 없습니다.

하나님의 선물, 구원의 서정

실제로 하나님께서는 우리가 그리스도의 형상을 닮도록 바꾸어 가시는 일을 결코 중단하지 않으십니다. 따라서 예수를 믿고 구원 받았다는 것은 예수 그리스도의 형상을 닮는 부분에서 실제적인 성취가 이루어진다는 것입니다. 그 일을 어떻게 이루실까요? 오늘의 본문 30절에 하나님이 그것을 위해 행하시는 일이 간략하게 나옵니다.

또 미리 정하신 그들을 또한 부르시고 부르신 그들을 또한 의롭다 하시고 의롭다 하신 그들을 또한 영화롭게 하셨느니라(롬 8:30).

이것은 굉장히 유명한 구원의 사슬입니다. 황금 사슬, 골든 체인(Golden Chain)이라고 부릅니다. 이것은 우리를 구원으로 이끄시는 하나님의 일하심이 어떤 것인가를 설명해 주는 단어입니다. "하나님이 정하셨다, 정하신 자를 부르신다, 부르신 자를 의롭다 하신다, 의롭다 하신 자를 영화롭게 하신다." 이렇게 순서대로 하나같이 분리되지 않고 서로 엮여 있습니다. 이 아름다운 구원의 단계별 요소를 통틀어서 하나님께서 우리를 향하여 베푸시는 구원의 은혜라고 설명합니다. 그래서 이 말씀은 "구원의 서정, 작정된 순서", 또는 "사슬"이라는 말로 표현됩니다.

그런데 이를 누가 정하셨나요? 하나님입니다. 부르시는 것은 누가 부르십니까? 하나님입니다. 의롭다하신 것은 누가 의롭다하시지요? 하나님이 우리를 의롭다 하십니다. 누가 우리를 영화롭게 하시나요? 하나님께서 하십니다. 그러니까 이 모든 일은 다 누구의 일이지요? 하나님의 일입니다. 따라서 30절 말씀은 "우리가 하나님의 아들의 형상을 본받는 목적을 이루시기 위하여 하나님께서 행하시는 일이 있다"입니다. 그리고 이것이 바로 우리가 그렇게 되도록 주님께서 이끄시는 근원적인 이유입니다.

우리가 하나님의 아들의 형상을 닮는 것은 우리의 힘으로 하는 것이 아닙니다. 30절에 보면 하나님께서 우리를 정하셨고, 정하시고 나서 우리에게 은혜로 믿음을 주십니다. 은혜를 주시고 은혜로 그 믿음을 받아 "예수 그리스도를 믿나이다, 내가 회개하나이다"라고 엎드려 나오면 "네가 의로운 자라" 주님께서 칭하여 주시고 우리를 하나님의 자녀로 받아주십니다. 하나님의 자녀가 되는 것은 너무나 큰 보상입니다. 내가 믿었으나 믿음으로 받는 보상이 너무도 큰 것이라서 이 믿음을 공로라고 내세울 수도 없고, 믿음조차도 선물로 받은 것이니만큼 하나님의 자녀 됨에 있어서 나의 역할이 들어갈 어떠한 틈새도 없습니다.

이것은 하나님이 그냥 주신 선물입니다. 믿음을 선물로 주시고 믿음으로 말미암아 하나님의 자녀가 되었습니다. 이 일은 전적으로 하나님의 은혜로 말미암아 이루어집니다. 그런데 하나님이 거저 주시는 이 은혜의 선물을 마다한다? 이것이 제정신이겠습니까? 그 사람은 미련한 자입니다. 따라서 현재의 만족과 안정을 손에 넣느라, 예수 그리스도를 믿음으로 회개하여 장래에 있을 하나님의 자녀의 영광을 포기하거나 외면한다면, 세상에 이보다 미련한 자가 어디 있겠습니까? 그래서 시편은 그런 자들을 "멸망에 처할 짐승 같은 자", "짐승처럼 우매하고 무지한 자", "에서처럼 망령된 행실을 가진 자"라고 말씀합니다.

그러므로 믿음을 포기하고 세상을 따라간 자는 지혜로운 자 같으나 사실은 미련한 자라고 성경은 확실히 말합니다. "현재의 환난과 형편에도 불구하고 장래의 영광을 바라보며 넉넉히 감당할 수 있는데, 현재의 고난 때문에 장래의 영광을 만일 포기한다면 이보다 미련한 자가 세상에 어디 있을까"라고 말할 만큼 생생하게 장래의 영광을 현재화합니다.

본문에서 정말 흥미로운 부분은, "미리 정하시고 부르시고 의롭다 하시고 영화롭게 하신다"는 말의 시제가 전부 과거형이라는 것입니다. 왜 그럴까요? 하나님이 보실 때는 이 모든 일이 이미 이루어졌습니다. 이미 이루어진 일이 장래에 나타날 뿐입니다. 현재 이루어지지 않은 일이 장래에 비로소 이루어짐으로써 나타나는 일이 아닙니다. 이것은 오늘 우리의 신앙 속에 드리워지는 하나님의 은혜의 약속을 굳게 신뢰하라는 말씀과도 같습니다.

"주님께서 이미 너를 부르셨고 주님이 이미 너를 의롭다 하셨고 주님이 이미 너를 영화롭게 하셨느니라"라고 말씀하실 때 "주여 제가 아직 못 보고 있나이다"라고 대답한다면, 주님께서는 그 일을 이미 했으니 장래에 나타날 것이라고 다시 말씀하실 것입니다. 즉 30절에서 말씀하시는 일은 주님께서 장래에 하시는 일이 아닙니다. 이미 모든 일을 주님이 하셨습니다. 현재 이미 이루신 일을 "보이시는 것만" 장래에 하십니다.

서로의 모습 속에 보이는 하나님의 영광

여러분, 지금 옆에 있는 지체를 서로 바라보시기 바랍니다. 얼마나 영화로운가, 영광이 보입니까? 그리스도의 영광이 서로의 얼굴 속에 비춰 보이시나요? 그것을 바라보는 안목이 우리에게 필요합니다. "주님의 사랑이구나, 믿음 안에 한 형제구나, 주께서 사랑하여 당신을 여기에 두셨고 주께서 사랑하여 나를 이곳에 두셨으니 내가 당신을 사랑하고 우리가 서로 사랑합니다"라고 말할 수 있어야 합니다. 생각이 서로 다르더라도 사랑해야 하는 것입니다. 생각이 다른 게 왜 멀어질 이유가 되겠습니까? 성격이 달라도 사랑해야 합니다. 성격이 다른 것이 사랑하지 않아야 될 이유가 됩니까? 다 사랑하고 넘어가는 것입니다. 쉽지 않겠지만 주님 앞에서 이 신앙적 사실을 생각해 보아야 합니다. 아주 영광스러우면 모양이 똑같을까요, 다를까요? 다 영광스럽게 빛나면, 개성이 있을까요, 없을까요? 우리는 모두 영화롭게 되어도 개성은 남을 것입니다. 저는 그렇게 믿습니다. 꽃은 다 예쁜데 똑같은 꽃은 하나도 없습니다. 들꽃도 예쁩니다.

그러므로 다 영광스러운 모습을 입고 있으면서도 아름다울 것이며 여전히 각각의 개성은 남아 있을 것입니다. 그런 가운데 개개인의 영광과 그리스도 나라의 합력한 영광이 드러나서 영광의 근원이요 그 자체이신 하나님의 영광을 비추게 될 것입니다. 그리고 우리는 우리의 영광을 바라보면서, 또한 하나님의 영광을 바라보며 마음껏 흠모하게 될 것입니다. 저 영광, 하나님의 영광이 얼마나 아름다운가? 그것을 흠모하며 계속해서 영원토록 살게 될 것입니다. "그것이 이미 임한 것임을 마음에 확신을 갖고, 현재의 고난도 합력하여 선을 이루는 줄 알고, 하나님의 아들의 형상을 닮기 위한 하나의 부르심인 줄 알고, 인내로 참아 견디며 경건 가운데 그것을 힘껏 살아가라." 이것이 오늘 주시는 약속의 말씀입니다.

기도, 고난을 감당하는 능력

주님께서는 무거운 신앙의 짐을 지워 준 것이 아니라, 주신 약속이 이미 이루어졌음을 생각하며 힘을 내라고 말씀합니다. 정말 힘이 날 수 있을까요? 감당할 수 있을까요? 기도하면 가능합니다. 기도하면 힘을 얻습니다.

기도하면 정말 힘을 얻습니다. 기도했는데 힘이 없어 무너지는 사람은 없습니다. 혼자서 생각하면 무너질 수 있습니다. 기도하면 살아납니다. 생각에 계속 빠지게 되면 점점 힘이 빠져 갑니다. 기도하면 힘이 채워집니다. 참 이상합니다. 왜 그럴까요? 생각을 많이 하면 사람의 힘으로 생각하게 되기 때문입니다. 말씀을 묵상할 때 기도를 통해 묵상하는 것이 아니라 사람의 생각으로 하는 묵상은 나중에 방향을 잃고 자기중심적인 이해에 갇혀버립니다. 우리는 하나님께 무릎을 꿇어야 합니다. 주님께서 어떻게 보시는지 꾸준히 생각해야 합니다. 그러면 예수님께서 이 땅에 계실 때 기도함으로 고난을 감당하신 것처럼, 우리들도 그렇게 해야 합니다. 그러다보면 어느새 이 땅의 인생의 종점 즉 나그네 길을 마친 상태로 있을 것입니다. "휴, 잘 살았구나. 감사하다"라고 곧 이르게 될 것입니다. 그때를 보면서 힘 있게 오늘 하루도 감당할 수 있도록 주의 이름으로 축복합니다.

48. 누가 우리를 대적하며 고발하며 정죄하리요

Romans Sermon Series

그런즉 이 일에 대하여 우리가 무슨 말 하리요. 만일 하나님이 우리를 위하시면 누가 우리를 대적하리요. 자기 아들을 아끼지 아니하시고 우리 모든 사람을 위하여 내주신 이가 어찌 그 아들과 함께 모든 것을 우리에게 주시지 아니하겠느냐. 누가 능히 하나님께서 택하신 자들을 고발하리요. 의롭다 하신 이는 하나님이시니 누가 정죄하리요. 죽으실 뿐 아니라 다시 살아나신 이는 그리스도 예수시니 그는 하나님 우편에 계신 자요. 우리를 위하여 간구하시는 자시니라. 로마서 8:31-34

탄식의 의미

정말로 우리가 하나님의 아들의 형상을 닮을 때까지, 믿음의 길에서 이탈되거나 신앙에서 떨어져 나가는 비참함을 겪지 않고 약속된 영광에 이르게 될까요? 중도에 탈락되는 일은 없을까요?

이런 의문은 사실 예수님을 믿는 많은 사람들에게 생길 수 있는 두려움이자 호기심입니다. 왜냐하면 현재 우리가 성도로 살아가는 삶의 내용을 가만히 들여다보면 스스로도 만족하거나 자부심을 가질만한 거룩함의 열매들을 충분히 맺고 있지 못하다는 생각이 들기 때문입니다. 우리의 신앙생활이 이전이나 지금이나 동일하다거나 혹은 그 이전보다 오히려 못하다는 자기의식이 떠오르면, 불안과 슬픔의 마음이 우리 심령을 지배하고 확신과 위로가 점차 사라집니다. 그리고 자신의 현재 상황을 보며 하나님의 사랑에 대한 확신도 흔들리는 두려움을 갖습니다. 사실 이것은 우리만의 문제가 아니고 모든 믿는 사람의 공통된 문제입니다. 성경에 기록된 많은 사건에도 드러나기도 하지만 사도들 또한 그런 어려움에 처했었습니다. 로마서 7장 22-24절을 보면, 그 유명한 사도 바울의 탄식이 나옵니다.

> 내 속사람으로는 하나님의 법을 즐거워하되 내 지체 속에서 한 다른 법이 내 마음의 법과 싸워 내 지체 속에 있는 죄의 법으로 나를 사로잡는 것을 보는도다. 오호라 나는 곤고한 사람이로다 이 사망의 몸에서 누가 나를 건져내랴(롬 7:22-24).

이러한 사도 바울의 탄식은 앞으로 다가올 일에 대한 가정적 탄식이 아닙니다. 혹은 "이럴 때가 있다면 어떻게 할 것이냐"라는 질문을 던지고 자신의 해법을 제시하기 위한 그런 것도 아닙니다. 이것은 직접 겪고 있는 실존적 탄식입니다. 사도 바울이 믿음이 없는 것도 아니고, 예수 그리스도를 믿지 아니한 것도 아닙니다. 그가 자신의 몸을 내던지고 헌신하여 살아온 믿음의 역군이요, 우리가 따라가지 못할 충실한 주의 종이었음에도 불구하고, 이 유명한 탄식은 그의 진실한 탄식이었고 그가 직면한 실제적인 문제였습니다.

"오호라 나는 곤고한 사람이로다 이 사망의 몸에서 누가 나를 건져낼 것인가!" 이 탄식이 실제적이기 때문에 이런 탄식을 갖는 사람이 자신의 현실을 놓고 두려워할 수 있는 것입니다. "내가 하나님의 형상, 아들의 형상을 닮을 때까지, 그 온전한 주의 영광에 이를 때까지, 이 땅에서 믿음의 삶을 잘 견지하고 푯대를 향하여 갈 수 있는 것인가? 지금은 또 제대로 가고 있는 것인가?"

이러한 질문에 대한 답을 찾아가는 맥락 속에서 오늘은 7장 24절에서 멈추지 말고 25절을 뚜렷하게 보아야 합니다. 7장 25절은 또 다른 의미에서 사도 바울의 실존이고 그 영적 실존은 어떤 의미에서 보면 7장 24절보다 더 위에 있는, 또 7장 24절을 그 안에 품고 나간다는 면에서 참된 의미에서의 영적 실존이라고 할 수 있습니다.

> 우리 주 예수 그리스도로 말미암아 하나님께 감사하리로다. 그런즉 내 자신이 마음으로는 하나님의 법을 육신으로는 죄의 법을 섬기노라(롬 7:25).

비록 깊은 탄식이 있지만 자신을 이 사망의 몸에서 건져낼 자를 찾지 못해서 하는 탄식이 아니고, 이미 답을 아는 자로서의 탄식이라는 사실을 금방 알 수 있습니다. 25절은 "곤고한 사람이요, 사망의 몸에 갇힌 자인 나를 누가 건져낼 것인가? 건져낼 자가 없으니 내가 멸망하게 되었다"는 의미가 아닙니다. 오히려 "우리 주 예수 그리스도 말고 누가 있겠는가"가 초점입니다. 즉 그리스도로 인한 구원의 은혜를 찬미하고 감사하는 일로 넘어가게 됩니다. 성도는 자기의 부정적인 모습을 보면서도 그 연약함과 부패성, 지울 수 없는 죄의 모습이 결코 자신의 마지막 답이 아니라는 것을 압니다. 자신의 모든 연약한 현실을 넘어 그 위에 자신을 붙들어주는, 예수 그리스도의 은총이 있다는 사실을 바라보기 때문입니다. 이것이 답입니다.

성도의 진실한 고백

성도는 "그 영혼의 중심에서 진실하게 하나님을 사랑하는가"라고 물을 때, "예"라고 말합니다. "그런데도 자네 삶의 실존 속에는 하나님의 법도를 불순종하는 죄 된 모습이 여전히 있지 않은가"라고 묻는다면, 물론 그러한 것도 사실입니다. 우리는 여전히 육신의 법을 섬기는 연약함을 보입니다. 하지만 육신의 법에 굴복하는 모습이 지워지지 않고 있다 할지라도 그것이 하나님 앞에서 내가 지닌 본래의 정체성은 아닙니다. 진정 내가 하나님 앞에 어떤 사람인가를 말해주는 참된 자아는 내 마음속에 진심으로 하나님을 사랑하는 마음, "내 마음속에 하나님의 법을 사랑한다"라는 확신입니다.

사실 우리가 어느 정도 성화됐는지 온전한 분량을 따지자면 너무나 부끄러울 수밖에 없습니다. 우리는 행실의 많은 부분에 있어서 자랑할 것이 없으며 다른 사람에게 존경 받을 만한 충분한 사랑을 전하지도 못합니다. 죄의 법을 섬기는 연약함이 내 자신 안에 있고 그것 때문에 곤고한 사람이라고 탄식하지만, 마음 깊은 곳, 영혼 깊은 곳을 가만히 들여다보면 하나의 진실만 남습니다. 신자는 "마음"이라 불리는 지, 정, 의, 인격성이 가장 중심에 놓인 곳, 바로 내 영혼이 자리하는 곳, 그곳에서 "나는 하나님을 사랑한다. 그리고 이것이 진실하다"는 사실을 자기가 압니다.

그것이 참된 중생자의 자기 고백입니다. 그래서 마음으로는 하나님의 법을 사랑하는 진실한 영적 실상이, 비록 육신으로는 죄의 법을 섬기는 현상으로 드러난다 할지라도, 내 영혼의 중심에 하나님의 법을 사랑하는 중생자로서의 영적 근원을 부인하거나 지워버리지는 못합니다. 이게 굉장한 은혜의 역사입니다. 성령 하나님께서 우리를 일깨우셨고 살리셨습니다. 성령을 근심하게 하는 일에 대한 슬픈 탄식을 갖는 것도 주님께서 우리 영혼의 중심에 일깨우신 새 생명이 역사하기 때문입니다. 그래서 우리는 예수 그리스도로 말미암아 하나님께 감사하는 참된 소망의 기쁨과 하나님의 법을 사랑하는 마음을 부인할 수 없습니다. 그것이 우리의 진정한 영혼의 상태입니다. 비록 옛사람의 죄의 소욕이 나를 사로잡고 육신은 죄의 법을 섬기는 일이 종종 나타나며 오랜 습관의 죄 안에 시달리는 경우가 있다 할지라도, 때로 말씀을 멀리하고 경건에서 멀어져가는 영적 나태와 무력성을 보인다 할지라도 그러합니다. 왜냐하면 하나님의 법에 대한 진실한 사랑과 예수 그리스도로 말미암는 은혜가 내 마음속에 있기 때문입니다. 이로 인해 하나님께 감사할 수 있습니다. 사도 바울의 찬미가 이와 같습니다. 우리도 같은 감사를 주 앞에 드리게 됩니다.

하나님 앞에 어떻게 설 것인가

"자, 그래서 과연 우리가 하나님의 아들의 형상을 닮는 그 영광에까지 이를 수 있는가? 이 땅에서 하나님 아들의 형상을 닮아가도록 부르시고 이끄시는 그 하나님의 손길에서 끝까지 떨어지지 않을 것인가? 믿음의 행진과 그 대열에서 떨어져가는 일이 없이 머물고 있을 것인가?" 이 부분에 대해 본문 31-34절이 결론을 확증해줍니다. 우리의 영적 실존이 위태로워 보여도 우리가 마음으로 하나님의 법을 사랑하는 자인 이상 결코 하나님의 사랑과 위로와 택하심과 구원에서 떨어지지 않습니다.

31절의 "이 일에 대하여"는 로마서 1장부터 8장 30절까지의 전체 내용을 지칭합니다. 자세히 살펴보면, 이 일이 가리키는 것은 우리를 미리 정하시고 부르시고 의롭다 하시고 영화롭게 하시는 하나님의 구원 사역이요, 더 앞으로 넘어가게 되면 29절에 그 아들의 형상을 본받게 하는 일이요, 더 앞으로 넘어가면 28절에 모든 것을 합력하여 선을 이루게 하시는 일, 또 그 앞에 있는 모든 복음적 내용, 바로 "그 모든 일에 대하여 우리가 무슨 말을 하겠는가"입니다. "자, 결론을 내려 보자"는 말입니다. 지금까지 복음을 들었으니 이제 결론을 내려 보십니다. 여태껏 우리가 살펴본 것은 무엇일까요? 사람의 인생에서 가장 중요한 문제는 무엇이겠습니까? "하나님 앞에 어떻게 설 것인가"가 가장 중요합니다. 다시 한번 말하지만, 굉장히 중요합니다.

우리가 인생을 다 마칠 때쯤에 남는 것은 "하나님과 어떤 관계로 살아왔는가"입니다. 즉, 하나님과의 관계, 그 영원성의 문제입니다. 그래서 그때쯤 되면 "아 정말 그렇구나! 인생에 가장 중요한 것은 창조주 하나님 앞에서 바르게 사는 것이요, 그의 뜻대로 사는 것이요, 거기서 어긋났던 우리들이 그리스도의 은혜 가운데 하나님의 자녀로 다시 바르게 서는 것이구나"라는 사실을 고백하게 되고 자기 인생을 돌아보게 될 것입니다.

로마서는 하나님과의 관계와 관련하여 우리가 두 가지 대조적인 상태에 놓여 있다고 말합니다. 첫 번째는 로마서 3장 23절입니다.

> 모든 사람이 죄를 범하였으매 하나님의 영광에 이르지 못하더니(롬 3:23).

우리가 하나님 앞에 어떻게 서 있는가 물을 때, 로마서 3장 23절은 모든 사람이 다 죄를 범하였기 때문에 하나님 영광에 이르지 못하며 다 멸망자가 된다고 선언해버립니다. 하나님 앞에서 어떻게 서 있느냐가 가장 중요한데, 그의 영광에 이르지 못하는 멸망자가 되었다는 것이니 완전한 비참함의 절정입니다. 그런데 여기에서 멈추지 않고 로마서는 또다시 우리에게 하나님과 관계성에 비춘 상태와 실존을 얘기합니다.

> 또한 그로 말미암아 우리가 믿음으로 서 있는 이 은혜에 들어감을 얻었으며 하나님의 영광을 바라고 즐거워하느니라(롬 5:2).

하나님의 영광에 이르지 못하고 영영 죄인인 자가 있고, 믿음으로 인한 은혜 때문에 하나님 영광을 바라고 즐거워하는 자로 서 있는 사람이 있습니다. 후자는 대체 어떻게 해서 영광을 바라고 즐거워하는 자로 바뀌게 되었을까요? 방금 읽은 말씀 전반부가 그것을 설명하고 있습니다. "그로 말미암아 우리가 믿음으로 서 있는 이 은혜에 들어감을 얻었다."

5장 2절은 세 가지를 이야기합니다. 첫째는 "그로 말미암아", 둘째는 "믿음으로", 셋째는 "그것이 은혜다"라고 얘기합니다. "그로 말미암아"는 예수 그리스도를 가리킵니다. 예수 그리스도로 말미암아, 믿음과 은혜로 말미암아, 우리가 하나님의 영광을 바라고 즐거워하는 자가 되었습니다. 이처럼 하나님의 영광을 바라고 즐거워하는 것이 성도의 부르심이요, 소망이요, 유업이며 기업입니다. 그리고 이것에서 우리가 떨어져 나가지 않는 이유는, 하나님 영광을 바라지 못하는 자들이 어떻게 영광을 바라는 자가 되었는가에 대한 원인적 상태를 통해 우리가 이 같은 사실을 확인할 수 있기 때문입니다. "그로 말미암아 된 것이라"는 즉 믿음으로 말미암아 된 것이고 은혜로 말미암은 것이라는 뜻입니다.

이 세 가지 이유로 인해 우리는 하나님 영광을 바라보고 즐거워하는 자들의 대열에서 결단코 떨어져 나가지 않습니다. 다시 말하자면 구원의 확신을 갖는 자가 됩니다. 이 구원은 다시는 떨어져 나가지 않을 견고한 구원입니다. 즉 성도를 끝까지 붙드시는 하나님의 은혜의 견인 그 가운데에 있게 됩니다. 이 사실을 우리가 확인하게 됩니다. 그러니까 우리가 처음 설교 도입부에 물었던 질문에 대한 답의 핵심은 로마서 5장 2절에서 찾을 수 있습니다.

예수님은 어떤 분이신가

그렇다면 왜 예수님으로 말미암아 이것이 우리에게 견고한 구원의 확신의 근거가 되고, 두려움과 호기심과 잡다한 생각으로 인한 걱정을 하지 않게 되는 것일까요? 예수님이 어떤 분이십니까? 로마서 5장 8-10절에서는 다음과 같이 설명합니다.

> 우리가 아직 죄인 되었을 때에 그리스도께서 우리를 위하여 죽으심으로 하나님께서 우리에 대한 자기의 사랑을 확증하셨느니라. 그러면 이제 우리가 그의 피로 말미암아 진노하심에서 구원을 받을 것이니, 곧 우리가 원수 되었을 때에 그의 아들의 죽으심으로 말미암아 하나님과 화목하게 되었은즉 화목하게 된 자로서는 더욱 그의 살아나심으로 말미암아 구원을 받을 것이니라(롬 5:8-10).

8절에서는 그리스도께서 우리를 위해 죽으셨으니 하나님의 사랑을 나타내 보인 것이라 말합니다. 그 일은 우리가 여전히 죄인이었을 때 하신 일입니다. 이것이 굉장히 중요한 전제입니다. 우리가 의인이어서 그리스도께서 우리를 위하여 죽으시고 하나님의 사랑을 확증하신 것이 아니라, 여전히 죄인인 우리들을 향하여 하나님께서 우리를 향한 자기의 사랑의 나타내보이셨습니다. 이는 우리 형편이 어떠한지에 따라 달라지는 것이 아니었다는 사실을 의미합니다.

그리스도께서 우리를 위하여 죽으셨다는 말의 의미는 무엇일까요? 그것은 9절에 "그의 피로 말미암아 의롭다하심을 받았다"는 말로 설명됩니다. 이 죽으심으로 우리는 의로운 자가 됩니다. 의로운 자가 되었다는 것은 "하나님 앞에서 정죄할 것이 없는 자가 되었다, 하나님의 자녀가 되었다, 그리스도의 의를 덧입어 우리도 하나님 앞에서 의인이 되었다"는 뜻입니다. 그러므로 9절에서 언급하듯이, 예수 그리스도로 말미암아 하나님의 죄인을 향한 진노가 전혀 우리와 상관없는 것이 되었고 이것이 바로 "진노에서 우리가 구원을 받았다"는 의미입니다.

그리고 이는 10절에서도 되풀이됩니다. 10절의 "우리가 원수 되었을 때"는 8절의 "우리가 아직 죄인 되었을 때"와 같은 말입니다. 10절의 "그 아들의 죽으심으로 말미암아"는 8절의 "그리스도께서 우리를 위하여 죽으심으로"와 같은 뜻입니다. 이렇게 해서 하나님께서 우리에 대한 사랑을 확증하셨습니다. 이제 사랑하는 대상과 하나님은 원수가 아니라 화목자가 되었습니다. 10절은 8절에 대한 반복인데, 8절에는 없고 10절에만 부가된 말이 있습니다. 그것은 바로 부활입니다. "그의 살아나심으로 말미암아 구원을 받을 것이니라."

이제 11절을 같이 읽어봅시다.

그뿐 아니라 이제 우리로 화목하게 하신 우리 주 예수 그리스도로 말미암아 하나님 안에서 또한 즐거워하느니라(롬 5:11).

"예수 그리스도로 말미암아"라는 사실 속에서 우리는 도무지 우리의 공로가 없다는 것을 확연히 볼 수 있습니다. 우리가 아직 원수일 때에 그리고 여전히 죄인일 때에 그리스도께서 우리를 위하여 죽으시고 그의 피로 우리를 의롭다 하셨다 하셨으니 우리 편에서는 그 어떤 공로도 있을 수 없습니다. 구원은 여전히 죄인이었을 때 이루어진, 오직 은혜입니다. "그리스도로 말미암아"라는 말은 대리속죄 즉 죽음이요, 의롭다 하심이요, 구원이요, 부활입니다. 또한 하나님과 화목케 하신 모든 일이 그리스도로 말미암아 이루어졌기 때문에 그 이름을 기초로 이야기합니다.

그리스도 예수로 인한 신분의 변화

이런 사실 때문에 앞에서 보았던 로마서 3장 23절에 이어서 24절 말씀을 보아야 합니다.

> 그리스도 예수 안에 있는 속량으로 말미암아 하나님의 은혜로 값 없이 의롭다 하심을 얻은 자 되었느니라(롬 3:24).

이 말씀은 방금 전 읽은 로마서 5장 8-11절 말씀의 요약입니다. 즉 로마서는 8장까지 오는 동안 되풀이하고 다시 얘기하면서 그 관점과 초점과 각도를 조금씩, 마치 앵글을 조금씩 바꾸어 예수 그리스도 안에 이루어진 영적 실상과 실체를 계속 들추어냅니다.

구원의 은혜가 나에게 적용되어서 하나님의 아들의 형상을 닮도록 하나님께서 붙들고 놓지 않는 이 성도의 견인, 붙드시는 은혜가 혹시 내 편의 문제인가 싶을 때, 그것이 아니라는 생각을 가져야 합니다. 만일 내가 의인이었을 때 불렀는데 나중에 죄인이 된다면 "너 이제는 자격 없다"고 다시 놓아버리실까요? 그러지 않으실 것입니다. 또는 가능성을 보고 불러주셨으면 "네가 죄인 되었을 때에 그래도 내가 은혜를 베풀어 붙들어주면 이만큼 달라질 줄 알았다. 나의 기대를 네가 저버렸으니 나 또한 너를 놓아 버린다"라고 하실까요? 그렇지 않습니다.

하나님께서 만일 내가 의인이라서 부르시거나 하나님이 불러주면 의인으로 있을 만한 기대와 가능성이 있기 때문에 불러주신 것이라면, 내 편에서 문제가 발생합니다. "내가 하나님의 기대에 충분한 신자로서 믿음의 반응을 보이고 있는가"라는 질문 앞에 정직하게 대답해봅시다. "하나님께서 내게 부어주신 은혜 앞에서, 정말로 합당한 반응으로 신자다운 성숙을 이루고 있는 것인가? 내 상태가 그만큼 변했는가?" 이 질문에 "예"라고 말할 자가 얼마나 있겠습니까? 하나님께서 부어주신 은혜가 너무 크지 않습니까? 오래 참으신 은혜가 너무 큽니다. 그 수많은 허물을 덮어 가리신 일이 너무 큽니다. 오래 참으시는 하나님은 내가 예수 믿기 이전에도 그러셨고 믿은 이후에도 지금까지 여전하십니다.

"예수 그리스도께서 온전히 이루신 구원의 역사가 나에게 유효하게 적용될까"라고 물을 때 그리스도의 편에서는 문제가 아닙니다. 완전한 구속의 은혜를 이루셨기 때문입니다. 그렇다면 내 편의 문제인가 싶은데 그것도 아닙니다. 왜냐하면 하나님은 나를 원수 되었을 때 그저 부르신 것이기 때문입니다. 이보다 더 나쁠 수 없을 때 부르셨습니다. 그러니까 하나님께서 애초부터 우리 편에서 하나님의 자녀가 되기 위한, 무엇인가 받을 만한 것을 기대하고 조건을 덧붙여 그것을 자격 또는 이유로 삼아 우리를 부르신 적이 없으십니다.

내가 하나님 앞에 신실하게 반응하기 때문에 하나님 앞에서 온전히 하나님의 자녀로 끝까지 믿음을 지킬 수 있도록 변치 않는 은혜를 부어주시는 것이 아님에도, 그럼 무엇을 바라보고 하나님이 우리를 지키신다 확신할 수 있을까요? 내 안의 지독한 자기 불만이 있음에 불구하고도 가능할까요? 우리는 자신의 영적 상태를 압니다. 그럼에도 내가 끝까지 무엇을 보며 믿을 수 있을까요? 우리는 "하나님이 우리를 위하신다"는 말씀 때문에 믿을 수 있습니다.

> 그런즉 이 일에 대하여 우리가 무슨 말 하리요. 만일 하나님이 우리를 위하시면 누가 우리를 대적하리요(롬 8:31).

지금까지 설명했던 복음을 다시 한번 정리해봅시다. 우리가 하나님의 아들의 형상을 이루는 데까지 하나님의 영광을 누리게 될까요? 물론 그렇습니다. 왜 그럴까요? 우리가 아직 죄인 되었을 때에 그리스도께서 우리를 위하여 죽으심으로 하나님께서 우리에 대한 자기의 사랑을 확증하셨기 때문입니다(5:8).

내가 사망의 음침한 골짜기를 다닐지라도 해를 두려워하지 않을 것은 주께서 나와 함께 하심이라(시 23:4).

"사망의 음침한 골짜기"란 내 편에서는 문제가 없고 다만 어려운 환경에 닥쳤다는 객관적 상황만을 말하는 것이 아닙니다. 이것은 내 영혼의 주관적 측면에서 "내가 사망의 음침한 골짜기에서 멸망자처럼 헤맬 때라도"라는 말입니다. 그러므로 "사망의 음침한 골짜기를 다닐지라도 해를 두려워하지 않을 것"이라는 말은 "사망의 음침한 골짜기라는 어려운 상황에서도 하나님께서 날 놓지 않았다"라는 것뿐만 아니라, 주관적으로 보면 "내가 멸망자와 같이 짝을 지어 다닐지라도, 그 죄의 수렁에 빠질 때라도, 하나님께서 나와 함께 하시는 은혜를 베푸셨기 때문에 내 영혼이 해를 당하지 않았다"라는 고백도 담겨 있습니다.

그리스도의 사역은 하나님께서 우리를 얼마나 사랑하시는가를 보여주는 확증입니다. "하나님께서 우리를 위하시니까 누가 우리를 대적하리요? 하나님이 우리를 위하신다는 말이 무슨 뜻일까"라는 질문에 대답하려면 32절을 보면 됩니다.

자기 아들을 아끼지 아니하시고 우리 모든 사람을 위하여 내주신 이가 어찌 그 아들과 함께 모든 것을 우리에게 주시지 아니하겠느냐(롬 8:32).

하나님께서 우리를 향하여 사랑한다 했을 때 불가능한 사랑, 곧 원수를 위하여 자기의 가장 사랑하는 이를 내주십니다. 그것이 하나님의 사랑입니다. 하나님과 성자 하나님의 관계는, 구별되지만 한 분입니다. 삼위 하나님은 서로서로 안에 거하며 그 사랑의 일치성과 하나 됨에 있어 그 관계의 완전성을 드러내십니다. 그 완전성은 가장 멀리 있는 원수를 위해 하나님께서는 사랑하는 아들을 사람의 몸으로 보내셔서 죽이시는 장면에서 극적으로 드러납니다. 요한일서 4장 9절에서는 하나님의 사랑을 추상적으로 설명하지 않고 "예수 그리스도"로 말미암아 설명합니다.

> 하나님이 자기의 독생자를 세상에 보내심은 그로 말미암아 우리를 살리려 하심이라 (요일 4:9).

"그것이 바로 사랑이라. 우리가 언제 하나님을 사랑했는가? 우리는 하나님을 사랑하지 않았다. 그러나 하나님이 우리를 사랑하셔서 우리 죄를 속하기 위하여 화목제물로 그 아들을 보내신 것이라. 그러므로 그렇게까지 우리를 사랑하신 하나님께서 우리를 위하시는데 누가 우리를 대적하겠는가? 전지전능하시고 천하를 말씀으로 지으신 창조주 하나님께서 우리 편이 되신다면, 우리를 향하여 대적할 자가 누가 있겠는가?" 이는 논리적으로 불가능한 말입니다. 그럼에도 논리적 불가능성을 뒤로 하고, 우선 실존적으로 이 땅에서 이루신 그리스도의 사랑을 생각한다면, 이제는 그 사랑의 실제를 만질 수 있지 않겠습니까?

"하나님이 절대자이신데 절대자가 편드는 사람을 어떻게 대적할 수 있겠습니까"라는 진술은 철학적이며 논리적인 설명입니다. 그러나 이러한 철학적·논리적 설명은 영혼의 실존적 문제의 궁극적 답이 되지 못합니다. 왜냐하면 본래 우리는 마음의 법으로 하나님의 법을 사랑하지만 옛사람의 성품 때문에 연약해서 그렇게 하지 못했기 때문입니다. 영적 실상이 흔들리고 있는데, 그런 추상적이고 개념적인 설명이 답이 되겠습니까? 우리가 만지고 보고 아는 바로 그분, 십자가가 답이 됩니다. 즉 예수님이 없이는 어떤 설명도 답이 될 수 없습니다. 그러므로 "자기 아들을 아끼지 아니하셨다. 그러므로 누가 우리를 대적하겠는가"라고 말씀합니다.

어느 누구도 빼앗을 수 없는 우리의 구원

하나님 앞에서 우리를 대적하는 존재는 딱 하나밖에 없습니다. 누구일까요? 마귀입니다. 마귀는 우리를 참소하고 고발합니다. 마귀는 계속 하나님 앞에서 우리들 하나하나 이름을 부르며 "그건 당신 것이 아니라 내 것이다"라고 소유권을 주장할 것입니다. 하나님께서 "아니야. 내가 창세전에, 영원 전에 택한 자야"라고 말씀하셔도 마귀는 계속 검사처럼 증거를 내놓을 것입니다. 그 증거가 무엇이겠습니까? "이 사람은 죄가 있소. 이 사람은 정죄 받을 자요"라고 죄를 이유로 기소하는 겁니다.

참소거리가 있겠습니까, 없겠습니까? 많이 있을 것입니다. 마귀는 얼마든지 내놓을 것입니다. 요한계시록 12장에서는 참소에 대해 다음과 같이 말하고 있습니다.

내가 또 들으니 하늘에 큰 음성이 있어 이르되 이제 우리 하나님의 구원과 능력과 나라와 또 그의 그리스도의 권세가 나타났으니 우리 형제들을 참소하던 자 곧 우리 하나님 앞에서 밤낮 참소하던 자가 쫓겨났고, 또 우리 형제들이 어린 양의 피와 자기들이 증언하는 말씀으로써 그를 이겼으니 그들은 죽기까지 자기들의 생명을 아끼지 아니하였도다(계 12:10-11).

누가 쫓겨났습니까? 마귀입니다. 예수 그리스도의 권세가 나타나서 성도를 참소하던, 하나님 앞에서 밤낮으로 참소하던 자, 즉 예수 그리스도의 권세로 마귀를 쫓겨났습니다. 마귀를 이기는 길은 예수 그리스도의 증언, 복음 밖에 없습니다.

누가 능히 하나님께서 택하신 자들을 고발하리요 의롭다 하신 이는 하나님이시니(롬 8:33).

결국 마귀의 참소라는 것은 33절의 "고발"을 의미합니다. 이 말씀은 이사야 50장 8절에서 주어진 말씀을 그대로 반영합니다.

나를 의롭다 하시는 이가 가까이 계시니 나와 다툴 자가 누구냐 나와 함께 설지어다 나의 대적이 누구냐 내게 가까이 나아올지어다(사 50:8).

즉 "하나님께서 내 편을 들어주시니 누가 나를 정죄하며 누가 나를 대적하겠느냐"입니다. 스가랴 3장에서는 대제사장 여호수아가 환상 가운데 그리스도로 말미암아 의롭게 되는 사역을 보게 되는 대목이 나옵니다. 대제사장 여호수아는 여호와의 천사 앞에 섰는데 사탄은 그의 오른쪽에 섭니다. 그 사탄이 천사 앞에서 대제사장 여호수아를 대적하고 정죄합니다. "너는 죄인이요, 너는 하나님의 멸망자요." 그때 여호와께서 그 정죄하는 사탄에게 말씀합니다.

사탄아 여호와께서 너를 책망하노라. 예루살렘을 택한 여호와께서 너를 책망하노라(슥 3:2).

"하나님이 여호수아를 택하고 예루살렘을 택하였거늘, 하나님이 택한 자를 네가 책망하고 대적하느냐"라고 여호와께서 사탄을 꾸짖습니다. 그리고 택한 자를 들어 더러운 옷을 벗기고 깨끗한 옷으로 덧입히시며 그 옷을 가리켜 의로운 옷이라 말씀합니다. 하나님께서는 여호수아에게 아름다운 옷을 입히고 머리에는 정결한 관을 씌우십니다.

우리의 구원은 예수 그리스도 안에서 절대적으로 확실합니다. 왜냐하면 하나님께서 우리 편에 계시기 때문입니다. 마귀의 권세가 예수 그리스도의 권세로 이미 짓밟혀 깨졌기 때문에 더는 고발자, 정죄

자가 없습니다. 우리의 허물을 들어 고발할 자가 없다는 것은 정죄받을 이유, 재판에서 시비를 가려야 할 이유가 없다는 의미입니다. 검사가 기소를 해야 재판에서 판결을 받을 텐데 애초부터 불기소되어 재판조차 받지 않게 됩니다. 기소할 구실 자체가 없기 때문입니다. 기소할 구실이 없다는 것은 그리스도의 피로 말미암아 이미 모든 더러운 옷을 벗기시고 의로운 옷으로 입히셔서 죄가 없는 것과 같게 되었기 때문입니다. 우리가 완전히 의로운 자가 되었기 때문에 정죄와 고발 자체가 없어집니다.

34절에 마지막으로 우리가 하나님의 구원의 은택에서 결코 떨어지지 않을 또 한 가지 중요한 사실을 제시합니다.

> 그는 하나님 우편에 계신 자요 우리를 위하여 간구하시는 자시니라(롬 8:34).

예수 그리스도께서 하나님 우편에서 우리를 위하여 기도해주십니다. 이러한 대제사장 예수 그리스도의 천상의 사역은 히브리서 7장에 이미 나와 있습니다. 히브리서 7장 24-25절입니다.

> 예수는 영원히 계시므로 그 제사장 직분도 갈리지 아니하느니라. 그러므로 자기를 힘입어 하나님께 나아가는 자들을 온전히 구원하실 수 있으니 이는 그가 항상 살아 계셔서 그들을 위하여 간구하심이라(히 7:24-25).

천상에 오르시어 하나님 우편에 계신 그리스도께서 우리를 위하여 항상 간구하십니다. 그 유명한 고난의 장이라 불리는 이사야서 53장 12절에서 "그가 많은 사람의 죄를 담당하며 범죄자를 위하여 기도하였느니라"라고 말씀하신 그대로입니다. 천상에 계신 예수 그리스도께서 우리를 위하여 중보기도하시니, 우리가 범한 모든 죄의 허물들은 우리를 기소할 어떤 이유도 되지 못합니다.

마귀는 우리가 범한 죄를 들춰낼 것입니다. 그러나 우리는 이미 예수 그리스도의 피로 우리의 원죄뿐 아니라 모든 자범죄 일체를 다 용서 받고 사함을 받았습니다. 마음의 법으로는 하나님의 법을 사랑하되, 내 지체 안에 있는 또 다른 법이 나를 사로잡아 육신의 법을 끌어가는 영적 갈등의 불안정성이 우리 안에 있을 때에도 다 용서 받았습니다. 그러므로 우리에게 있어날 수 있는 이러한 상태적 불완정성을 정체성의 불완전성으로 오해하면 안 됩니다. 이러한 상태적 불완전성이 있다 할지라도, 우리는 확고하고 견고한 하나님의 자녀입니다. 왜냐하면 하나님을 사랑하는 마음의 법이 중생자라는 실상을 분명하게 보여주기 때문입니다.

놀라운 예수 그리스도의 사역

우리를 위하여 끝까지 기도하시는 중보자 예수 그리스도의 천상적 사역이 있습니다. 그러므로 우리 상태를 보고 "우리가 구원에서 떨어질까? 영영 구원을 못 받는 일이 있지 않을까? 믿었다가 다시 멸망에 이르는 일이 없을까"라는 헛된 두려움과 공연한 불안감을 가질 이유가 없습니다. 예수 그리스도의 하나님 우편에서의 중보는, 엎드려서 간절히 아버지께 빌고 빌면서 "저 어리석은 성도의 허물을 다 용서해주시옵소서. 다 덮어주옵소서"라고 무릎 꿇고 비는 식의 중보가 아닙니다. 아버지의 동의를 얻고 허락을 얻어내고 그리하여 우리의 허물을 가려주시는 그런 식의 중보도 아닙니다. 주님의 중보는 권세의 행사입니다. 이것을 잘 기억해야 합니다.

주님께서는 이미 만드신 모든 만물의 주인으로 계십니다. 우리는 이미 주님의 것입니다. 예수 그리스도의 소유가 된 자입니다. 주님의 중보라는 것은 자기의 소유된 자들을 다 품에 안고, 만물을 그 발에 복종케 하는 권세를 가진 자로서, 그리고 교회의 머리로서, 하나님 앞에 "이 자는 내게 속한 자요, 아버지가 내게 주신 자입니다"라는 사실의 확인 그 이상, 그 이하도 아닙니다. 그것으로 이미 족한, 우리를 향한 중보자의 권세이며 이것으로 그의 기도가 이루어집니다. 빌어서 얻는 것이 아닙니다. 이미 나를 위하여 자기의 모든 희생사역을 이루시고 "아버지가 내게 주신 자들을 위하여 내가 모든 일을 이루었으매, 이제 내 것입니다"라고 말씀하시는 예수 그리스도의 교회의 머리로서의 당당한 권세적 행사, 그것이 이루어지는 중보입니다.

그의 사역은 우리의 허물을 넉넉히 가리시는 것입니다. 그분은 구속 사역을 완성하신 주님의 권세로, 하나님 앞에 계신 분으로, 기도의 효력을 이루어 가십니다. 본문은 그것을 "간구"라고 하였으나 그 간구는 모든 구속 사역을 이루신 나의 주인 앞에 있다는 사실에 대한 기쁨이자 위로입니다. 그리고 사나 죽으나 예수 그리스도에 속해 있다는 사실만큼 이 세상에 어떤 위로도 없습니다. 이 땅에 사는 동안 영원한 그 세계에서의 위로, 즉 총체적 위로입니다. 일시적일 뿐 아니라 영원한 위로가 오직 주님밖에 없습니다. 주님의 권세로 그에게 속한 자들을 넉넉히 구원하시기 때문입니다.

우리를 향한 주님의 구속의 권세는, 우리를 구원하기 위한 모든 공로적 속죄를 이뤘습니다. 그뿐만 아니라 주님은 그것을 기초로 하여 만물을 자기 발아래 두시고 교회의 머리가 되시며 자기 소유를 확인하는 과정 안에서 하나도 놓치지 않고 은혜를 베푸십니다. 이를 통해서 아버지 앞에 중보자의 권세를 행사하심으로 우리를 붙들어 주십니다. 그러므로 예수 그리스도의 중보기도는 확고하고 견고합니다. 혹시나 흔들리거나 응답받지 못할 일이 있을까 걱정하지 않아도 됩니다. 우리를 위한 그분의 중보기도는 왕권을 행사하는 것이기도 합니다.

천상에 올라간 대제사장의 사역이면서 그 사역의 기반은 왕권적 사역을 기초로 하고 있습니다. 따라서 "우리가 복음 앞에서 어떻게 반응하는가"에 따라, 우리의 순종의 여부에 따라, 자기의 자범죄의 형벌을 스스로 갚아야 한다고 말하는 것처럼 복음에 해가 되는 것이 없습니다. 또한 한번 믿어서 구원 받았으나 불신앙에 떨어짐으로 인해서 다시 구원에서 떨어져 나갈 수 있다고 말하는 어느 교파의 가르침만큼 예수 십자가의 복음을 훼손하는 것도 없습니다. 성경적 의미의 복음이, 그리스도의 객관적 사역의 온전한 성취가, 우리들 각각을 끝까지 자기 것으로 만드시는 주관적 적용 즉 그리스도 사역의 완성적 측면에 있다는 사실을 보지 못하기 때문입니다. 하나님 사랑의 절대성에 근거가 있다는 사실을 못 보고 마치 "우리가 어떠한 가능적 존재로 부르심을 받아 은혜를 입었으니 이만한 기대치를 내야만 하나님의 자녀로 끝까지 가는 것이요. 우리가 죄인 되었을 때 부름 받았으나 그 기대치를 유지 못하면 다시 떨어져 나가는 것이다"라고 가르치는 것은 복음에 대한 심각한 왜곡이자 훼손입니다.

여러분의 구원은 여러분이 마음으로 하나님의 법을 진실로 사랑하는 한, 육신의 법에 따라 여러분이 무너질 때가 있다 할지라도, 여러분을 향한 그리스도 안에서의 선택은 지워지지 않습니다. 그리고 여러분을 위하여 피 흘리신 그리스도 속죄 사역은 취소되거나 적용이 되지 않는 그런 것이 아니요, 또한 천상에 계신 그리스도의 중보적 사역은 우리를 절대 배제하지 않으십니다. 이것이 성도가 누리는, 이 땅에서나 주 앞에 설 때나, 사나 죽으나, 절대적인 위로가 됩니다. 우리는 자신의 허물을 돌아보고 탄식하고 괴로워하지만, 이 위로를 통해 다시 힘을 내야 합니다. 구원에서 떨어질 것을 불안해하지 말고 구원 받은 자로서의 하나님의 은혜와 그 놀라운 사랑에 감격하면서, 그 거룩한 부르심에 대하여 엄밀하고 엄중한 구원적 목적과 목표를 바라보며 회개하고 돌이켜 주 앞에 순종하여 나가기를 소망하는 기도를 드려야 합니다. 그래서 우리는 "계명을 행할 능력과 소망의 눈을 열어주옵소서"라고 더욱더 기도해야 합니다.

49. 누가 우리를 그리스도의 사랑에서 끊으리요

Romans Sermon Series

누가 우리를 그리스도의 사랑에서 끊으리요. 환난이나 곤고나 박해나 기근이나 적신이나 위험이나 칼이랴. 기록된 바 우리가 종일 주를 위하여 죽임을 당하게 되며 도살 당할 양 같이 여김을 받았나이다 함과 같으니라. 그러나 이 모든 일에 우리를 사랑하시는 이로 말미암아 우리가 넉넉히 이기느니라. 내가 확신하노니 사망이나 생명이나 천사들이나 권세자들이나 현재 일이나 장래 일이나 능력이나 높음이나 깊음이나 다른 어떤 피조물이라도 우리를 우리 주 그리스도 예수 안에 있는 하나님의 사랑에서 끊을 수 없으리라. 로마서 8:35-39

성도의 고난, 하나님의 침묵

삶을 힘겨워하는 사람들이 많이 있습니다. 힘든 일을 겪고 어찌할 바를 몰라 하나님께 도와달라고 간구하지만 당장의 형편이 변하지 않는 어려움 가운데 있는 경우들이 있습니다. 인생을 살아가다 보면 각자마다 그런 대목들을 마주하게 되는 경험이 있을 것입니다. 예를 들면 직장에서 핍박이 있을 수 있습니다. 일은 잘하지만 납득할 수 없는 책임의 전가로 어려움을 당하기도 합니다. 기도함에도 별다른 상황의 진전 없이 시간만 흐르기도 합니다. 생업을 포기할 수 없으니 그저 견딜 수밖에 없습니다. 엎친 데 덮친 격으로 가정 안에서 어려움마저 생기면 너무나 힘듭니다. 모친은 병들고 가족의 생계를 전부 자신이 책임져야 한다면 더 어렵습니다. 참으로 서러운 삶입니다. 그럴 때 기도는 공허해집니다. "하나님은 살아 계시나? 만약 살아 계시다면 나를 사랑하시나? 내 기도는 들으시나"라고 푸념하며 몸부림을

칩니다.

이 이야기는 제가 상담 중인 한 자매 청년의 사연입니다. 이 자매에게 제가 딱히 해줄 말이 없습니다. "기도해보자. 견뎌보자. 그래도 그 직장 그만두지 말고 참아보자. 모친의 병은 주님께 구하며 기도하자"라고 답하며 함께 성경을 읽고 권면하지만 상황이 변하지 않은 채 세월만 지나고 있으니 힘듭니다. 그 자매에게 결혼은 사치입니다. 그 자매는 궁극적으로 "하나님을 도무지 이해할 수 없습니다. 이해할 수 없는 분을 어떻게 믿고 신앙생활 하지요?"라고 묻습니다. 자매가 겪는 삶의 압박은 저에게 큰 질문과 숙제를 던져주었습니다.

이런 상황을 겪게 되면 "하나님은 공의로우신가"라고 질문하게 됩니다. 공의로운 상황을 많이 보지 못해서 그렇습니다. 억울하고 분한데 바꿔볼 도리가 없습니다. 그 손해와 상처를 자기 혼자 끌어안고 하나님의 공의에 대한 강한 질문을 던집니다. 그리고 스스로를 향해서는 하나님의 사랑에 대한 의문이 생깁니다. "공의롭지 않은 하나님은 내 삶을 돌아보지 않으시니까 사랑이 없으시다"라고 생각하게 됩니다. 많은 성도들이 이런 질문들을 마주하곤 합니다.

그렇다면 우리는 고난과 슬픔을 어떻게 다루어야 할까요? 우리가 헌신했을 때 오는 고난들은 더 큰 상처가 될 수 있습니다. 당사자는 소명이 있어 견딥니다. 은혜를 경험해서 견딜 수 있습니다. 그런데 그 은혜를 경험하지 않은 상태로 같은 소명에 참여해야 하는 다른 가족들의 경우는 좀 다릅니다. 자녀는 "아빠는 그리스도의 은혜를 사랑하고 감사해서 한다는데, 나는 아직 그 은혜를 모르겠어요. 내게는 새롭게 경험될 예수님이고, 아빠의 환경을 지금까지 인도해 온 주님의 손길을 다 인정하기는 어려워요"라고 말할 수 있습니다. 선교사 자녀들, 목회자 자녀들 중 상당수가 이렇게 고백할 것입니다. 너무 힘든 상황에 몰리고 주님을 위한 헌신의 결과가 핍절과 궁핍으로 다가오게 되면 더욱 그러할 것입니다.

그런데 이러한 상황을 잘 들여다보면, 부모가 사역은 하지만 신앙적 덕목 즉 신앙적 됨됨이가 부족해 그것으로 인한 상처 때문인 경우가 많습니다. 삶에서 겪는 어려움이 사실 자신의 연약함이나 죄의 문제 또는 욕심으로 인해 일을 그르쳐서 겪게 되는 경우들이 있습니다. 어려움이라는 결과들을 들여다보면 이러한 원인들이 있음을 알 수 있습니다. 그러나 사람은 이런 것을 내다볼 수 있을 만큼 객관적이거나 침착하지 못합니다. 어쨌든 중요한 것은 지금 너무 힘들다는 것입니다. 그리고 이렇게 어려운 일을 겪게 하는 것은 사랑하는 사람에게 주는 것이 아니라는 신학적 판단을 합니다. "하나님이 날 사랑하신다면 이런 일은 있을 수 없다"라고 생각합니다.

이러한 판단은 하나님의 사랑과 자신이 겪는 일에 대한 관계를 자연스럽게 연결하지 못하기 때문에 생깁니다. "하나님께서 나를 사랑하신다면, 이런 상황과는 달라야 하는데? 이런 일이 왜 있지? 이건 하나님의 진노 또는 심판의 대상이거나 버림받은 자에게 나타나는 일인데, 왜 내게 있지"라는 질문을 본인이 스스로 판단합니다. "이런 일은 하나님의 진노나 심판이나 버림받은 대상에게만 있는 것이다. 그러니 내게 일어나는 이 일들을 도무지 해석할 수가 없다."

성도가 겪는 고난의 의미

로마서 8장 마지막 부분에서 사도 바울은 이 중요한 문제에 대한 가르침을 줍니다. 이 부분은 바울 사도를 다루어 가신 하나님의 손길, 사도적 사명을 감당하도록 내모신 일, 동시에 하나의 신앙인으로서의 세워짐을 다루고 있습니다. 즉 이것은 자신의 일을 얼마나 성실히 감당했는지에 관한 사역적 측면이 아닌, 사역 안에서 그리스도인으로서 겪어야 하는 개인의 신앙 인격의 문제입니다.

사도 바울은 그리스도의 형상을 이룰 때까지 우리를 불러내시는 하나님의 손길을 가르치면서, 그 가르침대로 자신의 삶을 이끌어가셨던 하나님을 고백합니다. 즉 자신이 삶에서 부대껴야 했던 수많은 경험들을 말합니다. 하나님께서 그 경험들을 다 부어주시고, 성경에 기록하게 하셨습니다. 그래서 그것을 아는 자로서 말하는 자요, 겪은 자로서 말하는 자로, 경험과 신학을 하나로 어우러지게 하여 주의 계시의 말씀을 우리에게 주고 있습니다. 이 말씀은 "어려운 상황 속에서 무엇을 보고 어떻게 이해해야 할 것인가"에 대한 답입니다.

기록된 바 우리가 종일 주를 위하여 죽임을 당하게 되며 도살 당할 양 같이 여김을 받았나이다 함과 같으니라(롬 8:36).

만일 어떤 주인을 위해 열심히 일했는데 돌아온 대가가 죽음이라면, 그 주인을 향해 충성할 수 있겠습니까? "당신이 내게 이러면 안

되죠! 내가 얼마나 당신을 위해 헌신했는데. 이건 안 될 일입니다!" 만일 자신이 도살당할 양처럼 다루어지고 있다면, 하나님을 믿고 따를 수 있을까요? 오늘 본문인 36절은 바로 그런 말씀을 하는 겁니다. 이 이야기는 시편 44편 22절의 인용입니다. 사도 바울은 로마서에 시편 44편을 인용함으로써, 고난을 겪는 성도의 신앙생활이 어떠한 길을 가게 될 것인지 알려줍니다. 고난의 길을 겪는 성도의 고난을 이해하기 위해 시편 44편 9-21절 말씀을 봐야 하는데 우선 17-19절 말씀을 보겠습니다.

> 이 모든 일이 우리에게 임하였으나 우리가 주를 잊지 아니하며 주의 언약을 어기지 아니하였나이다. 우리의 마음은 위축되지 아니하고 우리 걸음도 주의 길을 떠나지 아니하였으나 주께서 우리를 승냥이의 처소에 밀어 넣으시고 우리를 사망의 그늘로 덮으셨나이다(시 44:17-19).

시편 기자는 "주께서 우리를 승냥이의 처소, 사망의 그늘로 넣으십니다! 우리가 언제 주를 잊었으며, 우리가 언제 주의 언약을 어겼습니까"라고 묻습니다. "이 모든 일"이 임한 상황, 그것이 무엇인지 9절부터 살펴봅시다.

> 그러나 이제는 주께서 우리를 버려 욕을 당하게 하시고 우리 군대와 함께 나아가지 아니하시나이다. 주께서 우리를 대적들에게서 돌아서게 하시니 우리를 미워하는 자가 자기를 위하여 탈취하였나이다. 주께서 우리

를 잡아먹힐 양처럼 그들에게 넘겨 주시고 여러 민족 중에 우리를 흩으셨
나이다. 주께서 주의 백성을 헐값으로 파심이여 그들을 판 값으로 이익
을 얻지 못하셨나이다. 주께서 우리로 하여금 이웃에게 욕을 당하게 하
시니 그들이 우리를 둘러싸고 조소하고 조롱하나이다. 주께서 우리를 뭇
백성 중에 이야기 거리가 되게 하시며 민족 중에서 머리 흔듦을 당하게
하셨나이다. 나의 능욕이 종일 내 앞에 있으며 수치가 내 얼굴을 덮었으
니 나를 비방하고 욕하는 소리 때문이요 나의 원수와 나의 복수자 때문
이니이다(시 44:9-16).

"이 모든 일이 생겼음에도 불구하고, 우리는 주를 잊지 않았습니
다"라고 말하는 이 외침은, 반전을 담고 있습니다. 사실은 하나님께
서 우리에게 하시는 말씀과 같기 때문입니다. "너희가 나를 버렸고,
너희가 나의 언약을 깼고, 너희가 이방 신을 섬겼으며, 너희가 영적으
로 간음한 자였으나, 내가 너희를 버리지 않았다." 하나님께서 우리
를 향한 절절한 사랑을 표현하실 때, 이러한 표현들이 나옵니다.

그런데 시편 44편은 그 반대의 이야기를 하는 것처럼 보입니다.
"우리가 주를 잊지 아니하였으나 주를 사망으로 밀어 넣으셨다."
이쯤 되면 이스라엘이, 시편 기자가, 하나님을 믿고 의지할 수 있을까
요? 그런데 23-26절을 보면 이런 간구의 기도가 나옵니다.

주여 깨소서 어찌하여 주무시나이까(시 44:23 상반절).

시편 기자는 주님께 매달리고 있습니다. 주님께서 주무실 리가 없으니 간구하는 것으로 이해해야 합니다.

> 일어나시고 우리를 영원히 버리지 마소서. 어찌하여 주의 얼굴을 가리시고 우리의 고난과 압제를 잊으시나이까. 우리 영혼은 진토 속에 파묻히고 우리 몸은 땅에 붙었나이다. 일어나 우리를 도우소서. 주의 인자하심으로 말미암아 우리를 구원하소서(시 44:23하반절-26).

주님을 향한 간구가 계속 이어지고 있습니다. 어떻게 이런 신앙을 가질 수 있을까요? 두 가지 이유가 있습니다. 하나는 9절부터 이어지는 모든 일을 가운데, 주님의 다루심에 대한 굳건한 신뢰가 있기 때문입니다. 다른 하나는 하나님의 섭리에 대한 우리의 무지를 인정하기 때문입니다. 우리는 "하나님은 공의로우시며, 우리를 사랑하신다는 것을 신뢰한다. 그러나 우리는 우리가 겪고 있는 모든 일을 어떻게 하나님의 공의와 사랑으로 해석할 수 있는지 알지 못한다. 그것은 하나님께서 공의롭지 못하시고 사랑이 없으시기 때문이 아니다. 우리의 무지 때문에 우리가 다 해석하지 못하는 것이다. 하나님께서는 그의 지혜 가운데 우리를 공의와 사랑으로 다루어가신다"고 고백합니다. 우리는 이 절대 신뢰를 놓치지 않아야 합니다. 그래서 욕을 당하게 하시는 데에는 그만한 이유가 있다고 생각하는 것이 옳습니다. 그 이유가 우리의 죄성, 죄책이요, 하나님께서 우리를 사랑하셔서 돌이키시려는 징계와 연단의 뜻일 수도 있습니다. 더 나아가 애매히 받는 고난일지라도 우리가 나아가도록 이끄시는 하나님의 또 다른 지혜의 인도하심일 수도 있습니다. 이러한 하나님을 향한 궁극적인 신뢰는, "어찌하여 주께서는 얼굴을 가리시나이까"라고 하면서도 여전히 주 앞에 나올 수 있는 근거가 됩니다.

이와 같은 강력한 신앙의 고백을, 사도 바울이 그대로 로마서 8장에서 인용하여 자신이 전하고자 하는 전적인 하나님의 섭리를 가르칩니다. 그러니까 시편 44편 22절 한 절만 인용한 것 같지만, 실은 시편 44편 전체의 정서를 가지고 온 것입니다. 시편의 기자가 어떻게 그런 기도를 할 수 있었을지에 대한 이해는 로마서 8장 35절에서 찾을 수 있습니다.

> 누가 우리를 그리스도의 사랑에서 끊으리요. 환난이나 곤고나 박해나 기근이나 적신이나 위험이나 칼이랴(롬 8:35).

"우리를 그리스도의 사랑에서 끊어지게 한다면 그것은 하나님께서 우리를 버리셨거나 외면하셨기 때문은 아니다. 하나님께서는 우리를 그리스도의 사랑 안에서 끊으실 수 없는 분이시기 때문이다." 그런데 그리스도 안에서 우리를 사랑하신다면서 어찌하여 우리에게 환난을 주실까요? 어찌하여 곤고를 주실까요?

환난은 외부로부터 나에게 밀려오는 엄청난 고통과 시련입니다. 곤고함이라는 것은 그 엄청난 고통과 시련 앞에서 옴짝달싹할 수 없는, 선택할 여지가 없는 속에서 그것들을 당해내는 내적인 압박감이 자 눌림의 괴로움입니다. 어떻게 해 볼 도리가 없는 것입니다. 그냥 당하는 것입니다. 빠져나갈 길이 없고 풀어갈 길이 없이 시간이 지나길 바랄 뿐, "시간이 지나가면 좀 나아질까" 하는 바람으로 견딜 수밖에 없는 내면의 아픔입니다. 박해는 경건한 자에게 주어지는 애매한, 까닭 없는 핍박입니다. 이것은 기근, 목마름을 가져옵니다. 기근과 목마름은 육적인 양식의 부족함이면서 동시에 심령의 양식의 부족함입니다. 심령이 마릅니다. 곤고함 속에서 영육간의 굶주림이 있게 되기 때문입니다. 적신, 헐벗음도 기근과 마찬가지입니다. 육적으로 헐벗음이니 재산을 다 빼앗김을 뜻하는 것이요, 영적으로는 모든 부요함이 사라지는 것입니다. 하나님과의 교통에 대한 확신이 끊어지고 교회는 메마르고 개인의 심령은 쩍쩍 갈라져 버린 상태가 되었을 때 적신이라고 말합니다. 아무것도 손에 쥔 것이 없는 상태입니다. "그러한 위험이나 칼이 닥쳐와도, 하나님께서 외면하신 것이 아니요 그들을 버리셨기 때문이 아니다."

어떻게 이렇게 판단할 수 있을까요? 이런 일들은 하나님께서 외면하시고 버리셨다는 증거 아닐까요? 그렇게 봐야 맞는 것 아닌가요? 미련하고 바보 같습니다. 이런 상황을 겪으면서도 하나님께서 너를 사랑하신다고 말하는 사람은 제정신일까요? 자식을 어려운 상황에 놓아두면, 자식은 부모의 사랑을 이해하지 못합니다. 이런 상황에서도 사랑한다는 것을 이해하는 인간관계가 있을 수 있을까요? 제가 볼 때는 없을 것 같습니다.

그런데 하나님께서 우리를 다스려 가심에 있어서 이런 방식으로 섭리하실 때라도, 하나님의 사랑은 여전합니다. 그리고 하나님의 사랑의 발로에서 이런 섭리가 나타날 수 있습니다. 오직 하나님에게만 가능합니다. 왜냐하면 우리는 피조물이고 하나님은 주인이시며 우리가 사는 이 세상이 죄악 가운데 있는 세상이기 때문입니다. 우리는 죄인이고 연약하며 세상은 악하기 때문에 그 가운데 어우러지는 많은 일들이 있습니다. 개인, 관계, 공동체 안에서 당하는 고난은 때로 개인의 잘잘못에 관계없이, 또 하나님과의 관계에 상관없이 덮어씌워져 나오기도 합니다.

이스라엘 모든 백성이 주 앞에서 패역한 것이 아니었고 남은 자들이 있었으나, 이스라엘은 망해야 할 때 망해야 했습니다. 남은 자들은 하나님의 이스라엘을 향한 진노와 심판 아래서 신음하고 울부짖으며, 헐벗음과 적신과 기근을 겪으면서, 곤고와 환난과 박해를 겪으면서 견뎌야 하는 세월이 있어야 했습니다. 하나님이 사랑하는 백성인 이스라엘이지만 겪어야 하는 일이었습니다.

공동체적인 환난은 우리가 연약하고 죄 가운데 사는 인생이라는 사실을 알려줍니다. 주님은 우리 개개인을 다루실 때 이런 일을 겪게도 하십니다. 이때 반드시 기억해야 할 것이 있습니다. 이 모든 일에도 불구하고, 하나님께서 다루시는 방식, 그 섭리 안에서는 결코 그의 선택한 백성을 향한 하나님의 공의와 사랑이 취소 또는 변개되거나 버려지지 않는다는 사실입니다. 이것을 원리적·신학적으로 고백하고 꽉 붙들어야 합니다. 그리고 자기 현실을 해석해야 합니다.

기다리고 견뎌야 합니다. 오히려 주님께서는 성경 곳곳에서 주를 위하여 일하는 자에게 평안이 아니라 박해가 있을 것이라 얘기하시고 그것이 복이라 말씀하십니다. 사실 이것은 교인으로서 "아멘"하고 받기가 쉽지 않습니다. 누가 고난과 박해를 좋아해서 "아멘" 하겠습니까? 그러나 주님은 "의를 위하여 너희가 박해를 받을 것이라. 그런 자는 복이 있다"라고 팔복에서 말씀하셨습니다. 그 복이 무엇입니까? 주님은 "천국이 너희 것이라"고 말씀하십니다. 천국 백성이 주를 위하여 살면 박해를 받습니다.

그러나 이것이 주를 위하여 살 때 매사에 박해가 있다는 뜻은 아닙니다. 주를 위하여 사는 삶은 어느 때는 원리적 충돌에서 어떤 일이 박해로 다가오는 것을 경험하게 되는 때가 있으니, 이상하게 생각하지 말라는 것입니다. 오히려 그런 일을 당하면, 즉 "악한 자들이 너희를 욕하고 박해하고 거짓으로 너희를 거슬러 모든 악한 말을 할 때는 너희에게 복이 있으니, 도리어 하늘에서 상이 큰 줄 알고 기뻐하고 즐거움으로 그것을 감내하라"고 하셨습니다. 그런데 "주님께서 우리의 성정을 모르시나?"라는 의문이 들기도 합니다. "기쁨과 즐거움이라니!" 그런 감정 표현이 나올 수 있습니까?

견뎌야 할 이유

그러나 주님이 아십니다. 우리를 잘 아시는 주님이 우리에게 견뎌야 할 이유를 알려주십니다. "내가 다 알고 있다. 그리고 너희가 겪는 모든 일은 섭리다." 하나님의 섭리라는 사실을 기억하는 것은 굉장한 일입니다. 내가 겪는 일이 우연이 아니고 섭리 가운데 있는 일이라는 사실은 하나님에 대한 신뢰를 의지하게 만드시기 때문입니다. 모든 일이 우연이라면 하나님을 어떻게 신뢰하겠습니까? 그러나 하나님께서 아시는 일이요, 작정하신 일이요, 섭리로 나타나는 일이라면 하나님을 의지하면 되지 않겠습니까? 이것이 신앙인의 태도입니다. 그러니까 주를 위하여 이런 일들을 겪을 때, 오히려 "하늘의 상이 큰 것을 바라보아라, 약속의 말씀을 바라보고 그 섭리 가운데서 견디라"고 말씀합니다. 선지자들도 그러한 길을 걸었던 것을 보며 도리어 기뻐하고 즐거워하라고 주께서 말씀하십니다.

하나님께서 성도에게, 그의 사랑하는 그의 백성에게, 부당하고 잔인한 핍박과 박해를 허락하실 때가 있습니다. 이것은 성경 속에 나타난 진리입니다. 그것이 그들에게 유익이 되기 때문에 그렇게 하기도 하십니다. 구원 역사 속에서 주님이 이루고자 하시는 일 때문에 한때 교회가 크게 핍박을 당하기도 합니다. 그 핍박의 때를 지나야 교회가 부흥할 수가 있기도 합니다. 순교자의 피가 신앙을 정결케 할 수 있습니다. 주님이 행하시는 섭리에 따라서 현재의 어려움이 미래의 희망이 될 수도 있습니다. 우리가 알 것은 이 모든 것들을 하나님께서 우리에게 유익을 주시기 위해서, 합력하여 선을 이루시는 사랑의 발로에서, 그 모든 것들이 일어난다는 사실입니다.

그래서 시편 119편 71절에서는 "고난 당한 것이 내게 유익이라 이로 말미암아 내가 주의 율례들을 배우게 되었나이다"라고 말씀하니다. 우리가 고난을 당하게 되면 하나님께서 이루어 가시는 법도와 순리를 새롭게 깨닫게 됩니다. 죄를 지었을 때 고난당하면 유익이 됩니다. 죄 짓고 징계 받지 않으면 어떠한 유익도 없습니다.

그러나 너무 작은 일까지 세밀하게 계산하고 예민하게 반응하는 것도 그다지 좋지 않습니다. 조금 안 좋은 일을 두고 "하나님께서 나를 안 좋게 생각하시나보다"라는 강박관념에 매이는 것은 건전한 신앙생활이 아닙니다. 하나님께서는 오래 참으시고 우리를 향하여 칭찬은 크게 하시되 허물을 탓하시기는 작게 하십니다. 주님은 정말 오래 참으시지만, 알맞은 때에 우리가 고치지 않는 악한 습성을 바꾸기 위해 한번 손을 대실 수도 있습니다. 주님이 내리치시는 매는 죄가 깊을수록 아픕니다. 드러나는 결과로 인해 나에게 수치심, 모멸감, 박탈감 등이 오기 때문입니다. 세상은 참 이상합니다. 세상은 악을 즐겨하고 짝하며 사는데, 누군가의 악함이 드러날 때 공격하는 모습은 마치 자신들은 전혀 악을 범하지 않은 자 같습니다. 자신들도 다 똑같이 그렇게 악하게 살았음에도 정죄할 때는 하이에나 같이 몰려들어 물어뜯습니다. 모두 자신들은 맑고 깨끗하게 살아온 체합니다. 그런 일들을 신자가 당할 때는 세상으로부터 수치심을 당하는 것으로 하나님의 징계가 옵니다.

성도가 부당하게 당할 때가 있습니다. 애매하게, 아무 잘못이 없는데도 어려움을 겪기도 합니다. 그러나 이 모든 일들은 하나님께서 지혜 가운데서 우리를 연단시키시고 때로는 돌이켜 회개하게 하려는 것입니다. 죄가 있으면 회개고, 죄가 없으면 연단입니다. 주님은 이렇게 우리를 이끌어가시고 붙드십니다. 죄가 없는데 억울하게 환난을 당하면 무엇을 깨닫게 됩니까? 세상이 악한 줄 알게 됩니다. 내가 죄가 있는 것을 깨닫게 되면 무엇이 됩니까? 나를 돌이켜 보게 됩니다.

흔들리지 말라

이는 결국 내 죄를 보든, 세상의 악함을 보든, 예수 그리스도 외에는 소망이 없음을 보게 하시고 하나님이 지극히 선한 분이심을 알게 하십니다. 그리고 이 모든 일은 그리스도를 닮아가게 하시는 일입니다. 우리는 죄인들인지라 부패하며 미련하고 악하여 우리의 필요의 만족으로 하나님의 선하심을 판단하고 공의를 판단합니다. 불만족과 고통을 인정하지 못합니다. 그러나 로마서 8장 35절 말씀은, 심지어 36절에 나타난 대로 "주를 위하여 당하는 환난일지라도", 즉 일반적 상황에서 당하는 것이든 주를 위하여 사는 소명적 사역 때문에, 당하는 것이든 어떤 것이든 우리를 그리스도의 사랑에서 끊을 수 없다고 단언합니다. 그러므로 주님께서는 우리에게 흔들리지 말라고 말씀하십니다. 만일 주께서 말씀하시는 것이 아니라 제가 흔들리지 말라고 글로 적은 것이라면 여러분은 "당신이 뭘 안다고 그러는 거야? 당신이 환난을 아느냐? 사전적 의미, 사변적 의미의 환난 그 글자만을 알겠지"라고 얘기할 것입니다. 그러나 하나님께서 바울을 통해 우리에게 이 말을 주실 때, 바울보다 더 이 단어들을 삶 속에서 겪은 사람이 얼마나 있겠습니까?

주님께서는 "내가 너희를 사랑하니 흔들리지 말라"고 하십니다. 어떤 상황에서든지 사랑하신다는 사실을 믿으라 하시는 것입니다. 그래서 37절과 같은 사도 바울의 고백이, 우리의 고백이 되도록 격려하시고 또 격려하십니다.

> 그러나 이 모든 일에 우리를 사랑하시는 이로 말미암아 우리가 넉넉히 이기느니라(롬 8:37).

38-39절은 앞의 내용을 다시 한 번 반복하며, 상황을 바꾸어 되풀이 하십니다. 우리가 "앞에서 넉넉히 이긴다"고 읽었는데, 이것은 압도적 승리를 말합니다. 기근을 유익으로, 곤고를 유익으로, 박해를 유익으로, 적신이나 위협이나 칼을 다 유익으로 바꾸어서 얻는 승리입니다. 단순히 견디는 것이 아니라, 고난을 유익으로 바꾸어내는 엄청난 승리입니다.

초대교회 순교자들의 놀라운 신앙, 죽음에 입각한 그들의 태도와 간증을 보면 이런 것을 보게 됩니다. 유명한 순교자로서 "폴리캅"을 예로 들 수 있습니다. 젖은 장작 위에서 화형에 처해질 때, 그는 "내가 살아온 이 나이까지 하나님께서 나를 실망시키지 않으셨는데, 어찌 지금에서야 주를 떠날 수 있겠는가?"라고 말하며 죽음을 받아들입니다. 지금 그에게 주를 향한 자신의 모든 사역의 결과는 화형과 환난입니다. 그러나 그 위에서 도리어 유익으로 그것을 받아 넘깁니다. 그 이후 폴리캅의 순교는 모든 곤고한 세대에 올바른 신앙적 태도를 보여주었습니다 "내가 너희를 사랑한다. 내가 너희를 사랑한다. 견디라"고 주님께서 그 사람들을 다 사랑하여 부르신 것입니다. 그 사랑을 다 역사 속에서 부르시고, 폴리캅 하나를 그 섭리 가운데 보내셨습니다. 폴리캅 개인과 주고받는 give and take가 아닙니다.

주님께서는 폴리캅의 영혼을 받으셨습니다. 낙원에서 받으시고 영광 가운데 그를 입히시고 세우십니다. 칭찬하시고 상을 주실 것입니다. 하나님께서 폴리캅에게 견딜 은혜를 주시고, 그 은혜 가운데 폴리캅은 그저 견뎠는데, 그 폴리캅을 사랑하여 그의 공로인 양 영광의 면류관을 씌워 주실 것입니다. 그러면서 폴리캅에게는 하나님을 향한 원망이 없는 지극한 행복과 영광으로 품으시되, 폴리캅 개인의 인생을 다루시는 것으로 그치는 것이 아닙니다. 하나님께서는 그 뒤에 오는 자신이 택한 모든 백성들, 세계 역사 속에 흩어져 있는 많은 사람들, 그리고 지금도 핍박받는 그리스도인들을 견디게 하시고 보게 하시며 붙들어주십니다.

고난 이후의 압도적 승리

주께서 붙들어 주심으로 말미암아 우리에게 넉넉히 이기는 압도적 승리가 기다리고 있습니다. 이 승리 안에서 모든 것이 유익이 됩니다. 사도 바울은 이것을 "내가 확신한다"라고 하며 자신의 경험으로 끝어옵니다. 37절까지의 신학적 내용을 38절에서 "내가 알아"라고 말합니다. "이것은 내가 이미 경험한 일이야." 자기 확신으로 간증을 내놓는 것입니다. "사망이나 생명이나 천사들이나 권세자들이나 현재 일이나 장래 일이나 능력이나 높다이나 깊음이나 다른 어떤 피조물이라도"는 "하나님 만드신 이 세상 속에서, 이 피조계 안에서 일어날 수 있는 모든 일에서, 피조물 중 어떤 것이라도"라는 말입니다. "천사가 그럴 리 없다", 이 표현은 역설법입니다. 천사는 하나님의 종이요, 성도를 유익하게 하기 위해 부르신 종이므로 성도와 하나님의 사랑을 끊을 리가 없습니다. 그것은 만일 혹시라도, 있을 수 없는 마지막 사례를 끌어와서라도 "안 끊어진다" 즉 절대 불가능성을 표현한 것입니다.

권세자들은 앞에 나와 있는 천사들과 대조적으로 "악한 영"에 해당하는 존재임을 알 수 있습니다. 선한 영이든 악한 영이든 그 어느 누구도 절대로 우리와 그리스도의 사랑을 끊을 수 없습니다. 죽음은 우리와 그리스도의 사랑을 끊을 수 있을까요? 죽음 이후에 주께서 우리를 영광 가운데 부르실 것인데, 사망은 우리를 그리스도의 사랑에서 끊어내지 못합니다. 생명은 어떨까요? 사는 동안에 어떤 일을 겪어도 마찬가지입니다. 그러므로 "사망이나 생명이나"라는 말씀은 "죽을 때나 살 때나"라고 이해하시면 됩니다.

"현재 일이나 장래 일이나"는 시간 축을 이야기합니다. 이 피조계는 시간과 공간인데, 본문에서 과거는 왜 이야기하지 않았을까요? 이미 지난 일이어서 그렇습니다. "높음이나 깊음이나"는 공간의 크기를 이야기합니다. "높음"은 신비한 곳이며 "깊음"은 가장 어두운 아래를 말할 것입니다. "높음"은 영광과 빛이요 "깊음"은 어둡고 추운 곳일 수 있습니다. 가장 밝은 곳 또는 가장 어두운 곳 그 어떤 공간이라 할지라도, 또 그 안에 펼쳐진 어떤 "능력"이라 할지라도 그리스도 안에 있는 하나님의 사랑에서 끊어낼 수 없습니다. 이 "능력"은 앞서 나온 천사나 권세자라는 표현에 의하면 영적 존재일 수도 있습니다만, 주석가들이 아직 다 못 풀어내고 있습니다. "현재, 장래, 높음과 깊음"이 시간과 공간을 이야기한다면, 이 "능력"은 "그 안에서 우리를 삼키려는 어떤 세력"으로 볼 수 있습니다.

어떤 만사의 일이라 할지라도, 하나님의 섭리와 주권 아래 있는 피조계 안의 일들은, 절대로 우리를 그리스도 안에 있는 사랑에서 끊어낼 수 없는 것입니다. 왜 그럴까요? 이 싸움은 하나마나한 뻔한 싸움입니다. 창조주와 피조계가 싸우면 누가 이깁니까? 당연히 창조주가 이깁니다. 창조주께서 우리를 향한 선택적 사랑에 대한 작정을, 이 피조계의 어떤 일들이 거스를 수 있겠습니까? 영원 전에 하나님께서 우리를 사랑하여 택정하시고 불러내어 구원하신 이 사랑에서 끊을 수 없습니다. 이 39절을 28절과 연결해서 읽어보겠습니다.

> 우리가 알거니와 하나님을 사랑하는 자 곧 그의 뜻대로 부르심을 입은 자들에게는 모든 것이 합력하여 선을 이루느니라(롬 8:28).

결국 무엇입니까? 이 세상 속에 있는 어떤 경험도, 어떤 환난도,

우리를 그리스도 안에 잇는 하나님의 사랑에서 끊을 수 없으니, 그 끊을 수 없음으로 "합력하여 선을 이루"십니다(롬 8:28). 여러분 개인의 형편이, 괴롭고 힘들고 낙심되고 사는 재미가 없고 우울하신가요? 무엇 때문에 그럴까요? 그 모든 일이 무엇 때문인지는 여러분 나름대로 해석하겠지만, 그러나 그 모든 것은 다 한 가지 원리로 통일됩니다.

> 하나님은 여전히 우리를 사랑하고 계시다. 그 지혜 가운데서 우리의 모든 형편을 종합해 이끌어가신다. 무엇을 내가 배울까? 선하신 하나님의 섭리적 손길 안에서 나는 무엇을 유익으로 얻을까?

이것을 기도 제목으로 놓고 기도하면 응답받습니다. 반드시 발견하게 됩니다. "이것 좀 빨리 바꿔주세요. 문제를 빨리 풀어주세요. 평안케 해주세요. 이 고난 너무 싫어요"라고 기도하면 답이 바로 안 옵니다. 여러분 이렇게 기도하셔서 지금까지 얼마나 쉽게 답을 받으셨어요? 이 거친 길을 가는 상황 속에서, 발바닥이 갈라지듯이 아픈 한 걸음을 내 딛는 길 속에서, "제가 무엇을 깨달아 하나님께 나아가며, 합력하여 선을 이루시는 그것이 무엇인가요?"라고 묻고 기도하면서 알게 되는 깨달음이 있습니다. 그러면 고난이 참을 만해지고 견딜 만한 인내도 생기며 답답하던 마음이 시원하게 됩니다. 본문의 말씀은 그렇게 될 수 있도록 우리를 도우신다는 것입니다.

그러므로 우리가 믿음으로 의롭다 하심을 받았으니 우리 주 예수 그리스도로 말미암아 하나님과 화평을 누리자. 또한 그로 말미암아 우리가 믿음으로 서 있는 이 은혜에 들어감을 얻었으며 하나님의 영광을 바라고 즐거워하느니라. 다만 이뿐 아니라 우리가 환난 중에도 즐거워 하나니 이는 환난은 인내를, 인내는 연단을, 연단은 소망을 이루는 줄 앎이로다(롬 5:1-4).

여러분 앞에 놓여 있는 형편이 환난입니까? 그럴 때일수록 인내해야 합니다. 그 인내를, 인내를 위한 인내가 아니라 연단을 통하여 우리에게 소망을 주십니다. 그리고 그 소망은 결코 부끄러운 소망이 아닙니다. 바로 5장 2절의 말씀처럼 "하나님의 영광을 바라고 즐거워하"는 것입니다. 이 약속된 소망으로 이끌어가시는 이 인생의 자락에, 이 대목에, 지금 우리가 서 있습니다. 우리는 잊지 말아야 합니다.

하나님께서는 이 원리에 따라 큰 구원 역사를 이끌어가시고, 그 구원 역사 속에 존재하는 각 나라의 교회들도 이끌어가시고, 그 교회에 속한 우리 개개인의 신앙생활도 이끌어가십니다. 이 말씀이 여러분 개개인의 오늘의 자리가 어떤 형편이든지, 주의 큰 위로와 용기와 힘이 되어서, 믿음의 생활을 잘 감당할 수 있는 큰 복이 있기를 주의 이름으로 축원합니다.